"十三五"国家重点图书出版规划项目
建设现代化经济体系丛书

深化供给侧结构性改革

SHENHUA GONGJICE
JIEGOUXING GAIGE

张平 袁富华◎编

广东经济出版社

·广州·

图书在版编目（CIP）数据

深化供给侧结构性改革 / 张平，袁富华编. —广州：广东经济出版社，2020.7
（建设现代化经济体系丛书）
ISBN 978-7-5454-7239-4

Ⅰ.①深… Ⅱ.①张… ②袁… Ⅲ.①中国经济－经济改革－研究 Ⅳ.①F12

中国版本图书馆CIP数据核字（2020）第092808号

责任编辑：林跃藩
责任校对：林晓珊
责任技编：陆俊帆

深化供给侧结构性改革
SHENHUA GONGJICE JIEGOUXING GAIGE

出版人	李 鹏
出版发行	广东经济出版社（广州市环市东路水荫路11号11~12楼）
经 销	全国新华书店
印 刷	广东海洋印刷有限公司
	（佛山市南海区里水镇和桂工业园A区和安南路1号F栋1~2楼）
开 本	787毫米×1092毫米 1/16
印 张	18.75 2插页
字 数	203千字
版 次	2020年7月第1版
印 次	2020年7月第1次
书 号	ISBN 978-7-5454-7239-4
定 价	52.00元

图书营销中心地址：广州市环市东路水荫路11号11楼
电话：（020）87393830 邮政编码：510075
如发现印装质量问题，影响阅读，请与本社联系调换
广东经济出版社常年法律顾问：胡志海律师
·版权所有　翻印必究·

建设现代化经济体系丛书
编｜委｜会

张卓元　高培勇

（按姓氏汉语拼音排序）

迟福林　郝寿义　黄群慧

倪鹏飞　王一鸣　袁富华

张　平　张晓山　张永山

总　序

呈现在读者面前的，是一套以"建设现代化经济体系"为主题的学术丛书。

从党的十九大根据我国社会主要矛盾以及经济发展阶段发生的重大变化作出建设现代化经济体系的战略部署，到党的十九届四中全会从制度建设意义上赋予建设现代化经济体系推动经济高质量发展的制度保障新内涵，在中国，围绕建设现代化经济体系的理论和实践探索一直在持续。

建设现代化经济体系不仅是跨越转变发展方式、优化经济结构、转换增长动力等关口的迫切要求，而且是关乎我国发展的战略目标。作为推动经济高质量发展的制度保障，建设现代化经济体系不仅是推动经济高质量发展的基础性和支撑性要素，而且在其制度体系中居于"四梁八柱"地位。

现代化经济体系，是由社会经济活动各个环节、各个层面、各个领域的相互关系和内在联系构成的一个有机整体。这一体系所覆盖的内容相当广泛，既包括创新引领、协同发展的产业体系，也包括统一开放、竞争有序的市场体系；既包括体现效率、促进公平的收入分配体系，也包括彰显优势、协调联动的城乡区域发展体系；既包括资源节约、环境友好的绿色发展体系，也包括多元平衡、安全高效的全面开放体系；等等。因而，围绕现代化经济体系的建设，是一项复杂的系统工程，牵涉领域广，影响范围大，亟须站在历史新的更高起点上，对建设现代化经济体系所涉及的一系列重大理论和实践问题展开深入而系统的研究。以此为基础，为建设现代化经济体系提供学理支撑和方法论支持。此乃本套丛书的立意与宗旨。

本套学术丛书的编辑出版设想，可追溯至2017年末。当时党的十九大闭幕不久，广东经济出版社的领导和几位编辑就专程赴京，邀请张卓元教授和高培勇教授担任主编，并安排《经济研究》编辑部具体负责，计划组织、编辑一套建设现代化经济体系丛书。认识到建设现代化经济体系的极端重要性，主编和编辑部随即组织研究了编辑出版方案。初步确定本套丛书由七本构成，包括一本总论和六本分论（根据党的十九大报告第五部分《贯彻新发展理念，建设现代化经济体系》的六个小标题而定），并请对这一问题有深厚研究基础的专家执笔撰写。

2018年2月4日，丛书编辑委员会在北京举行了论证会议。出席会议的委员共有8人，分别是（按姓氏汉语拼音排序）：迟福林、高培勇、郝寿义、黄群慧、王一鸣、袁富华、张晓山、张卓元。会议由张卓元教授和高培勇教授主持，就如下一些重要问题达成了高度共识：

第一，关于丛书的意义与定位。委员们高度认可丛书的编辑出版工作，认为这是一项直面新时代中国重大经济问题的出版工程，对于推动经济高质量发展具有重大理论和实践意义。

第二，关于丛书的主要内容。委员们认可丛书的内容体系。除总论之外，其余六本的内容方向分别为：深化供给侧结构性改革、加快建设创新型国家、实施乡村振兴战略、实施区域协调发展战略、加快完善社会主义市场经济体制、推动形成全面开放新格局。

第三，关于丛书的特色。委员们认为，要厘清理论依据、理论体系，同时，要处理好丛书各分册选题所代表的各相关领域之间以及各相关领域同现代化经济体系之间的逻辑关系。既注重用理论解释现实，又力求对实践经验作出理论概括。

第四，关于丛书的主编和作者。本套丛书由张卓元和高培勇主编，各分册的书名和作者分别为：

《建设现代化经济体系论纲》,王一鸣。

《深化供给侧结构性改革》,张平、袁富华。

《创新发展理念与创新型国家建设》,黄群慧、贺俊、杨超。

《乡村振兴战略》,张晓山。

《区域协调发展战略》,郝寿义、倪鹏飞。

《加快完善社会主义市场经济体制》,高培勇、常欣、杨新铭。

《推动形成全面开放新格局》,迟福林、张飞、郭达。

第五,关于丛书的文风。委员们主张,丛书应具有较强的理论性、学术性和可读性,坚持文笔流畅、深入浅出、朴实无华、简洁生动。

理论来源于实践,理论又具有前瞻性。现在看来,当初编辑出版建设现代化经济体系丛书,确是一件颇具眼光的事情。

广东经济出版社的领导和编辑,《经济研究》编辑部的张永山、王红梅等同志为本套丛书做了大量组稿、审稿、校对、联络等出版工作,在此一并致谢!

时光荏苒。从2018年2月算起,这套丛书的组织编写已历时两年,这套丛书凝聚了各位作者和编者的汗水与心血。我们自知,正如中国史诗般改革与发展的伟大进程一样,经济理论也处于深刻的演进变革之中。由于建设现代化经济体系刚刚起步,积累的经验尚不丰富,加上写作时间仓促,水平所限,书中不足之处和错误在所难免,敬请广大读者批评指正!

建设现代化经济体系丛书编辑委员会

2020年2月

目 录

第一章 中国经济二次转型的理论分析 /1
    一、引言 /2
    二、资本驱动工业化模式的终结及其冲击 /2
    三、二次转型的经验事实及其障碍 /5
    四、二次转型路径：基于广义人力资本和消费视角 /9
    五、结论 /13
    参考文献 /14

第二章 生产率增长——实体经济与非实体经济均衡机制的逻辑与政策 /17
    一、引言 /18
    二、发达国家劳动生产率下降的经验事实 /20
    三、劳动生产率下降背后的实体经济与非实体经济的均衡理解 /25
    四、中国的生产率的计算 /30
    五、实体创新与降低金融风险 /37
    参考文献 /38

第三章 储蓄耗散、资产多样化与风险控制 /41
    一、引言 /42

二、转型理论：增长、调整与稳定 /42

三、结构条件：储蓄与投资——财政、金融制度的不相容性 /46

四、稳中求进：风险防范和效率增进 /53

参考文献 /56

第四章 经济结构服务化、知识过程和效率模式重塑 /57

一、引言 /58

二、增长非连续和增长分化的典型事实 /59

三、增长非连续与增长门槛跨越：三个不确定性 /69

四、通过效率改进与知识过程消减经济跨越的不确定性 /76

五、结论：通过改革提升中国经济的效率 /80

参考文献 /82

第五章 中国经济增长跨越与迈向高质量发展新阶段 /87

一、引言 /88

二、增长阶段特征和增长跨越的国际比较 /90

三、中国如何迈向高质量发展新阶段 /95

四、政策建议 /102

参考文献 /104

第六章 人民币汇率体制改革40多年历程和基本经验 /107

一、双轨汇率制 /110

二、单一的、与美元挂钩的、有管理的浮动汇率制 /116

三、参考一篮子货币进行调节的有管理的浮动汇率制 /119

四、人民币汇率体制改革过程的基本经验 /123

参考文献 /126

第七章 区域差距、收敛与增长动力 /127

  一、引言 /128

  二、中国区域发展现状 /131

  三、30个省、区、市人均GDP的泰尔指数 /133

  四、30个省、区、市人均可支配收入的泰尔指数 /137

  五、中国区域经济β-收敛情况 /140

  六、经济增长动力实证分析 /143

  七、结论和政策建议 /151

  附录1 /155

  附录2 /156

  参考文献 /157

第八章 中国式分权下的偏向性投资 /161

  一、引言 /162

  二、理论分析 /167

  三、实证假说、数据与计量模型 /171

  四、实证结果 /180

  五、政策含义与启示 /187

  参考文献 /188

第九章 面向高质量发展的财政和货币政策转型 /191

  一、中国财政体制面临的长期挑战 /192

  二、经济发展新阶段的货币模式转变 /202

  三、面向高质量发展的财政体制和货币供给体制改革 /216

  参考文献 /221

第十章 "一带一路"倡议下的中国对外投资新模式 /225

  一、引言 /226

二、传统的对外投资模式 /227
　　三、传统模式的不可持续性 /228
　　四、"一带一路"倡议的探索 /229
　　五、"一带一路"倡议下的新模式 /232
　　六、新模式下的实践 /233
　　七、新模式对中国的影响 /234

第十一章　供给侧结构性改革与创新升级：厦门案例 /237
　　一、引言 /238
　　二、厦门上市公司上市成本费用与创值能力分析 /241
　　三、厦门上市公司创新能力分解与评估 /257
　　四、融资成本对创新升级的影响分析 /272
　　五、政策建议 /282

后　记 /284

第一章
中国经济二次转型的理论分析

资本驱动的大规模工业化，使得中国成功突破低收入陷阱，实现了经济现代化进程中的第一次大转型。但是，随着原有规模效率模式赖以发挥作用因素的消失，中国开始步入以城市化为背景的二次转型。面对这种趋势，保持可持续增长的关键在于效率模式的重塑，以内生性替代外生性、以内部化替代外向性、以外溢性替代外部性是二次转型的主要环节。为了二次转型的成功，在物质资本积累和广义人力资本积累之间进行再平衡，升级消费结构和提升服务业效率，成为城市化新时期的理想路径选择。

一、引言

在向发达经济收敛的增长过程中，后发国家一般要经历低收入陷阱突破和中等收入陷阱突破这两个关键环节。就传统二元经济而言，通过大规模工业化实现的低收入陷阱突破，可以被看作经济现代化的第一次大转型；之后，随着城市化发展和内生动力的增长，实现中等收入陷阱突破的过程可视为二次转型。国际增长经验对比表明，虽然工业化在大多数后发国家发生，并在很多情况下取得了成功，但是二次转型成功的案例并不多，因为二次转型涉及原有经济模式的重塑，增长方式与以前有质的不同。

改革开放以来，依托劳动力资源禀赋和国内外有利的市场条件，中国实现了资本的快速积累，以规模效率促进经济持续高速增长是其主要特征。但是，这种建立在外生性、外向性和外部性基础上的结构性加速，在面对人口结构转型、资源环境刚性和外部市场饱和的压力下，近年来日益演化为结构性减速趋势，中国经济新常态理论的提出，即是对这种系统性变化作出的反应。

作为新常态经济的内在趋势和调整阶段，二次转型要求在增长模式上实现新的突破：以内生性替代外生性，以内部化替代外向性，以外溢性替代外部性。在这种要求下，创新不仅仅是简单意义上的新技术或新产品，而是体现在增长联系当中的效率模式的重新塑造，包括资本积累路径调整、消费模式调整、服务业发展方式调整。因此，从长期来看，增长方式也由工业主导转换为服务业和消费主导，城市化时期消费社会的到来——以广义人力资本提高为核心的社会开发替代资本驱动的不可持续路径，是实现二次转型成功的重要保障。

二、资本驱动工业化模式的终结及其冲击

从长期增长的阶段性变化角度来看，中国改革开放以来的快速工业化过程可以被看作经济现代化进程中的第一次大转型。正如传统发展理论所

预言的那样，依赖物质资本积累这个关键性条件的突破，中国经济实现了农业社会向工业社会的成功转型和持续几十年的高增长。中国工业化过程具有外生性、外向性和外部性三个基本特点，经济增长整体也表现出经由规模扩张促进效率提高的趋势。特定时期的增长绩效总是建立在经济系统的特定结构之上，当相应高增长因素消失时，结构性减速也必然发生。面对这种趋势变化，如果没有更加有效的替代因素重塑新的效率模式，减速冲击将妨害增长的可持续性。

1.支持资本驱动增长模式的三个基本经济条件正在消失

外生性问题：剩余劳动力资本化过程接近尾声。外部技术资源和国内廉价劳动力的生产组合，推动了中国资本积累的进程。数量众多、素质低下的剩余劳动力构成了资本化的有利条件，这种人口结构特征既是资本驱动增长模式的基础，也是数量型、高速度经济规模扩张的根本动因。具体而言，改革开放以后劳动力流动限制的逐步解除，使得人口红利得以释放，2012年后劳动年龄人口出现下降、人口红利窗口关闭，中国人口结构转型过程正好与工业化高增长阶段重叠。但是，近年来出现的人口红利消失趋势，意味着剩余劳动力资本化的规模效率模式的终结，一方面，劳动力供给拐点的出现将拉低资本积累的速度，进而拉低经济增长的速度；另一方面，随着低技能的劳动力逐渐被新一代高技能的劳动力所替代，更高的工资期望也不可能让粗放型生产资本得以再生产。

外向性问题：规模扩张的市场化过程面临约束。外生性技术加上人口红利机会，只是构成了资本积累循环中的生产性环节，循环的另一半即资本利润的实现还需要庞大的市场。实际上，生产的外向性或国际市场的外部依赖性，贯穿着中国经济几十年的高增长。外部动力的获得来源于低成本竞争优势，并被两次有远见的经济政策继续放大：第一次是20世纪90年代中期的人民币汇率贬值，以此确立了轻工业品生产的国际市场地位；第二次是加入世界贸易组织（WTO），使得中国极大地拓展了能源、原材料和重化工业品的大进大出空间，进而把资本积累阶段从初级品生产出口推向复杂品生产出口，为工业化向深加工度化和创新阶段过渡奠定了坚实基础。但是，随着国内劳动力成本上升和新兴工业化国家低端市场的参与，这种外向性的规模效率也逐渐消失。

外部性问题：资源环境资本化过程面临约束。中国快速积累资本的过程也是资源环境的资本化过程，经济的持续高增长最终造成对环境的负向冲击。据估计，在1978—2008年平均9.5%的潜在增长速度中，有1.3%是环境的代价（袁富华，2010）。可以比较的案例是20世纪60年代的日本。鉴于当时快速工业化所导致的环境污染问题的集中爆发，日本政府不得不加强立法管制，以此促使经济理念从强调高增长向多重目标转变（Takafusa，1981），在这样的背景下，高增长之后消费者优先的政策思路开始出现，社会开发被提上规划日程（宫崎勇，2009）。

2.结构性减速趋势下的新二元经济问题

从结构性加速到结构性减速。上述三个基本经济条件的变化可以具体化为增长核算的四要素动态——物质资本积累速度变化、劳动力供给速度变化、干中学（规模经济）效应变化以及与经济发展阶段相联系的资本贡献和劳动贡献变化。从某种意义上来看，城市化进程的推进，是外生性、外向性和外部性增长条件失灵的原因。根据工业化追赶国家的普遍经验，大规模工业化结束之后，随着消费社会在城市化过程中的兴起，工业化主导的经济结构性加速，也将转向服务业和消费主导的结构性减速。在这个转型过程中，新的效率模式如果建设滞后，原有的城乡旧二元经济就有可能演化为新二元经济。

劳动力的部门平移。上述趋势意味着，随着城市化和服务业的发展，原有的高积累、高增长的动力将消失。但是，接下来可能产生的问题是：随着投资引致的规模效率模式的终结，新的效率模式在短期内难以建立起来。据估算，2003年以来，中国农业部门每年的就业增量出现了持续大幅度的负值，就业吸收能力较强的服务业部门已经接替农业部门成为新的劳动力贮水池。我们之所以说劳动力的这种部门再配置是平移，原因是正在发生的庞大劳动力的流动，依然没有摆脱低人力资本的困扰（袁富华，2014）。如果这种状况持续下去，那么即使由城市替代农村吸收过剩劳动力，这种低技能和低就业能力的劳动力资源再配置，也很可能再次变为城市的过剩劳动力。

效率非平衡。快速工业化结束之后，新二元经济问题更加突出地表现在工业部门与服务业部门的效率非平衡上。关于这一点，拉美学派的庞杂理论中存在不少线索，如有人认为拉美第三产业的"早熟"是非正规部门大量存在的原因，言下之意是，比起可贸易部门，"早熟"的服务业部门劳动生产率较低（Kay，1989）。不仅拉美国家，当前东亚和东南亚新兴工业化国家均有类似问题（中国经济增长前沿课题组 等，2012）。以中国为例，根据UNdata 2005年美元不变价数据，20世纪80年代中国服务业的劳动生产率相对于工业的劳动生产率平均为1.1，两部门效率基本持平；但是，90年代以来，服务业的劳动生产率相对于工业的劳动生产率却呈现出快速下降趋势，第二产业和服务业之间的效率差异逐步拉大。

三、二次转型的经验事实及其障碍

对于上述可观察到的趋势和事实，进一步应追问的是：形成新二元经济的深层次原因是什么？换句话说，如果把部门效率不平衡或异质性归因于高增长惯性，那么，是什么结构性因素使得这种惯性得以持续，以及这种持续的后果是什么？由此引出本部分关于二次转型经验事实的分析。

1.二次转型是大规模工业化阶段结束后的一种典型事实

典型事实：战后日本大规模工业化历经了剩余劳动力资本化、资源环境资本化，至20世纪70年代重化工业让位于较少依赖能源原材料、较多依赖技术进步的机械工业和服务业，至80年代基本完成经济的二次转型（Takafusa，1981）。总的来看，日本实现二次转型成功有以下经验：①工业部门与服务业部门劳动生产率异质性低，趋于均衡；②二次转型期间人力资本积累较快、作用突出；③消费结构和服务业结构升级显著。相比起来，拉美国家的二次转型经历的挫折较多，鉴于其饱受诟病的劳动力素质提高进程的缓慢（Takafusa，1981），城市化过程出现了类似上文所说的平移效应，低素质劳动力大量涌进城市不仅不能为经济转型提供效率贡献，反而演变为新二元经济下城市的过剩劳动力，最终导致拉美"走走停停"的工业化后经济徘徊现象的发生。

二次转型发生的关键机制：内部化过程重要性的诠释。发生在不同情境之下的典型事实的对比表明，从大规模工业化结束至二次转型发生，必有一种成长迅速的经济机制——既作为继往开来的衔接，又作为内生性动力的根基。为直观起见，我们不妨称之为"内部化机制"。这种机制充当了转化工业化时期外生性、外向性、外部性的管道，内生性动力通过它而建立起来。显然，消费模式升级——消费结构中与（科教文卫等）广义人力资本形成有关的消费比重的上升——是最直接的内部化机制。理由是：一方面，消费模式升级要求资本积累方式随经济阶段不同而发生变化，即从工业化阶段的物质资本驱动，转向城市化时期的人力资本驱动，以实现增长速度与内生性动力的再平衡，以低速度换取高效率和可持续；另一方面，消费模式升级将促进服务业结构突破传统模式，降低以吸收低素质劳动力为主的成本型传统服务业的比重，注重以人力资本为支撑的效率型服务业的发展。

二次转型关键性临界条件的特征：就像其他工业化追赶国家那样，中国突破传统农业社会和旧二元经济靠的是资本积累，中国经济持续高增长即得益于这个关键性临界条件的跨越。但是，随着经济增长阶段的变化，基于内部化过程的内生性动力成为城市化时期有待突破的关键一环。按照这种假设，二次转型关键性临界条件的突破具有以下特征：①以内生性替代外生性；②以消费升级替代资本驱动，即以内部化替代外向性；③服务业升级以发挥其对工业部门的带动，即以外溢性替代外部性。按照这种理解，创新不仅仅是简单意义上的新技术或新产品，而是体现在增长联系当中的效率模式的重新塑造，包括资本积累路径调整、消费模式调整和服务业发展方式调整。因此，从长期来看，增长方式也由工业主导转换为服务业和消费主导，城市化时期消费社会的到来——尽管其利弊存在广泛争论，但是它替代生产社会是经济追赶绕不过的阶段。

2.中国二次转型的瓶颈：人力资本与消费模式

狭义人力资本：中国低层次人力资本"壅塞"问题。首先来看以受教育程度来衡量的狭义人力资本。在相关研究中，我们把新兴工业化国家经济追赶和经济转型的过程，看作人力资本积累能力的追赶和人力资本结构的梯度升级过程。人力资本追赶模式大致可以归纳为三类（袁富华 等，2015a）：第一类是较为顺利实现二次转型的国家。其在人力资本结构升级中，显著表现出由工业化结构性加速时期初等和中等人力资本主导向城市化时期高等人力资本主导转化的动态。第二类是拉美模式。其在大规模工业化结束后，由初等和中等人力资本主导向高等人力资本主导转化的内生路径始终没有建立起来，经济表现出前文所述的迷惘和徘徊。第三类是中国模式。其初等和中等文化程度劳动力占据了很大比重，低层次人力资本"壅塞"问题突出，根据统计数据，20世纪80年代，中国35～54岁主要储蓄者中，初中及以下文化程度的人数比重约为80%。普遍认为，"中国奇迹"一个十分值得赞叹的地方，就是仅仅依赖庞大的低价、半熟练劳动力支撑起庞大的工业化过程。然而，若把这种人力资本模式放在二次转型的视角下观察，低层次人力资本"壅塞"问题则很难为创新提供必要的环境，毕竟这种人力资本模式与粗放的规模效率模式是相匹配的。

广义人力资本：中国消费模式升级滞后问题。中国低素质劳动力的累积，源于资本驱动的工业化模式，这种狭义人力资本格局的固化与消费模式升级滞后有关。发达国家的经验显示，伴随着长期增长过程中生产结构的变化，消费结构出现相应升级，尤其是后工业化时期，城市化的发展促使消费结构中科教文卫等项目的支出比重提高，物质消费支出比重下降但绝对数额增加（一些最基本的项目如衣食绝对支出趋于饱和）。以发达国家为参照，在经济追赶国家消费模式的变化中，包括两个基本的趋势：一是在消费结构中，物质品消费由以衣食为主到以耐用品为主，再到以知识消费为主；二是在消费数额中，无论是物质品消费还是知识消费，均表现出增加趋势，全部物质品消费和服务品消费数额虽然表现出新古典理论所谓的"不餍足"，但是，当人均收入达到较高水平时，衣食住行等物质品支出数额也会出现饱和。日本、韩国等经济追赶国家的经验显示，二次转型形成且得以持续的重要条件是消费模式发生倾向于科教文卫等项目的变化，而这些项目支出均与包括教育、健康、心智发展等广义人力资本的提升密切相关（中国经济增长前沿课题组 等，2015）。不同的是，包括中国在内的大多数经济追赶国家，在二次转型的关键时期都遇到了困难，表现在：第一，工业结构的深加工度化难以实现，要么出现拉美国家那样的以技术进步缓慢为特征的去工业化，要么发生像中国这样的被资源密集所统治的后工业化；第二，消费结构升级遇到了难以突破的瓶颈，典型的如中国依靠初级劳动要素所导致的"低收入—低消费—低技能"循环。

中国经济二次转型的关键临界条件：内部化和内生性的困难。以中国经济二次转型所面临的困难为例，整体来看，受生产供给主导增长的惯性和理论认识滞后的影响，虽然现实中城市化在稳步发展，但是，进入城市的大部分"人"却没有从工业化时期的劳动力转化为城市化时期的广义人力资本。此时，虽然主导产业形态也出现了向服务业转变的趋势，但是，服务业仍以传统的成本型业态为主，囿于人力资本的缺乏，无法实现向知识型、技能型的业态转变。这种意义上的服务业仍然是工业的延伸，服务业部门就业的平移问题、相对劳动生产率低下问题等，为内部化和内生性带来新的阻碍。进一步的研究表明，在中国现有体制框架下，如果任由物质资本积累主导增长，将会导致租金抽取模式的发生以及结构性减速螺旋的形成（袁富华 等，2015b）。

四、二次转型路径：基于广义人力资本和消费视角

1.二次转型的主线：大国效应倒逼机制

大国效应的弊端：与日本、韩国等经济追赶国家的经验比较起来，受人口规模、经济规模和资本驱动模式惯性的影响，中国经济二次转型的压力更大，表现在：①受庞大的农村人口规模的制约，劳动力拐点出现较晚，更为严重的是，劳动力的规模效应阻碍了劳动力素质的快速提高。②"清理房间"滞后，外部机会少。受益于国内技术开发能力和外部经济环境，1968年以后，日本转移国内低端产业链的"清理房间"过程启动，相比起来，中国在资本驱动模式行将结束的现阶段，"清理房间"过程还没有真正开启，且受制于国内外技术、市场因素，这种前景也不是那么乐观。③体制转型滞后，缺乏应对新经济阶段要求的反应灵活性。

二次转型的主线：减速时期中国经济所面临的增长无效率问题，以及大国效应自身的弊端，迫使经济二次转型进行再平衡，尤其应当注重对规模经济阶段被严重忽视的内部经济潜力的挖掘，以避免可能出现的减速循环。二次转型的主线可以概括为相互关联的三个方面：以资本配置方式的改变扭转增长的外向性、以消费模式升级强化增长的内部化效应和以服务业升级增强经济增长的外溢性。换言之，需要进行资本积累路径调整、消费模式调整和服务业发展方式调整。

二次转型的核心环节：重塑效率路径。在明晰二次转型的要求及理想情景的前提下，回溯原有资本驱动的工业化，可以这样认为：二次转型的核心环节在于重塑效率路径。包括两个递进的逻辑层次：第一，原有规模效率模式的典型特点是，技术、规模和效率容易获得，鉴于国内充分的剩余劳动力禀赋，只要抓住了外部技术和市场，从规模扩张中获得劳动生产率的快速增长就不是难事，因此中国工业化高增长时期只需要关注如何最大限度地利用剩余劳动力就足够了。正是出于这种考虑，中国经济增长前沿课题组把这个时期的产业特点归结为标准化、规模化的通用技术部门

的发展，而资本驱动的粗放型大生产正是适应于这种经济结构建立起来的（Buera et al.,2012）。第二，当基于这种历史条件的结构性加速过程结束时，面对系统性、结构性经济条件的变化，效率路径重新塑造自然成为新时期的核心问题，此时，效率模式的塑造不可能只是个别产品和个别生产环节的创新，而是与经济结构和系统转换相关的整体绩效模式的再造。这个核心关节统摄了二次转型中资本积累路径调整、消费模式调整和服务业发展方式调整，调整的成功与否关系到二次转型的成败和绩效评价。

2.服务业发展方式调整：知识部门作为效率模式重塑的支撑点

路径对比：为了消除结构性减速之后规模效率模式退化的障碍，化解新二元经济困境，我们需要重新定位服务业的作用。就老牌发达国家的经验看，在经历了商业发展和工业发展的漫长演化之后，部门间利润率趋同规律已经根植于现代发达市场经济之中，并直观表现为工业部门和服务业部门的效率平衡。而且，正如伯格等人观察发达国家服务业所得出的结论那样，伴随着服务业份额的提高，服务业也越来越趋向于技能密集（Buera et al.,2012）。我们把这一理想图景放在二次转型的大背景下进行分析，就意味着后发国家大规模工业化结束之后，需要发展以服务业为主导的效率模式，以便实现经济转型的顺利过渡。但是，受后发国家初始发展条件和经济演化路径局限，新二元经济问题的产生可以说是不得已的"偏差"。因此，对于像中国这样的转型经济而言，新二元经济态势的扭转成为二次转型的重要任务。换句话说，当工业化主导的规模效率模式结束时，城市化过程中服务业要担当起新的效率模式的创建任务，就需要有不低于原有增长路径的效率改进方式，否则，城市化过程只能是以整体效率下降为代价，并迫使经济进入减速螺旋。

如何发展服务业：是替代还是溢出？在前期研究中，我们曾就中国服务业在整体经济中的地位问题进行过分析，提出服务业作用的"结果说"和"条件说"（袁富华，2014）。"结果说"认为，现阶段新二元经济问题源于资本驱动模式下服务业对工业的从属地位——服务业作为传统工业发展的分工"结果"存在，此时服务业的发展以传统业态的规模扩张为主，对初级劳动力的吸收削弱了其效率改进和业态升级的潜力。"条件说"认为，服务业作为整体经济增长的"条件"，其重要性在于该部门的存在有利于促进工业的持续发展。显然，处于分工"结果"之下的服务业，很大程度上受到工业外部性的影响，这种影响虽然在短期内有助于服务业的扩张，但长期存在则有可能削弱其可持续增长潜力；处于"条件"链条中的服务业，其作用不仅体现在自身发展上，而且体现在对其他部门的外溢性上，并成为城市化时期的效率源泉。

知识过程与服务业调整：通过发达国家服务业与发展中国家服务业的对比，我们可以对一些实质性差异作出具体说明。实际上，能让服务业成为整体经济发展"条件"的依据，在于城市化阶段知识过程的突出作用。知识过程赖以发挥作用的基础，一方面是服务业结构中知识部门比重上升，另一方面是知识部门对通用技术部门的溢出效应增强。也正是从这种表现来看，服务业足以摆脱大规模工业化时期的从属地位，进而以其整合能力接替工业成为新效率模式的支撑。知识部门作用的突显，与城市化阶段工业化比重下降、服务业比重上升的趋势有关，无论从增加值角度还是从就业吸收角度看，服务业主导发达国家或经济发达阶段的态势显而易见，这种趋势与城市化时期资本积累路径的特殊性和广义人力资本发展有关。

3.资本积累路径调整：消费模式与广义人力资本

投资与消费的再平衡：重新回到消费结构升级路径的观察上来，看看不同增长阶段投资与消费的关系及其再平衡问题。由于其本身的外生性和外向性特征，为了保持经济高增长和对冲非生产性部门规模扩张的成本，中国资本驱动模式日益陷入"低效率—高投资—更低效率—更高投资"的增长循环，尤其是垄断部门——无论是生产性部门还是非生产性部门，坐地生财、亏损国家补偿所导致的抽租问题越来越严重，原有增长理念和战略已经到了不得不扭转的地步。"重生产，轻消费""重外向，轻内需"

是规模效率的合理逻辑，但是，随着经济增长条件的变化和市场、资源环境等约束的日益增强，投资与消费的再平衡理应受到重视。作为二次转型的重要机制，消费问题的重要性如下。

消费的效率补偿是投资与消费的再平衡得以实现的基础：结构性减速时期，要想避免去投资依赖的二次转型所隐含的增长退化风险，就需要建立有效率的消费模式，这是二次转型以质量换速度的核心标志。短期来看，投资与消费之间是此消彼长的替换关系，长期则不然。原因在于，国民收入分配向劳动力和消费的倾斜，有助于消费结构中新的效率源泉的培育，这种新的效率源泉即寓于与广义人力资本有关的消费者创新当中，发达国家的经验表明，越是现代化的经济，越需要消费者的开放性、主动性和品味多样性，这一切离开教育、健康、娱乐等高端消费几乎不会成为现实。简言之，在外生性、外向性、外部性经济受到刚性制约时，要想突破资本效率递减和避免减速螺旋，必须进行投资与消费的跨期再平衡以培育新的效率源泉。

时间配置模式的再平衡：投资与消费的再平衡，蕴含了效率模式改进机制的变化，即由原先资本驱动的外生的规模效率模式，向与消费结构升级有关的广义人力资本驱动的效率模式转化。这就意味着转型过程中资本分布状态需要再评价——资本积累向人力资本倾斜和权衡。这种认识同时意味着，以往作为规范性和制度性框架的时间配置模式需要修正。因为消费结构中居于高端的一些项目具有像生产过程那样把时间资源资本化的作用，典型如娱乐——分布在时间阶段上的消费直接生成新的效率和业态。毫不夸张地说，类似的时间配置再平衡机制，也是城市化的本来旨趣。

4.消费模式调整：消费与生产一体化

二次转型过程中新的效率模式的重塑，具体体现在生产过程与消费过程一体化上（中国经济增长前沿课题组 等，2015），包括以下三个方面：①传统工业化社会中，虽然生产与消费是由市场作媒介，但是，对于个体消费来说，由于服务品消费比重相对较低且大多局限于传统服务项目，生产与消费的同时性不是经济活动的主要特征。只有当消费模式出现知识技术消费占主导地位的情况时，消费与生产一体化中体现的高效率才能充分显现。情景之一是，随着个体把工作时间之外的休闲时间向文化娱乐的消费进行配置，很自然地延伸了生产性和效率，表现为上文所说的新业态的繁荣；情景之二是，随着消费经验的积累和消费学习，消费者对于物质品内含的技术知识要求提高，物质品特性而非物质品本身越来越受到关注，物质品使用的服务性特征受到关注，消费与售后一体化要求增强，倒逼生产者注重质量和创新。②消费结构向知识技术密集消费品的升级，客观上促进了金融、健康、教育等现代服务业的发展和技术创新，发挥了互联网在整合消费和供给中的优势，发达国家在这方面起到了很好的示范作用。③消费模式升级充当了产业升级的过滤器，消费的内部化效应使得高效率模式不可逆，消除了增长退化的隐患。供给创造需求的传统增长观点只是在特定需求模式之下才能成立，就如中国现阶段产能过剩所呈现的那样。但在现有消费模式已经达到饱和的情况下，需要借助不同的路径，即通过需求侧的疏导和培育来发掘新的增长机会。从二次转型的成功经验看，通过消费能力培育提高广义人力资本，是实现产业结构升级的根本途径。

五、结论

对于中国的经济转型而言，关键是实现增长观念的转变，包括转变工业化时期的生产供给主导思维，把增长目标转到人的发展上来。当我们意识到，为了应对城市化时期经济减速的各种系统性问题，除了物质资本动力之外，更需要重新积累和培育广义人力资本潜力，那么，针对现有增长约束的制度、组织环境进行变革，就都是顺理成章的事情了。中国经济二次转型的初期，虽然有大国效应的不利制约，但是，如果在转型过程中采取适当的疏通政策，大国效应的弊端就可以转化为优势。潜在的优势体现在：①城市经济结构调整将成为内生性增长的新突破。城市化进程的推进，尤其是大城市和以大城市为纽带的城市群的崛起，成为二次转型新增长动力的源泉，这种模式不同于原有以农村劳动力供给为基础的资本化模式。基于此，中国大城市在消费结构升级和人力资本积累方面具有较大潜力，城市经济在产业结构和要素积累调整方面也具有较好的基础和较大的创新外溢潜力。②人力资本积累增长潜力大。进入21世纪以来，中国年轻人口组（典型如20～24岁、25～29岁）大学教育比重提高的态势较为显著，尽管短期内不可能达到日本、韩国70%～80%的普及性，但是在对年轻人口普及高层次技能教育方面，中国凭借自身的经济能力却可以达到，而且，在二次转型预计较长的整个过渡时期，以高层次技能人力资本为依托、以高等教育为龙头的人力资本结构，可能更加符合中国实际。③政府作用应该调整到支持广义人力资本积累上来。面对二次转型新的要求，政府的作用也将转移到社会开发上来，尤其应加大教育体系的规划和建设力度。

参考文献

宫崎勇，2009.日本经济政策亲历者实录[M].孙晓燕，译.北京：中信出版社.

袁富华，2010.低碳经济约束下的中国潜在经济增长[J].经济研究，45（8）：79-89，154.

袁富华，2014.中国经济"结构双重性"问题分析[J].经济与管理评论，30（3）：9-17.

袁富华，张平，陆明涛，2015a.长期经济增长过程中的人力资本结构：兼论中国人力资本梯度升级问题[J].经济学动态（5）：11-21.

袁富华，张平，陆明涛，2015b.规模效率模式向租金抽取模式的退化：经济演化低效率的原因[J].天津社会科学（4）：83-89.

中国经济增长前沿课题组，张平，刘霞辉，等，2012.中国经济长期增长路径、效率与潜在增长水平[J].经济研究（11）：4-17，75.

中国经济增长前沿课题组，张平，刘霞辉，等，2015.突破经济增长减速的新要素供给理论、体制与政策选择[J].经济研究（11）：4-19.

Kay L，1989. Latin American theories of development and underdevelopment[M]. London and New York：Routledge：117-118.

Buera F J，Kaboski J P，2012.The rate of the service economy[J].The American economic review，102（6）：2540-2569.

Takafusa N，1981. The postwar Japanese economy：its development and struture[M].Tokyo：University of Tokyo Press：100-102.

第二章

生产率增长——实体经济与非实体经济均衡机制的逻辑与政策

每次大的金融危机爆发后,经济学家们都要讨论生产率变化引起经济危机这一永恒话题。生产率增长放缓成为经济危机最可解释的触发条件。生产率增长放缓直接导致实体经济增长放缓或下降,各类盈利指标变差,微观借贷和资产负债表恶化。这需要宏观需求激励政策短期内平滑经济增长波动,但信贷刺激过强或时间过长会引起信贷杠杆率的持续提高,一方面直接累积金融风险,另一方面引起实体经济转向非实体经济进行投资,获取房地产和金融的高收益。把握创新非连续性导致的生产率增长放缓与需求激励保持经济平稳化的平衡一直是经济政策均衡的核心。中国也不例外,在劳动生产率增长放缓的同时,M2/GDP持续升高已经开始累积金融风险,必须采取更积极的市场化改革推进供给侧效率提高。积极调整基于城市化发展阶段的宏观政策管理框架,才能实现经济在"稳中求进"中转向高质量发展。

一、引言

每一次金融危机爆发都要提及生产率问题，1997年亚洲金融危机爆发前，克鲁格曼对亚洲新兴市场国家提出了全要素生产率增长缓慢的质疑。1997年亚洲金融危机爆发后很多学者都从全要素生产率增长的角度讨论金融危机。2001年互联网泡沫破灭前，人们倾向于新经济，《美国总统经济报告：2001年》提出，新的计算机、通信、互联网等投资和创新对劳动生产率产生了积极贡献；互联网泡沫破灭后，麦肯锡测算认为，ICT（信息通信技术）行业对劳动生产率带动性不强（法雷尔，2010），"竞争比IT更重要"，没有特殊新经济的带动，最终是互联网泡沫导致互联网泡沫破灭。2008年全球金融危机爆发以来，又出现了"戈登之谜"（Gordon，2016），即信息、通信带来的互联网等技术革命对劳动生产率的带动性比工业化时期的技术革命弱。很多人解释2008年金融危机爆发是由于技术进步没有带动经济持续增长，只能利用低利率等刺激手段扩大需求，最后导致金融、房地产等非实体经济部门发展过快，金融杠杆率和房地产负债率过高，美国金融危机和之后的欧债危机因此爆发。生产率增长放缓一定会导致实体经济增长乏力，从而促使很多公司进行借贷，政府进行需求刺激以平稳经济。资源也会向金融、房地产等非实体部门进行配置，如果不能平衡好实体经济和非实体经济的关系，危机风险会逐步累积，直到经济体系无法承受。中国当前提出的大力发展实体经济、积极防范金融风险的"稳中求进"政策是前瞻性的战略思维。

生产率一般指劳动生产率和全要素生产率。劳动生产率增长率，指单位劳动人数（时间）的产出增长率，是一个明确的度量数值，影响它的因素可分解为资本深化、人力资本、技术进步。全要素生产率可用总产出减去要素（劳动、资本）投入的余值作度量，全要素生产率增长率受总产出波动影响较大，稳定度差，但作为非要素投入的"配置和技术进步"效果测量，当前仍然是最好的指标。本章中的生产率指标分别用这两个数值度量。

一般而言，生产率增长基本决定了微观经济主体的竞争能力和发展空间，当劳动生产率高时，就可以降低成本，扩大规模。技术进步快可以提高价格，同时降低成本，增加企业竞争力，可见劳动生产率决定了企业的收入能力。宏观层面看，国家的竞争力也取决于劳动生产率和全要素生产率增长的能力。关于实体经济，传统定义为工业，后来扩展到了服务业，相关定义和争论很多。笔者认为，主要靠生产率的增长来提高收入的经济体或部门属于实体经济。非实体经济的特征也很明显，即它的收入增长主要取决于价格上涨，而非生产率的增长。房地产行业最为典型，如果房子只是用来住的，那么其行业属性是实体经济，但它的收入增长更多来自房地产价格上涨，而不是取决于该行业的服务差异，相对价格波动而言，其技术进步贡献少了，则该行业就符号化了。金融行业也是如此，如果能够通过更好的服务手段获得配置金融资源的收益，它的收入来自息差，背后是由服务水平的高低决定的，那么其可视为实体经济；当金融行业进入服务收入低于金融市场交易收入的阶段后，其劳动生产率决定的服务收入让位于依靠市场套利获取价格波动收入时，其实体经济特性也就符号化了。实体经济是可以符号化的，可见，实体经济和非实体经济并无法严格区分，它们是两种由收入机制在微观过程中此消彼长来决定的经济特性，有的部门收入天生便更多来自生产率增长，如工业部门，有的部门因为禀赋特征很容易在价格波动中获益，如房地产部门和金融部门。实体经济收入来自生产率提高，非实体经济收入来自价格波动。在中国有很多公司注册为工业企业，但其收入主要来自工业土地转变使用性质后的土地收入，则该企业不是实体企业。从大的分类看，工业和生产性服务业、一般性服务业更接近实体经济，而金融业、房地产业更倾向非实体经济，我们也简单地沿用此种划分方法进行大类的宏观比较。

由于技术进步引起的生产率提高是一个非连续过程，生产率增长放缓或下降必然导致经济放缓或下滑，为保持经济稳定，企业一般会增加负债，而国家则依靠需求激励政策，如宏观财政、货币政策等，政策激励同样具有借贷特性，用来平滑经济的波动性。宏观财政与货币政策经常在实体生产率增长大幅度放缓或下降后被引入，需求激励的积极作用是保持经济总需求的平稳。需求激励的特性是加大货币供给，而货币供给过量容易导致金融、房地产部门过度发展，使人们更多地转向金融和房地产投机，获取收益。过度需求激励一方面会导致实体经济符号化，另一方面也可能破坏经济波动中蕴含的"清洁机制"，即淘汰弱者、强化竞争和技术进步的机制。在过度需求激励下，新一轮实体经济的技术进步会被延迟，而非实体经济的投机则会被进一步推动。需求激励政策看似"大稳定"的政策，但如果没有实体技术进步，则非实体化过度发展和实体部门不断负债，就会累积出金融风险，从而导致金融危机；金融危机反过来会进一步损害实体经济。可见，实体经济生产率增长放缓或下降是金融风险累积的一个根本性原因，是重要的危机解释变量。

本章不仅仅对2008年金融危机的爆发作出梳理和理论解释，更对发达国家的未来和中国的转型作出方向性讨论，并给出相应的建议。本章将讨论：①发达国家劳动生产率下降的经验事实。发达国家经济增长率持续低迷导致非实体化发展迅速，爆发了金融危机，而危机又反过来损害了劳动生产率，未来是否会孕育新的增长动力？有无可能产生新机制？②生产率下降背后的实体经济和非实体经济的均衡理解。③中国的生产率的计算与迈向高质量发展的转型，结构转型过程中的劳动生产率增长放缓与金融、房地产过度发展已经被政府高度认知，未来培育的新动力在哪里？④若干政策思考与建议。

二、发达国家劳动生产率下降的经验事实

戈登2016年写的《美国经济的兴与衰》认为，1890—1920年，美国劳动生产率增长率为1.5%（见图2-1），其中资本深化贡献近一半，技术进步贡献30%，而人力资本贡献20%，是典型的资本深化推动阶段；1920—1970年，劳动生产率增长率为2.82%，为1890—2014年区间中最高的阶段，其中技术进步贡献了60%，而资本深化的贡献只占了稍高于20%的比

重,人力资本贡献不到20%,是典型的技术进步推动阶段;1970—2014年,劳动生产率增长率又回落到了1.62%,其中资本深化贡献占41%,技术进步贡献占44%,人力资本贡献占15%,属于技术进步和资本深化双推动阶段。纵观1890—2014年,美国劳动生产率和全要素生产率增长最快的时代是工业化,而信息产业对美国劳动生产率增长率的提高没有像工业化那样有着超预期的效果,信息化主要靠增加资本支出推动增长。

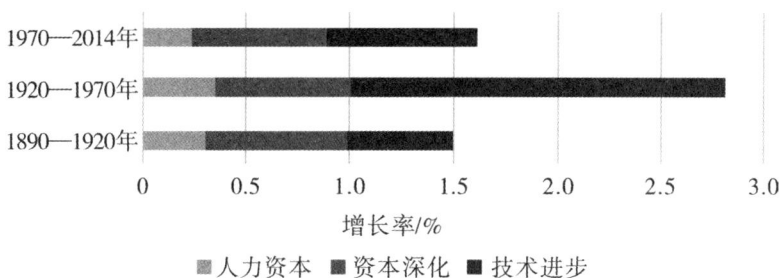

图2-1 美国劳动生产率及分解因素的增长率(1890—2014年)

资料来源:《美国经济的兴与衰》。

把1970—2014年分三个阶段看,依据《美国总统经济报告:2001年》的统计,受益于新经济带动,美国1973—1995年劳动生产率增长率为1.39%,1995—2000年为3.01%,到了2001年受互联网泡沫破灭影响,美国劳动生产率增长率再次下降。而麦肯锡计算得出,对于1995—1999年美国劳动生产率增长率的提高,批发和零售(包括餐饮)业贡献了53.4%,证券经纪业贡献了25%,而半导体、计算机、信息和通信业贡献了27%,因此认为没有特殊新经济,增长率的提高主要是靠传统劳动密集型产业带动发展的,当然,ICT和相关证券投资也带动了劳动生产率的增长,由此得出"竞争的作用比IT投资更大"的结论(法雷尔,2010)。

根据大企业联合会的资料,1995—2002年是一个劳动生产率增长期(见图2-2),2001年互联网泡沫破灭,2002年以后美国劳动生产率增长率继续低迷,2006年低于1%,2008年金融危机爆发,2010年欧债危机爆发，劳动生产率增长率持续下滑，到2017年均值才恢复到1%。经济合作与发展组织（OECD）中的发达国家也几乎是如此趋势，不过时间并没有那么一致，但可以看出引发欧债危机的欧洲五国劳动生产率是率先下降的，意大利在1995年就开始持续下降。

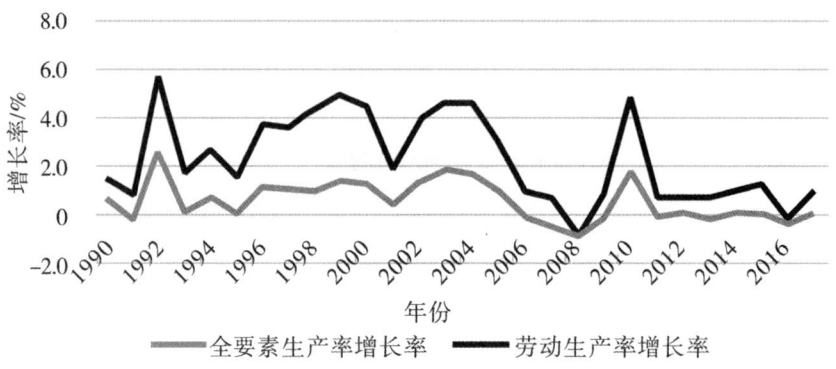

图2-2　美国劳动生产率增长率与全要素生产率增长率波动情况

资料来源：大企业联合会。

是什么导致劳动生产率增长率下降？是否会持续下去？这已经构成了一个重要的经济学命题。从传统的劳动生产率框架计算看，劳动生产率的高低主要取决于三个方面：一是人力资本；二是资本深化；三是技术进步。戈登对三者进行了分解。依据大企业联合会的数据，全球劳动生产率增长放缓的直接原因是全要素生产率增长放缓（见图2-3），2008年后进入负增长，拖累了劳动生产率增长率提高，导致经济增长低迷。

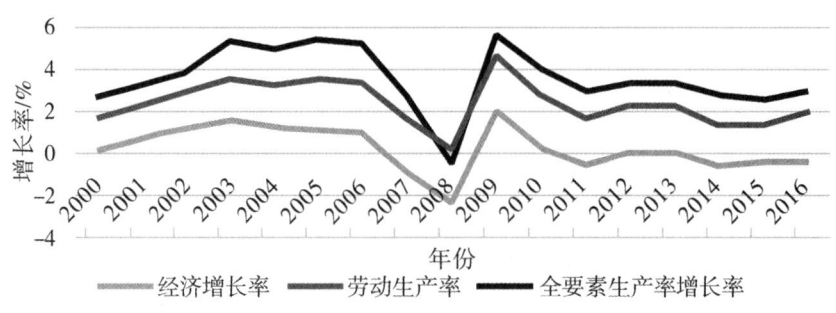

图2-3　全球经济增长率与劳动生产率、全要素生产率增长率的关系

资料来源：大企业联合会。

简单归因法不足以讨论该问题，学者们提出了更为广泛的议题。第一个议题是技术创新与扩散的关系。任何经济体的技术创新都是不连续的，而且创新技术一般要获得创新租金，在获取技术垄断租金期间对劳动生产率提高的贡献有限，只有到技术模仿和技术扩散阶段，劳动生产率才能稳步提高。第二个议题是结构性因素。结构服务化必然导致劳动生产率下降，因为服务业的劳动生产率低于工业这类可贸易部门。现在增加了互联网技术，能否改变服务业的可贸易程度，来更好地提高劳动生产率？第三个议题是劳动生产率与金融危机的关系，IMF（国际货币基金组织）测算表明，发达经济体全要素生产率增长率下滑可以解释发达经济体危机后40%的产出损失。美国布鲁金斯学会的研究也显示，即便将周期性因素很好地控制住，危机后仍出现了全要素生产率增长率的下滑。

这些问题从不同的角度对劳动生产率下降作出了探讨。第一个议题是一个技术从创新到扩散的讨论，它的最大的特征是不连续，而且其达到扩散的点是不确定的，这就是所谓的技术进步的非连续性和不确定性。1995年ICT投资带动了经济的繁荣，2001年互联网泡沫破灭，2008年移动互联网快速兴起，2017年人工智能（AI）成为技术进步的焦点，信息技术已经迭代了20多年，而且技术革命似乎愈来愈接近全面爆发的临界点。一旦AI等进入大规模应用，劳动生产率就会成为一个不必要的衡量标准，因为劳动者的劳动转换物质效率会变成能源转换物质效率的能效比，因此它具有革命性特征，但这一爆发点或时间区间仍是不确定的。

第二个议题是对现有的技术如何进行测量，即索罗提出的"到处都在用计算机了，但没有反映到效率中来"。当前对这一命题有了更广泛的解释，有观点认为ICT等推动了消费者剩余提高，但未能反映在价格中，而且共享的交易方式优化了存量资源，并没有额外推动更大的增加值，反而促进了人们的普遍使用和资源节约。从统计看，工业品和一般服务品按标准品进行价格平减，而知识密集型的服务品本身是按知识服务质量定价，不能按标准品进行价格平减，这些都属于对新的技术进步和现代服务进行测量方面的困难。

更为重要的命题是结构性特征，即服务业占优后，普遍存在着减速的特征，袁富华（2012）实证表明，一国经济结构服务化后，经济增长出现了结构性减速特征，服务业的劳动生产率和全要素生产率的增速普遍慢于工业生产部门。经济结构服务化转变的结构性减速特征，导致劳动生产率和全要素生产率增速的普遍放缓，这是后发国家，包括中国在内结构转型的一大挑战，而且具有非连续特征（中国经济增长前沿课题组 等，2012，2013，2015，2016）（张平，2014）。产业结构服务化后效率放缓是明显的，特别是服务业的规模效率与工业无法相提并论。服务业往往被称为"不可贸易部门"，当然，基于互联网后，服务业的可贸易程度大为提高，但以目前来看，服务业的可贸易程度依然较低，规模带来的效率提升仍然较弱。

服务业的发展所需要的投资的特征也不同，工业化的物质投资非常清晰，其投资期限与产出高度相关，而且投资多带有非体现的技术进步，即投资先进设备，已经含有技术进步，通过"干中学"就能推动技术进步。而服务业多依托公共基础设施，其回报非常迂回和长期（常为跨代），因此资本形成速度和物质折旧速度也较慢。服务业所需的公共基础设施折旧要慢于工业化的设备投资，这就导致资本深化效率低，而且公共基础设施隐含的技术进步少，因此伴随资本深化导致的技术进步效率也低，如美国1970—2014年资本深化贡献41%，相对而言，人力资本贡献小，全要素生产率增长反而放慢。

第三个议题是产出效率与金融的关联。依据IMF的测算，金融危机是导致经济效率停滞的重要因素。全球金融危机是由资产价格泡沫引发的，它直接中断了很多企业的发展，造成企业技术进步停滞。危机之后，三方面因素导致全要素生产率增长在长时间内受到抑制。第一，由于企业资产负债表薄弱，同时金融部门资产负债表恶化，导致信贷环境收紧，企业投资受到抑制。由于技术进步往往是包含在企业资本支出中的，因此资本支出减缓不利于生产率增长。IMF从行业层面研究了金融危机期间各行业信贷约束与技术进步的关系，他们发现，那些信贷条件较差的行业，其生产率增长更容易受阻。第二，经济和政策的不确定性加大，在一定程度上导致投资远离高风险、高收益项目，这可能进一步损害了技术进步和全要素生产率的增长。第三，减少企业的资本长期投资，而更多地进行资本操作，以稳定财务，减少对创新活动的资本性支出。

技术进步的不确定性和结构性特征导致全要素生产率的增长放缓，需要宏观激励政策推动房地产、金融等领域的发展以稳定经济。但一旦发生金融危机，又会导致技术进步放缓，因此，宏观政策平衡是一个最为重要的协调机制，如果激励政策过度，就会导致金融风险过度积累，一旦经济不稳定，技术进步就不可能推动生产率提高。

2017年，发达经济体进入经济全面复苏阶段，2018—2020年延续这一复苏，资本支出也大幅度提高。按照IMF的估计，劳动生产率恢复正常，即便依然处于不到1%的增长水平，但其对经济增长的贡献达到45%。后发经济体的全要素生产率增长明显高于发达国家，是全球效率改善的带动者，这源于后发经济体正在经历工业化过程，符合生产效率加速阶段的特征。按戈登2016年的分析，1920—2014年劳动生产率（小时产出）增长率为2.26%，2015—2040年劳动生产率增长率将下降到1.2%，人均产出增长略为低一点，但趋势相同，可见生产率增长具有长期降低的趋势。当ICT技术进步推动人工智能发展和基于互联网的全球服务贸易发展后，将从结构上根本改变工业化以来生产效率改进的模式，新的效率定义、技术进步测量方式仍有待观察，但长期生产率并不悲观。

三、劳动生产率下降背后的实体经济与非实体经济的均衡理解

从劳动生产率的一般核算看，是按CD生产函数展开，两边同时除以劳动（L）；劳动生产率增长率取对数作偏导后，劳动生产率增长率就等

于全要素生产率增长率与资本深化增长率之和。如果将劳动力分解为一般劳动力与人力资本,那么就能体现出人力资本的作用。这里包括了劳动产出弹性,即劳动在要素分配中的份额,一般该值比较稳定。因此,劳动生产率的增长就取决于人的素质提高程度、全要素生产率和资本深化。劳动生产率指标是非常稳定的,比全要素生产率更容易计算,而且能够直接与劳动报酬相比,是一个在宏观和微观方面都最为重要的观察指标。

$$Y=AK^{a}L^{1-a} \quad (1)$$

其中,Y为全要素生产率。

由式(1)可得到:

$$y=Y/L=A(K/L)^{a}=Ak^{a} \quad (2)$$

式中,y为劳动生产率。

对式(2)两边取对数求导可得到:

$$y/a=A/a \cdot k^{a}+Aak^{a}/k \quad (3)$$

由式(3)可知,劳动生产率增长率受技术进步率和资本深化影响。

全要素生产率的分解方式有很多。按照IMF的方法,全要素生产率增长率可分解为TFPC=技术进步+要素配置。技术进步往往都在企业内部发生,而要素配置往往都是跨企业的。进一步探讨企业内部技术进步,又可以将企业内部技术进步分解为创新和技术应用,而这两者都是由人力资本、物质资本和无形资本所共同驱动的。

从宏观核算看,一国劳动生产率比企业级别的劳动生产率更为复杂,它的核算涉及人口供给和劳动参与率。

$$\text{GDP}=y=\frac{Y}{L} \cdot \frac{L}{POP_L} \cdot \frac{POP_L}{POP} \cdot POP \quad (4)$$

式(4)意味着:

GDP增长率=劳动生产率增长率+劳动参与率增长率+劳动年龄人口占总人口比例增长率+总人口增长率;

劳动生产率可被分解为"GDP增长率+劳动参与率+人口红利+总人口增长率"。

保持经济高增长,以及人口快速增长,就会推动GDP增长,即使劳动生产率增长并不快。如中国从原有的农业非意愿失业人口转变为工业部门就业人口,一方面提高了劳动生产率,另一方面提高了劳动参与率,劳动参与率的快速上升推动经济发展。对发达国家而言,劳动参与率低、人口红利缺失和人口增长缓慢,人均GDP增速完全靠劳动生产率提高,而劳动生产率则靠"技术进步+资本深化"提高。

从宏观上看劳动生产率,会发现很多与微观不一样的变量,对发达国家与后发国家来说,其核算意义差距很大,发达国家二者接近,而后发国家的劳动参与率、人口红利、产业结构变革因素及要素分配产出弹性因素等外生性因素对一国经济增长和劳动生产率提高影响很大。一国经济发展到成熟阶段,宏观及微观的劳动生产率影响因素是收敛的。后发国家差异很大,除了劳动生产率提高外,利用好人口红利、劳动力转移带来的比较优势等都是重要的,因此后发国家资源市场配置体制改革、对外开放引进技术、结构变革等对劳动生产率和GDP增长的影响是巨大的,市场竞争、结构性改革、对外开放的意义高于技术创新,但当进入相对成熟阶段时,创新将成为增长的主导。

全要素生产率作为技术进步的度量,其变化是不稳定的,而且涉及国际贸易状况。当一国技术水平与全球技术水平差距较大时,主要是靠引进设备实现"干中学",属于技术扩散效应或适应性改进的技术进步,这是比较稳定的创新和发展阶段。当一国技术水平与全球技术水平接近时,自主创新的水平大幅度提高,则技术进步表现为不稳定,技术进步的风险加大。

与技术进步冲击对应的真实经济周期(RBC)理论强调了技术进步冲击经济体引起的周期波动。然而,金融危机不断爆发,学者们将金融部门纳入均衡模型中。将金融加速器理论纳入模型中,但金融加速器本质上是讲市场摩擦引起的金融自我强化(扩张和收缩)必然导致市场失去均衡。类似问题在投资与储蓄的"刀锋效应"中也有提及,即储蓄和投资并不能自动均衡,会出现"刀锋效应",导致储蓄和投资产生冲突,这对于中国传统计划经济体系下的波动是很好的解释。经济经常会大起大落，宏观经济理论强行让它们相等，实际上有很多的不均衡。金融危机爆发后，人们更多地从金融的角度引入金融条件，如货币（信用）、债务、杠杆等冲击因素进行分析。在探讨金融周期新特征的过程中，笔者认识到，在1973年后，住房抵押贷款与住房价格上涨成为推动经济增长的引擎，而这一事实存在于所有发达国家，包括德国的资产价格都在快速上涨，重新解释了周期的新特征。有学者认识到货币扩张、资产价格上涨、抵押融资杠杆、信用扩张逐步成为发达国家的新周期特征，周期波动可能主要是房地产和信用周期波动的产物。如果结合戈登的研究，可以看出美国和其他发达国家的基于不动产和信用杠杆作为经济驱动的新周期开始于1970年后，即工业化带来的持续的技术进步增长下降，其间信息与通信技术进步有过几年起主要驱动作用，随后发达国家转向了双驱动的增长路径，即依靠技术进步与信用扩张推动资产价格增长。但从20世纪70年代开始，新兴市场国家、后发经济体逐步享受到了技术扩散的价值，全球经济增长进入繁荣期。

从经济系统的角度看，不论是技术进步引起的实体周期，还是货币（信用）—房地产引起的金融周期，都有着自身的运行规律，而且内生具有不稳定特征，二者的组合更处于不连续、不均衡和时间不一致状态，这种状态的极端方式就是金融危机爆发。

从生产率下降到金融危机爆发需要三个环节。①不连续的冲突。生产率的提高是技术进步和资本深化的产物，但技术进步不是一个连续的变量，因此，当技术进步放缓时，劳动生产率下降，经济放缓，需靠政策刺激以弥补生产率下降。②不均衡资源配置的冲突。实体经济资本收益下降，导致资本流向非实体经济，如房地产、金融部门，资源偏离实体经济，显现为不动产资产价格上涨，金融杠杆提高，房地产和金融部门投资回报明显高于实体部门，实体经济与非实体经济的资源配置失调，实体经济符号化开始，资金转向非实体经济。③时间不一致。由于技术进步与房地产、金融部门贴现的时间是很不一致的，前者时间长、风险度高，而后者贴现时间短，而且有自我强化的特性，导致非实体部门杠杆过高和具有高负债率。这三个状态的摩擦会一步一步推动金融危机爆发，而金融危机爆发会影响实体经济的运行，延缓技术创新的步伐。供给侧效率下降确实是金融危机爆发的一个源头。当然，金融监管体制、政府宏观政策调控不当等都是金融危机爆发的原因。

各国政府为保持经济平衡，大多寻求实体经济技术进步的不连续与需求刺激间的平衡。实体经济与金融的均衡机制确实是一个最为重要的均衡条件。现在公认的实体经济与金融的均衡条件包括：①广义货币与国内生产总值的比值（M2/GDP）、负债/GDP仍然是实体与货币关系的第一衡量，如果劳动生产率放缓，GDP增长乏力，需要通过高杠杆模式激励经济体。货币激励周期启动，M2/GDP比例上升，表现为经济杠杆提高，风险开始累积，一直到二者稳定或下降，实体与货币关系逐步均衡。②金融和房地产部门投资收益率明显高于实体经济的资本回报率，资金配置逐步从实体部门转向金融与房地产部门，房地产价格进一步上升，金融和房地产部门逐步符号化，收入取决于价格上涨，实体经济的资金继续流向金融和房地产部门，符号化进一步打击实体经济的技术进步资本支出，技术进步投入下降延缓创新进程。③金融加速器机制启动，当实体经济的净资产回报率低于融资成本时，开始出现流动性风险。当市场意识到负债风险后，融资溢价，导致资产负债表收缩，直到市场流动性出现危机，最终导致金融危机爆发。当然，引发2008年金融危机的因素更多来自房贷-金融危机，核心是抵押贷款机制出现系统性风险。对此，学者们引入了两大机制来探讨该问题：一是金融市场交易不断放大，即金融杠杆快速上升，大量金融机构自己交易获取收益。二是分配机制，探讨了金融风险出现后的短板效应，即穷人还不起贷款引发金融危机。金融危机又直接打击了实体经济，因此金融危机需要国家进行流动性救助和稳定资产价格，以防微观主体出现逆向选择，并通过降低利率，让微观主体修复资产负债表。随着经济稳定、资本支出增加，技术进步提升效率逐步见效，经济体收益率超过负债利息水平，经济开始复苏。

当前各国一方面紧钉技术进步能否推动产出效率提高，另一方面紧钉资产价格、金融杠杆和信贷风险，尽力避免金融危机对实体经济的冲击，同时保持经济的平稳性。后发国家更需要钉住资本的国际流动性来维持自身的流动性和金融的稳定管理。金融配置模式不同导致金融危机类型的不同，风险最大的一般是债权危机，如2008年的美国次贷危机和2010年的欧洲债务危机，相应的股权金融危机往往比债权金融危机更局部化，时间也更短，2001年的互联网泡沫则是另一种金融危机类型。股权危机往往是技术进步不确定性与股权投机预期回报过高导致的股权异常起落传递到实体经济，导致市场剧烈波动引起的金融风险。新经济泡沫直接打击了实体经济，但也在短期内加快了技术进步的迭代，对于经济体来讲是良性的。技术进步在金融的不断激励下迭代速度提升，创新推动经济向前发展。

四、中国的生产率的计算

实体经济的劳动生产率放缓是一个重要的开关变量，但当一国的技术水平与国际技术水平相当接近时，技术进步的"干中学"效应逐步消失，技术进步扩散带来的社会效率稳步提高阶段就结束了，取而代之的是自主创新的不稳定性和结构服务化转变同时来临，因此，效率放缓经常会出现，一方面要强化竞争，获得更为强劲的技术进步，恢复实体经济生产率增长；另一方面要稳定经济，否则技术进步会更弱。

中国经济的技术进步和结构服务化直接降低了生产率，实体经济非实体化特征已经很明显，金融风险累积已经开始，要重视劳动生产率和全要素生产率放缓这一风险的挑战。

1. 金融危机后中国生产率增长出现下滑趋势

通过计算1990—2016年中国劳动生产率增长率状况（见表2-1）可以明显看出：①1990—2007年劳动生产率增长率呈上升趋势，2006年劳动生产率增长率超过了10.0000%，达到了劳动生产率增长率的顶峰。②2008年受金融危机影响,劳动生产率增长率放缓,这与发达国家和世界经济体的劳动生产率增长率放缓有着同步性特征。2016年劳动生产率增长率下降到6.4550%,说明金融危机对劳动生产率的影响是明显的,具有全球性的破坏性质,中国受到的影响比较小,仅仅是增长放缓。

表2-1 中国劳动生产率增长率变化

年份	劳动生产率	劳动生产率增长率	劳动生产率增长率（平稳化）
1990	2899.55%	−11.1988%	6.5055%
1991	3133.02%	8.0518%	6.8941%
1992	3544.33%	13.1282%	7.3570%
1993	3998.75%	12.8212%	7.7740%
1994	4479.21%	12.0152%	8.0829%
1995	4926.48%	9.9854%	8.2716%
1996	5345.68%	8.5091%	8.3674%
1997	5766.33%	7.8689%	8.4150%
1998	6147.05%	6.6026%	8.4601%
1999	6545.31%	6.4789%	8.5433%
2000	7029.05%	7.3906%	8.6865%
2001	7538.01%	7.2408%	8.8909%
2002	8168.26%	8.3610%	9.1448%
2003	8931.15%	9.3396%	9.4199%
2004	9761.51%	9.2974%	9.6803%
2005	10813.67%	10.7787%	9.8890%
2006	12132.13%	12.1925%	10.0054%
2007	13791.80%	13.6800%	9.9976%

续表

年份	劳动生产率	劳动生产率增长率	劳动生产率增长率（平稳化）
2008	15069.95%	9.2675%	9.8558%
2009	16405.10%	8.8597%	9.6068%
2010	18082.91%	10.2273%	9.2717%
2011	19717.36%	9.0387%	8.8641%
2012	21166.80%	7.3511%	8.4069%
2013	22713.68%	7.3081%	7.9252%
2014	24277.92%	6.8868%	7.4331%
2015	25886.75%	6.6267%	6.9388%
2016	27567.06%	6.4910%	6.4450%

说明：劳动生产率增长率的平稳化是通过H-P滤波法得到的，由经济所陈昌兵计算。
资料来源：《2017中国统计年鉴》。

2. 中国结构服务化导致劳动生产率增长放缓

发达国家的经验证明，当一国经济结构服务化后，劳动生产率增长率放缓非常明显。在中国，2012年服务业超过制造业，2015年服务业占GDP比重超过50%，中国经济结构服务化快速发展，劳动生产率增长率放缓不仅仅来自国际金融危机的冲击，而且受产业结构服务化影响。我们可以从产业间生产率和产业内生产率提升的角度看结构服务化对劳动生产率增长率放缓的影响。

产业间的效率对比。中国第二产业和第三产业劳动生产率的估算结果（见图2-4）表明：截至2014年，第三产业劳动生产率上升较快，但仍低于第二产业，特别是制造业。不管从劳动生产率名义值还是劳动生产率实际值来看，第三产业劳动生产率均低于第二产业的水平。

第二产业内部效率差异。①第二产业中建筑业劳动生产率几乎处于停滞状态。②第二产业中制造业劳动生产率增长率持续上升。③制造业在第二产业中的比重下降，建筑业的比重持续上升，直接拉低了第二产业劳动生产率（张平，2017a）。

工业化时期推动中国劳动生产率增长最主要的贡献来自工业化，特别是制造业的快速发展，直到受金融危机的冲击，出口下降，制造业增长放缓。国家通过宏观激励政策稳定了经济，同时极大地刺激了第二产业中劳动生产率增长缓慢的建筑业和第三产业的发展，特别是金融业和房地产业，2016年中国金融业占GDP的比重为8.3%，是G20（二十国集团）中最高的。房地产增加值上升很快，占GDP的比重为6%。房地产收入主要来自价格上涨，房地产属于非实体部门，而金融部门看似劳动生产率提高，但很多收入来自套利，而不是服务质量提升，而且金融部门比重也已经不能再提高了。中国劳动生产率增长率放缓有建筑业和服务业占比提升导致的结构性问题，这是典型政策激励推动产生的结构扭曲问题，降低了劳动生产率增长率和累积了风险。

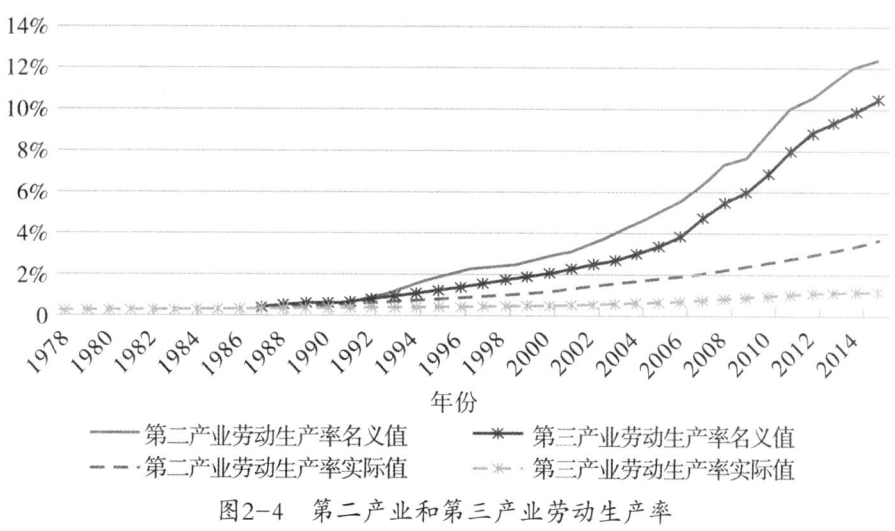

图2-4　第二产业和第三产业劳动生产率

数据来源：各年的《中国统计年鉴》及国家统计局网站。

3. 全要素生产率增长率放缓导致劳动生产率下降

1978—2008年中国劳动生产率持续提高得益于资本深化，也得益于全要素生产率的提高，中国是全球全要素生产率增长最快的国家。2008年以来的短期刺激政策加速了资本深化，但资本产出效果越来越差，全要素生产率增长率放缓，导致劳动生产率下降。更为严重的是，其贡献率下降更多，1978—2007年是中国经济增长的高峰时期，该阶段全要素生产率增长对总产出的贡献率为23.33%，其中，1993—2007年有过35%的较高水平。但2008年之后，伴随中国经济增速放缓，全要素生产率的贡献份额下降较大，为5%，增速也放缓至0.30%（见表2-2）。

中国全要素生产率提升所面临的困境之一是：资本驱动的工业化发展模式不具有全要素生产率持续改进的内生机制。在1978年至今几十年的经济增长中，资本要素对经济增长的贡献份额一直维持在65%~90%的水平，扣除劳动投入对经济增长的贡献，全要素生产率对经济增长的贡献份额为20%左右。中国资本驱动增长模式的典型现象：①资本存量持续加速增长。资本存量在1978—2007年经济持续超高速增长期间，平均增速达到11%，与发展阶段相似的其他任何国家相比，资本积累的平均速度都是较高的，而2008年之后，尽管中国经济增速出现连续减缓，但资本存量增速仍然维持较高水平。②资本边际收益水平持续递减。资本边际收益水平递减主要由中国经济长期的投资依赖所致，同时，资本边际收益水平递减和低增长的不良循环越来越明显，中国资本驱动模式的路径依赖造成的低效率问题越来越明显。1978—2007年资本效率（Y/K，即GDP/投资）平均为0.302，而2008—2016年仅为0.084。

表2-2　生产函数分解及趋势预测

分解项	1978—2007年	2008—2016年
[1]潜在增长（生产函数拟合）三因素	10.03%	8.4%
[2]资本存量（K）：弹性	0.636	0.629

续表

分解项	1978—2007年	2008—2016年
[3]资本贡献份额=（[2]×[8]）/[1]	64.83%	93.67%
[4]劳动投入（L）：弹性	0.364	0.371
[5]劳动贡献份额=（[4]×[11]）/[1]	11.84%	1.70%
[6]全要素生产率：增长率	2.34%	0.30%
[7]全要素生产率贡献份额=100−[3]−[5]	23.33%	4.63%

注：①主要指标和估算方法说明：劳动投入（L）变量为就业人数，资本存量（K）水平为依据Nehru and Dhareshwar（1993）永续盘存法计算的以1978为基期的固定资产存量水平。

②数据来自《新中国六十年统计资料汇编》及各年《中国统计年鉴》，时间跨度为1978—2016年。

劳动供给要素增速放缓而且转负，劳动参与率下降，劳动要素弹性提高，都会极大地降低要素投入。如果不能有效地提高创新和人力资本的效率，未来实体经济生产率持续下降是可以预见的。

4. 实体经济与非实体经济均衡条件逐步被破坏

2008年全球金融危机爆发后，中国劳动生产率和全要素生产率增长率放缓，同时M2/GDP开始持续攀升，劳动生产率提高带来的高速增长已经让位于宏观激励维持的增长。从图2-5中可以看出，21世纪劳动生产率快速上升，M2/GDP比重稳步下降。2007—2008年劳动生产率增长率达到顶峰之后开始放缓，2009年货币激励启动，M2/GDP开始快速上升，劳动生产率增长率持续放缓，激励持续加强，直到2017年中国经济增长率有所回升，货币激励因素放缓，但正如前文所表明的，全要素生产率改善仍然不易，需要进一步开展供给侧结构性改革才能真实地改善效率。

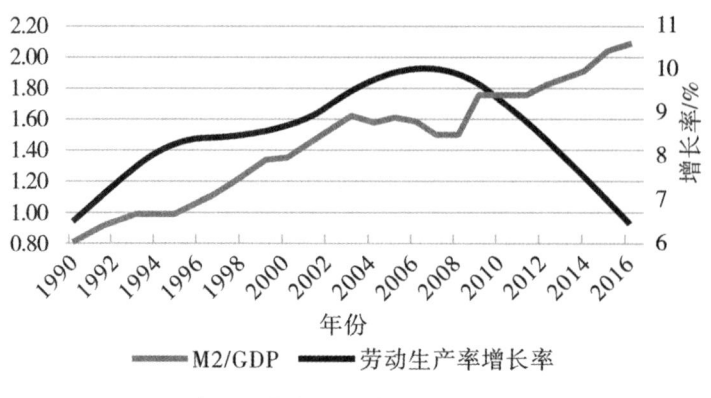

图2-5 劳动生产率增长率与M2/GDP的关系

注：图中的劳动生产率增长率通过H-P滤波法得到。

从微观看，实体与金融的均衡条件正被逐步破坏[①]。①2011年上市公司中，金融业上市公司的净利润为1.03万亿元，占全部上市公司的比重为52.6%，这已经是相当高的比重了。2015—2016年金融业上市公司实现净利润占全部上市公司的比重达到66.67%，2011年房地产上市公司净利润占非金融业上市公司净利润的比重是8.28%，2015年达到12%，2016年超过20%，房地产、金融业成了2015—2016年中国上市公司的主要利润来源。2017年依然如此，产业结构明显开始偏向房地产、金融业，比重大幅度提高。②净资产收益率持续下降，2015—2016年净资产收益率低于资金成本，只能靠负债来维持，导致中国外部融资成本升高和融资可获得性变差。现阶段美国持续加息已经推动了中国十年期国债到期收益率持续上升，意味着外部升水，而我国M2增长内生性收缩（张平，2017b），金融监管当局实行竞争性监管，金融波动性加大。金融加速机制已经开始破坏实体经济的资产负债表，特别是民营经济开始负债收缩，银行坏账率持续上升，金融市场监管加剧了金融的不稳定性。按理论逻辑看，在金融杠

---

① 从微观数据来看也表现得很充分（参见《中国上市公司蓝皮书：中国上市公司发展报告（2017）》）。

杆、金融加速、脱实向虚的配置方面都已经开始累积金融风险。未来必须调整政策激励微观创新和在劳动生产率提高上下功夫，否则需求激励政策只会导致风险进一步积累。但按全球经验看，不稳定的金融条件同样会破坏实体经济的效率持续提升，降低金融风险、减轻企业税赋负担、降低营商成本和强化市场竞争机制、产权保护、国企改革及宏观货币和财政制度改革，都是激励微观的供给侧结构性改革的重要选择。

五、实体创新与降低金融风险

（1）实体创新驱动效率提高。从国际比较看，中国仍处于大力发展实体经济阶段，制造业保持较高的比例仍然是很重要的。发达国家经济成熟后，服务业比重逐步上升，但相对比较稳定，偏于制造业的德国、日本服务业比重稳定在70%。东亚制造业国家服务业比重也较低，韩国一直稳定在60%，中国经济发展还没有达到成熟阶段，即进入高收入国家行列，服务业不必追求过快发展，特别是不必通过金融和房地产比重的提高来提升服务业的比重，中国金融服务业比重居全球第一，已经有所脱离当前中国的发展阶段。保持制造业比重的核心是培育中国制造业的全球竞争优势和提升创新能力，只有推动制造业转型升级才能使中国在国际上具有竞争力，才能稳定中国制造业的比重，才能保证中国劳动生产率的增速。中国增长最快的服务业中包含了太多行政化的服务体系，如科教文卫等非市场化部分很大，服务业的发展被抑制了，服务业自身结构的调整是下一阶段重要的改革部分。

（2）逐步恢复实体经济和非实体经济的均衡条件。第一，稳定杠杆，保持M2/GDP的比率逐步稳定，保持政府、企业、居民负债率稳定，适当降低金融杠杆。第二，降低房地产和金融业的收益率，从而降低社会总体成本。第三，大力实施减税政策，特别是减轻企业在社会中的过重税务负担，推进基于城市化的税制体制改革，降低企业的税赋和营商成本，积极推进供给侧结构性改革，拓展实体经济的生存与发展空间，保持实体经济有序发展，遏制实体符号化趋势。第四，尽量保持市场流动性，改革货币供给模式。当前国内利率跟随美国生息周期会导致外部融资升水过快，金融加速器加速，因此要改革汇率和货币供给模式，增加市场流动性安排，并改革债券市场，保持实体经济和地方政府债券融资的可持续性，防止外部金融冲击，化解金融风险和改革债券、股票市场融资体制。第五，降低居民过度借贷购买住房的比重，稳定房价。第六，金融监管走向法制化，不要"父爱主义"的监管，也不要竞争性监管导致的过度抑制金融发展，过度监管和不稳定性金融政策会导致更大的金融风险。

（3）货币和财政政策转向体制改革。2017年中国经济与世界经济同步复苏，2018年继续与世界经济同步复苏，货币和财政政策应该逐步从数量激励转向体制改革，从真正意义上实现稳中求进的宏观政策目标，推动经济迈向高质量发展阶段。

参考文献

法雷尔，2010.提高生产率：全球经济增长的原动力[M].朱静，译.北京：商务印书馆.

张平，2014.中国经济效率减速冲击、存量改革和政策激励[J].经济学动态，（10）：9-16.

袁富华，2012.长期增长过程中的"结构性加速"与"结构性减速"：一种解释[J].经济研究，47（11）：127-140.

张平，2017a.中国经济效率提升与供给侧改革：2017年经济展望[J].现代经济探讨（1）：5-12.

张平，2017b.货币供给机制变化与经济稳定化政策的选择[J].经济学动态（7）：26-34.

中国经济增长前沿课题组，张平，刘霞辉，等，2012.中国经济长期增长路径、效率与潜在增长水平[J].经济研究，47（11）：4-17，75.

中国经济增长前沿课题组，张平，刘霞辉，等，2013.中国经济增长转型的结构性特征、风险与效率提升路径[J]. 经济研究，48（10）：4-17，28.

中国经济增长前沿课题组，张平，刘霞辉，等，2015. 突破经济增长减速的新要素供给理论、体制与政策选择[J]. 经济研究，50（11）：4-19.

中国经济增长前沿课题组，张平，刘霞辉，等，2016. 增长跨越：经济结构服务化、知识过程和效率模式重塑[J]. 经济研究，51（11）：12-26.

傅刚，赵承，李佳路，2000. 大风沙过后的思考[N/OL]. 北京青年报，2000-01-12[2005-09-28]. http://www.bjyouth.com.cn/.htm.

Gordon R J，2016. The rise and fall of american growth[M]. Princeton，NJ：Princeton University Press.

第三章
储蓄耗散、资产多样化与风险控制

立足于中国经济结构服务化过程中结构条件变化的分析，笔者认为：首先，如果说工业化视增长为一切，那么城市化更加注重稳定和结构变动的效率补偿效应。其次，伴随着经济减速而来的储蓄下降是一种内在趋势，为了避免无效率的储蓄耗散，需要进行财政金融制度框架的深度变革。最后，消费的结构升级，本质上可以视为有效率的储蓄转化路径，它是城市化时期效率补偿的动力。

一、引言

稳中求进作为中国经济转型和城市化时期治国理政的根本方法论，有着理论和历史的内在逻辑。在发展历程方面，中国现阶段正在经历后工业化时期经济增长路径的转型和效率模式重塑；在理论机制上，高储蓄、高投资和高增长的规模效率螺旋，将随着结构条件的变化逐渐失去其存在的基础。简言之，如果说工业化视增长为一切，那么城市化更加注重稳定和结构变动的效率补偿效应。

从储蓄、投资与消费再平衡的角度来看，中国城市化过程中的风险源在于经济结构性减速过程中储蓄耗散和家庭资产多样化的必然性与原有财政金融制度的不相容性。一方面，经济结构服务化导致的经济减速使得实体经济投资越来越难以吸引到高储蓄，促使过剩储蓄进入房地产和其他资产投资渠道，从而加剧资产泡沫化和隐性通货膨胀风险；另一方面，为了抑制资产泡沫化这种无效率储蓄耗散现象，需要建设公共储蓄对私人储蓄的替代机制，并构建公共财政和金融市场的良性互动框架，这意味着财政金融制度的深刻变革。对于中国而言，这无疑是一个严峻的挑战。

作为一种认识转变，需要强调的是，城市化区别于工业化的一个重要特征是居民消费结构升级（或者说科教文卫相关项目消费比重的上升），消费越来越具有跨期投资的经济意义。这种意义上的消费已经不再是传统工业化理论——把消费看作储蓄和投资的抵消项目——那样的简单理解。消费的结构升级，本质上可以视为一种有效率的储蓄转化路径，它不是为了物质资本积累和单纯的产出，而是为了高质量生活和跨期的人力资本积累，经济结构服务化和消费主导的城市化也因此具有了效率补偿效应。

二、转型理论：增长、调整与稳定

在中国经济新常态和大转型的语境下，稳中求进有其特别的理论和实践含义。本质上，这个理念是对改革、增长与稳定这种传统表述的提炼与概括，隐含了发展阶段性要求和更高层次发展取向的期望：不仅包括如何反思增长和供给主导的历史经验，而且包括新的发展阶段中的社会再平衡问题，其中，针对结构条件变化的制度再设计和调整能力，成为突破瓶颈的关键。鉴于转型理论的复杂性，本文主要围绕投资、储蓄和消费这些传统增长因素，对增长、调整与稳定的逻辑进行分析，理论上，这些因素涉及稳中求进方法论的一些本质内容。

1. 后工业化和城市化时期经济稳定问题的经验事实

我们首先以经验事实的征引为出发点，对于不稳定的影响和负面作用提供一些直观印象。托马斯（2000）在其巨著《独立以来拉丁美洲的经济发展》中，用了两章的篇幅从理论和政策层面对进口替代工业化发展模式结束之后拉美国家稳定计划实施的紧迫性及其后果进行了深刻分析，并给出如下评论：债务危机是20世纪70年代末期和80年代初期拉美国家一系列外部冲击的顶点，贸易条件恶化、世界市场利率上升、发达国家经济衰退、资本流入减少，这使得东亚国家所受冲击更大，但是拉美国家面临的调整过程更苦并导致严重的经济衰退，应对债务危机所进行的内部和外部调整最终导致13个国家的制造业相对重要性下降。稳定计划和调整加剧了国内通货膨胀，"滞涨"——衰退与通胀的混合体——成为许多国家经济实绩的准确描述，货币贬值、金融自由化、信贷管制等正统调整政策的实施，是以公共开支减少为代价的，这些政策反过来又破坏了稳定计划。

当然，这是情景比较特殊的拉美国家的经历。但是，从长期发展和增长阶段性转换的经验来看，大规模工业化结束，特别是紧接着的现代城市化过程的开启，发展和稳定的要求也随之而来。在这一调整的关键环节上，即使是那些已经实现了向发达水平飞跃的国家，也不敢说自己做得比较完善。以日本为例，一些积极的改革倡议者认为，20世纪80年代中后期日本大规模工业化彻底终结之后，一种与之前本质上不同的压力相应产生，发展和稳定的问题摆在人们面前。主要问题是，政府干预和部门分割的制度路径依赖，加剧了减速时期国民经济中贸易部门和非贸易部门的矛盾。一方面，由于受到保护，建筑和服务业部门价格居高不下；另一方面，面对竞争压力和高成本，贸易部门不得不持续谋求效率改进以维持生存，最终导致国内制造业的空心化和经济泡沫化，并演变为所谓的"日本病"（袁富华 等，2017a）。一些研究从模式转换这个更加综合的角度，针对日本城市化时代的发展和稳定策略的取向——特别是深化制度改革——进行分析（Lechevalier，2014），但至今仍然处于争论和探索之中。

尽管工业化的最终结局不同，但是拉美国家和日本的案例表明，经济稳定越来越成为后工业化时期的普遍要求。从这一点出发，我们可以给出一个增长、稳定和深化制度改革之关系的整体性考察，基本认识是依据结构条件的不同，在工业化阶段和城市化阶段，发展和稳定的要求各有侧重，这与我们侧重于从长期角度理解增长的方法也是一致的。

2. 增长作为工业化首要目标的历史特定性

增长作为工业化过程的侧重点，基本假设是生产供给弹性足以抵御不稳定风险。按照加尔布雷斯（2012）的表述方式，工业化过程可以视为传统稀缺社会向丰裕社会的发展过程，这个阶段的经济增长主要围绕物质财富（食品、衣着、住行等）的满足与饱和展开。工业化规模经济及其赖以建立的制度条件，把计划性、生产供给弹性和前瞻性赋予经济系统和经济组织，并使其具有一种内在的可预期性和稳定性。换句话说，由于假设增长的可持续性能够应对暂时性的波动冲击，如何保持增长成为制度设计的重中之重。

初始条件和技术路径的国别差异，尽管可能导致显著不同的工业化模式（如基于廉价劳动力使用的中国模式和基于国内技术培育和自主创新的日本模式），但是在运用规模经济增加储蓄和积累这一点上是一致的。以中国为例，改革开放40多年的发展，基本遵循了传统结构主义路径（袁富华 等，2017b），这个时期的制度设计和结构框架建设，是根据物质品短缺的具体实际，以产出最大化和满足为目的进行的。典型特征可以归纳为通过规模经济实现资本积累，借以跨越贫困陷阱。经济组织围绕产出供给增加展开，组织弹性表现为对需求总量提高和需求结构升级的适应和调整，在生产结构优化升级的同时满足消费需求。当然，以生产供给为主导的这种工业化，企业之间和产业之间投入/产出关联机制的运行，比终端消费品的提供更加受到重视。在从传统农业向推进工业化演替的经济发展历程中，这一点无可厚非。亦即，这个经济发展阶段的主要问题集中于生产供给体系诱致机制的建设和瓶颈的突破（Hirschman，1988），国家的经济干预——无论是政府对经济活动的直接介入还是政策工具的运用，都是为了尽可能消除投资需求的市场不确定性和投资引致的较大经济波动，其成效体现为工业化过程中长期增长的实现。

3. 城市化过程中经济稳定为什么如此重要

从增长阶段转换的视角来看，以生产供给和物质品满足为重心的工业化，向以生活质量进一步提高为重心的城市化的演进，其要点在于结构条件的变化和经济组织的调整与适应。在经济结构服务化和消费成为主导力量的条件下，经济效率提升和增长可持续不仅仅是产出规模扩张，关键在于内生效率提升机制的建设。但是，鉴于一些新的变化及风险可控性逐渐成为焦点，经济体系出现对于稳定的迫切要求。

结构条件变化方面。工业化阶段持续高速增长动力的耗竭，缘于Hirschman所谓的"投资诱致投资"机制的削弱，这是经济进入城市化和结构服务化之后，经济不确定性的重要因素之一。新的变化导致不稳定性和风险加剧的主要原因在于诱致机制失灵（袁富华 等，2018），对此，我们给出的解释是：第一，城市化过程中服务业对制造业的替代，以及制造业的内部升级，将导致原有部门之间的部分（甚至大部分）前后向联系环节消失，这种情景经常发生在制造业从重工业化向技术知识密集化的转型时期，原有的粗放生产方式被集约生产方式替代，此时，如果创新能力和组织弹性不足，原有的诱致机制失灵将导致增长速度显著下滑，这种态势不仅引致收入增长下降，而且将诱发原有投融资政策体系的全面调整，从而导致市场风险增加；第二，结构服务化下诱致机制的失灵，主要表现为可贸易的制造业被可贸易程度较低甚至不可贸易的服务业替代，经济进入一个效率改进成本昂贵的时代，按照土地决定、资本决定和知识决定的三阶段经济历史演进逻辑，城市化将更加重视（与消费结构升级和现代服务业发展有关的）知识和人力资本的积累，较之于物质资本的供给需求，知识和人力资本的积累具有更加显著的跨期性特征，经济系统的可预期性因此弱化；第三，结构条件的上述变化，最终可以归结为投资和消费作用的再评价，由于它正好发生在后工业化和城市化过程中，自然紧紧地与经济社会的再平衡交缠在一起，也使得政策效果的不确定性增加。

效率改进方面。一些研究者就20世纪80年代末期以来日本经济低迷的原因进行研究后认为，政府干预尤其是投资替代消费政策的支持以及对垄断部门的保护，不仅会导致部门间效率失衡，而且会使追赶经济退化为反生产率（Bailey et al., 2007），并得出发展政策仅仅适用于发展状态的结论。类似地，对于向城市化转型的中国而言，工业化政策仅仅适用于工业化时期的逻辑同样成立，调整滞后所导致的失衡，不仅表现为房地产市场对实体经济的挤压及其对整体效率改进潜力的损害，而且表现为服务业发展向科教文卫主导升级步伐的缓慢。短期风险和长期增长不确定性的交织，是转型时期的普遍特征，因此政策措施内在地遵循以稳定谋发展的选择逻辑。制度及其调整能力成为关键。

三、结构条件：储蓄与投资——财政、金融制度的不相容性

工业化向城市化转型以及结构服务化主导经济的形成过程中的风险交织使有效投资的问题凸显出来。该问题的另一种表述是，如何看待（包括居民、企业和政府在内的）储蓄的有效利用和投资/消费的再平衡。再平衡不仅涉及短期数量的权衡，更重要的是涉及结构调整，其中，储蓄的变动态势将越来越成为触发风险的主要力量，也因此加剧转型时期原有工业化财政、金融结构与城市化的不相容性。本部分，我们围绕储蓄来揭示风险机制。

就像上文已经说明的那样，典型如中国、日本和韩国的大规模工业化，其显著特征是高积累和高储蓄。限于分析目的，我们这里主要关注家庭净储蓄率及其变化，以及这种动态所引致的一系列问题。这些问题与后工业化和城市化的发展有关。在前期研究中，我们已经就相关因素给出了一些数据说明，这里就主要观点进一步归纳和提炼，集中分析城市化过程中结构条件的变化与原有工业化的财政、金融制度不相容的问题。基本认识是：以生产供给为核心的工业化时期的财政和金融模式，将因为不可避免的储蓄下降而受到根本冲击。伴随结构条件变化的储蓄下降，将依据不同的制度设计形成效率各异的耗散和分化路径，成为经济不稳定的潜在根源。

1. 储蓄下降的事实

（1）城市化与储蓄下降。以家庭净储蓄率这个重要的经济因素为例，20世纪80年代以来，主要发达国家均出现显著的下降趋势，为方便起见，图3-1只列举了日本、韩国、美国、意大利和澳大利亚的动态。实际上，很多文献对这种变动，尤其是20世纪90年代以来发达国家家庭净储蓄率向低水平快速收敛的原因进行了分析，包括可以想见的增长速度慢、人口老龄化、宏观波动冲击、福利制度完善等因素。我们的观点立足于发展阶段转型，把视角转向工业化向城市化转型的结构条件变化的影响。为此，有两个典型案例值得关注，即日本和韩国长期经历过的——增长"倒U"型引致储蓄率"倒U"型。直观的数据资料如下：①第一次石油危机使日本结束了超高速经济增长，同时，家庭净储蓄率也达到23%的峰值。其后，日本经济进入中低速增长的调整时期，家庭净储蓄率持续下降，1974—1989年降低了大约10%。20世纪90年代经济泡沫之后，日本经济进入低速增长时期，导致家庭净储蓄率快速下降，目前只有2%~3%的水平。②韩国的情景与之相似，在21世纪初经济转入中低速增长时，家庭净储蓄率急剧下降（见图3-1，韩国家庭净储蓄率的"倒U"型变动更加显著）。

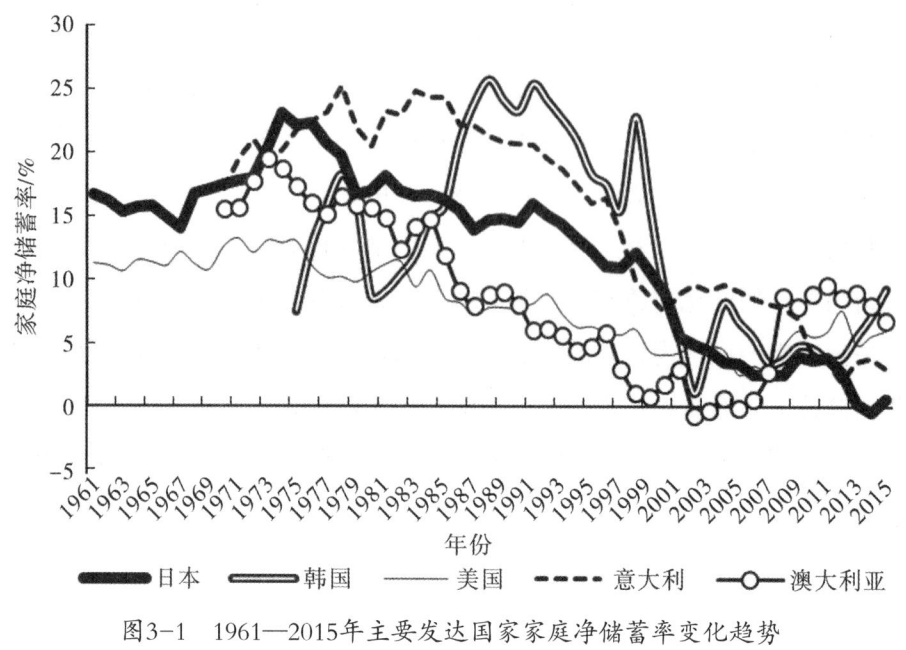

图3-1　1961—2015年主要发达国家家庭净储蓄率变化趋势

数据来源：经济合作与发展组织（OECD）。

（2）储蓄悖论和储蓄耗散。联系到后工业化时期结构条件的变化，这种储蓄下降趋势应该被理解为储蓄沿着不同的路径耗散了，或者说多余储蓄被转化成了其他形式。在解释这种路径之前，我们首先对储蓄悖论给出说明。需要强调的是，大规模工业化时期那种特定结构条件下构建的资本积累和增长循环，是一种"增长—收入提高—储蓄提高—投资促进"的良性循环，也为社会储蓄意愿和储蓄积累提供了基础，日本工业化时期鼓励储蓄的政策以及中国的经验很好地说明了这个意愿的存在。但是受到市场、消费和城市化发展的反向作用，工业化规模经济不可能永远持续，受制于经济增长速度和收入增长速度的下降，储蓄快速积累的基础消失。更为重要的是，面对结构服务化这种新的结构条件，强烈的储蓄意愿也不能为储蓄的保有提供信念支持，城市化高成本成为储蓄耗散的本质原因。

（3）机制。一方面是诱致机制削弱，服务业对制造业的替代在物品生产的投入/产出关联上弱化了投资动力，导致高储蓄转换为高投资的动力消失。上述日本和韩国城市化快速发展时期增长率和家庭净储蓄率的两个"倒U"型趋势提供了很好的佐证，即低速增长不足以维持很高的家庭净储蓄率。另一方面，如果储蓄不能经由物品和服务的生产性投资转化为真实效率，那么将很可能经由资产市场转化为泡沫，日本在20世纪90年代的事实足以为鉴。

2. 储蓄耗散的无效率路径和风险

诱致机制的弱化，给资产时代带来更大的不确定性，这种不确定性和潜在风险，又因为资产多样化要求和投资路径的可能分化而加剧。对于像中国这样的发展中国家而言，在工业化向城市化转型的过程中，通常会面临与之相关的短期和长期不稳定性冲击的交织，即隐性通货膨胀和效率抑制。甚至连日本那样的发达城市化经济体，受工业化制度惯性的影响，依然没有很好地解决经济系统内在不稳定的问题。

（1）城市化和房地产的问题。作为引致家庭净储蓄耗散和储蓄替代资产多样化的因素之一，尽管房地产投资是发达城市化经济的重要内容，但这种投资对实体经济投资的替换往往会引发泡沫问题，后工业化时期尤其值得关注。这个命题在国际经验中有许多案例，中国现阶段房地产市场的泡沫化趋势，应当理解为后工业化时期经济体系和制度转型滞后的综合结果。之所以作出这样的断语，是因为服务业替代制造业的这个较长时期，实体经济投资和总体经济增长速度的下降，不能维持已经积累起来的过高储蓄，基建和房地产作为城市化快速推进时期的载体，正好成为高储蓄疏解的新渠道。房地产泡沫的出现，应联系结构条件变化进行分析，属于系统性调整的范畴。

与储蓄相关的国际经验显示，后工业化时期房地产泡沫的一次性冲击，将导致家庭净储蓄率的持续下降；后续时期，即使抑制了显著的泡沫膨胀，房价高位的态势仍无法在短期内消除，加之收入增长速度下降，可能加剧家庭净储蓄的耗散。

（2）储蓄耗散的无效率路径和隐性通货膨胀。我们可以作出转型时期隐性通货膨胀这种潜在风险存在性的推测，风险和不稳定来源于城市化的快速发展及其对原有经济体系增长和积累的偏好和继承。因此，鉴于城市化高成本的内在特征，结构服务化过程原则上不可能彻底消除这种潜在风险，而应该立足于避免隐性通货膨胀的显性化。对于中国的城市化发展而言，这个问题尤其值得关注。流行的研究囿于通货膨胀的教科书定义，把注意力集中于物品和一般服务的价格变化上，这其实是工业化阶段的认识方式：工业化的规模经济导致制造品价格下降，出现如此趋势并不奇怪。相反，随着城市化的到来，资产时代开启，问题的焦点自然在于资产价格，资产价格的膨胀从根本上成为隐性通货膨胀的风险源。典型如中国现阶段的房地产市场，正逐渐发展成为耗竭储蓄的一个漏斗，关键还在于，这种对储蓄的吸收，不仅是与实体经济发展的恶性竞争，而且是对未来增长潜力的削弱，储蓄耗散的无效率路径由此形成。

（3）中国的特殊性。随着中国高增长时代的结束和城市化进程的推进，经济减速势必把储蓄的两个问题摆在人们面前。首先，20世纪90年代以来，中国家庭净储蓄率大多数年份维持在30%以上的高水平，2008年以来更是接近于40%，但是2012年以来出现的持续减速趋势和新常态，将导致中低增长速度不足以维持这么高的储蓄，家庭净储蓄率降低是一种必然。根据我们的分析，中国家庭净储蓄率的下降通道正在开启，一旦增长速度跌落到6%以下，很可能出现家庭储蓄快速耗散的态势。其次，问题的关键在于如何防止房地产之类的资产膨胀过度吸收居民储蓄，或者说，如何防止储蓄向无效率路径的转换，这是中国转型时期面临的特殊问题。

中国现阶段房地产价格的膨胀，从两个方面扭曲了长期效率改进路径。一是家庭储蓄的购房支出，挤压了当期消费支出和未来教育支出，不仅直接影响了消费结构升级——主要是科教文卫消费支出增加，而且影响了由消费结构升级所推动的服务业结构升级和效率改进的潜力。二是房地产业的过度发展，削弱了制造业创新的动力。对于处于转型时期的中国而言，一旦失去制造业技术进步的支持，就会失去跨越中等收入陷阱的推力。

3. 社会保障和家庭储蓄路径的转换

虽然存在着市场风险，但是作为高成本城市化下保值增值的重要资产，家庭储蓄向房地产投资的转换是一条普遍路径。另一条路径是社会保障对家庭储蓄的部分替代。从经验上来看，发达国家高水平的城市化和社会保障制度的建设，通常被认为是促进家庭净储蓄率向低水平收敛的重要原因，家庭净储蓄率的这种下降趋势，也正好与20世纪80年代以来这些国家普遍出现的低水平增长和福利制度建设完善同步。

（1）发达国家的社会保障体系建设和公共储蓄。市场风险使得发达国家较早认识到社会支出计划的重要性，包括健康、养老、教育等在内的社会保障体系至20世纪80年代初期臻于完善。20世纪80年代之后，大多数欧洲福利国家和低预算发达国家社会转移支付占GDP比重的增长速度放缓甚至下降。20世纪90年代，欧洲福利国家养老金支出占GDP的比重普遍为10%～15%。经济合作与发展组织发布的数据显示，2016年，养老金收益占家庭金融资产的比重在英国、美国、澳大利亚分别为45%、30%、57%。按照Lindert（2004）的观点以及欧洲福利国家的流行看法，公共储蓄对私人储蓄的替代，是城市化阶段对抗未来不确定风险的重要手段，发展中国家在这方面的追赶，虽然部分来源于国际示范效应，但是风险防范意识依然是主要方面。之所以这样说，是因为后工业化时期结构条件发生变化，以及因此而导致的社会再平衡和发展模式重塑，通常成为经济追赶国家面临的问题。典型例子是拉美国家的城市化由于缺乏必要的内生动力机制，致使家庭直接暴露于宏观不稳定的风险之下，包括私人储蓄在内的家庭资产不断被城市化高成本消除。

（2）工业化财政收支结构与结构服务化的矛盾及其风险。家庭储蓄耗散过程中私人储蓄向公共储蓄的转化，实际上是财政收支压力的增大和市场风险向财政的传递。这种倾向在加剧工业化财政收支结构与结构服务化矛盾的同时，对经济发展质量提出更高的要求。风险发生机制如下：第一，包括养老金在内的很大一部分公共支出，不仅具有长期的支出刚性，而且具有比较典型的代际和跨期性特征，年轻一代的就业人员和生产率能否为退休一代提供支持成为争论焦点。就发达国家普遍的经验而言，争论的背景是人口老龄化与经济效率改进之间的矛盾，即随着老龄化社会的到来，年轻一代的收入和公共储蓄能否支撑起滚动的公共支出。第二，结构服务化提供持续的经济效率改进动力，是保证财政支出安全的重要环节。城市化阶段服务业和消费主导所隐含的效率改进风险，正如前文所言，源于规模化、可贸易程度相对较低的服务业对制造业的替代，如果服务业的发展仍然囿于传统产业，这个问题就更加突出了。一方面，随着制造业比重的下降，部分税收基础受到削弱；另一方面，经济增长速度放缓导致收入增长速度放缓，这些矛盾都要求服务业发展必须具有效率补偿作用。

4. 资产多样化与金融市场问题

根据发达国家的经验，城市化时期预防家庭储蓄无效率耗散的一个重要渠道，是金融市场结构的完善及其稳定。在进一步分析之前，我们预先就金融资产结构给出一个说明：第一个事实是，20世纪90年代中期以来，绝大多数发达国家的家庭金融资产中，现金储蓄所占比重在30%以下；第二个事实是，根据养老金收益占家庭金融资产的比重，大致把发达国家分为两类：英国和澳大利亚等养老金收益占比较大的一类，以及以美国为代表的证券和基金投资占比较大的一类。这两类发达国家隐含的一个基本现象是，发达城市化阶段的居民家庭资产组合，主要以公共储蓄、证券、基金及寿险的形式存在。这里集中讲解金融市场的结构。

（1）健全的金融市场的作用。作为私人储蓄的重要转化渠道，因为涉及家庭金融资产的较大份额，金融市场的重要性不言而喻。完善金融市场结构，主要是为了满足家庭和消费者的投资需求，把多余储蓄转换为资产，需要有效的投资渠道；保持金融市场的稳定，主要是为了满足资产保值增值的要求，而公平的竞争环境也有利于家庭和消费者投资效率的提高。表3-1列出了美国、法国、意大利、日本和韩国的家庭金融资产结构,可以看出,美国、法国和意大利的家庭投资于有价证券、共同基金和寿险的比重很大,占比普遍为50%~70%。与老牌发达国家比较起来,短期内经历了大规模工业化和现代城市化的日本和韩国,受到原有制度路径依赖的影响,其金融市场发展的滞后在家庭金融资产结构中表露无遗。

(2)进一步的说明。上述国家与国家之间的比较给予我们的一个重要提示是,对于经济追赶国家来说,后工业化时期的金融制度完善需要给予充分关注。按照流行的观点,如果说现代城市化的主要标志是资产时代的到来,那么为了防范泡沫化风险,金融制度的完善至关重要。最为根本的因果关系有两点:一是在私人储蓄日益向公共储蓄转化的趋势下,金融制度的完善有利于稳定公共支出,公共财政的建立以完善的金融结构和金融制度为前提;二是完善的金融制度也是投资效率提高的保障,在私人储蓄下降的趋势下,如何用好宝贵的储蓄也是大问题。

表3-1 有价证券、共同基金和寿险占家庭金融资产的比重(%)

年份	美国	法国	意大利	日本	韩国
1995	54.5	53.4	51.1	36.3	—
2000	57.2	62.1	68.6	31.7	—
2005	56.1	62.7	67.7	37.0	—
2010	51.1	62.6	59.3	32.1	47.1
2015	53.9	59.5	59.5	34.6	46.0

数据来源:OECD。

四、稳中求进:风险防范和效率增进

党的十九大报告提出坚持以人民为中心,坚持创新、协调、绿色、开放、共享的发展理念。稳中求进是逐步实现高质量发展的重要方法论。为了对中国未来效率提升的路径给出一个问题导向性的说明,与大多数分析角度不同，本章围绕结构性减速过程中家庭储蓄耗散的变动趋势和必然性进行分析。城市化的资产特征，规定了它与以物质产品生产为中心的工业化阶段不同，因此，如果说工业化是一个视增长为一切的阶段，那么城市化更加注重（与短期风险和长期风险相联系的）稳定和结构变动的效率补偿效应。我们认为，这是稳中求进的根本所在，也是高质量发展的一个关键因素。结合中国经济转型要求，在储蓄、投资和消费这三者的互动关系方面，有以下几点值得思考：

（1）疏通家庭储蓄转换的渠道。根据发达国家的经验，现代化高级阶段或者持续发展的城市化阶段的一个重要特征，就是建立抗风险机制。中国全面深化改革的重要领域——财政收支结构的调整和金融制度的完善，也正是为了适应城市化和现代化的新要求。正如前文所述，在城市化过程中，以下两个层面的关系将通过资产多样化更加紧密地联系起来：随着中国经济进入减速通道，在高储蓄率不可避免地向低水平收敛的趋势下，公共服务均等化和基本保障制度的建设，不仅有利于提高居民生活质量，而且有利于防止储蓄的无效率损耗；与此相对应，金融市场的稳定，既有利于个人多样化资产投资渠道的畅通，也有利于社会保障资金的保值增值，城市化过程中公共财政与金融市场的良性互动关系由此建立。第一，财政转型方面。为了适应城市化和新发展理念的要求，短期内中国财政转型的方向，应是改变大规模工业化时期的生产型财政收支模式，把制度建设的重点转到服务民生上来。长期来看，随着经济结构服务化的发展，原来以工业税收为主体的税制模式需要调整，应考虑采用以消费税、收入税和财产税为主体的财税模式。不断提高居民的福利保障水平，应作为财政改革的立足点。第二，金融制度的完善，应当以市场稳定和效率导向为重点。与发达国家金融现代化普遍经历了一个较长历史时期的事实不同，如何适应城市化的要求建立多层次、多功能的金融市场，进而为家庭金融资产多样化提供一个稳定的金融环境，这方面的探索和制度建设仍需加强。

(2）效率补偿与高质量内生发展路径。传统经济理论把消费看作储蓄和投资的抵消项目，这是工业化阶段形成的思维模式，因为积累和增长是工业化的核心。发达城市化的高质量生活，促使这种传统思维模式逐渐转变。事实是，在发达经济阶段，居民消费结构中科教文卫项目越来越具有投资的含义，因此这是一种有助于未来整体经济效率提高的储蓄转化途径。这种有效率的储蓄转化，是城市化区别于工业化的一个重要特征。就发达国家的普遍经验而言，它们对高消费的强调经过了两个阶段：第一个是物质和服务的一般性商品的消费，目的是资本积累和增长；第二个是科教文卫的消费，目的是高质量生活和跨期的人力资本积累。第二个阶段已经属于跨期的效率补偿的范畴，它的重要意义在于可持续发展和对抗未来的不确定性。从内生动力的培育机制看，中国转型时期面临的重要问题，在于经由消费结构升级而实现的高层次人力资本积累不足，由低层次消费结构导致的低层次人力资本的过剩，已经成为中国高质量发展的瓶颈。当步入城市化阶段，只有在消费主导可以促进效率提升的情况下，城市化发展才是可持续的，国家对教育的支持即对相应消费结构升级的促进，具有战略性。因此，中国现阶段的供给侧结构性改革，本质上应视为突破工业化时期"增长—消费"循环的不可持续性，培育消费结构升级所蕴含的效率补偿效应。

(3）创新和内生增长的重要性。投资和高质量发展，将因储蓄耗散的效率问题而变得重要起来。限于篇幅，我们在这里给出如下提示。家庭储蓄率耗散所带来的压力有三个：一是未来在低储蓄背景下，企业间接融资来源受到限制；二是如果依赖直接融资，这将对企业竞争力提高提出更高要求；三是为了避免市场融资风险，企业留存收益必须提高，这也对技术进步提出了高要求。创新和内生增长的重要性，由于这些压力变得更加现实和紧迫，通过改革激活微观生产主体的活力，相应成为制度改革的重要课题。党的十九大报告对此指明方向，包括实现产权有效激励、竞争公平有序、企业优胜劣汰，深化国有企业改革、发展混合所有制经济，深化商事制度改革、打破行政性垄断等。

参考文献

加尔布雷斯，2012. 新工业国[M]. 上海：上海人民出版社.

托马斯，2000. 独立以来拉丁美洲的经济发展[M]. 北京：中国经济出版社.

袁富华，张平，2017a. 雁阵理论的再评价与拓展：转型时期中国经济结构问题的诠释[J]. 经济学动态（2）：4-13.

袁富华，张平，2017b. 中国经济大转型：传统结构主义终结与经济结构服务化的组织取向[J]. 中共中央党校学报，21（2）：108-119.

袁富华，张平，李兆辰，2018. 增长非连续的原因与创新路径的转换[J]. 中共中央党校学报，22（1）：112-121.

BAILEY, et al., 2007. Crisis or recovery in Japan: state and industrial economy[M]. Cheltenham: Edward Elgar Publishing.

HIRSCHMAN A O, 1988. The strategy of economic development[M]. Boulder: Westview Press.

LECHEVALIER S, 2014. The great transformation of Japanese capitalism[M]. London: Routledge Press.

LINDERT P H, 2004. Growing public: social spending and economic growth since the eighteenth century[M]. Cambridge: Cambridge University Press.

第四章
经济结构服务化、知识过程和效率模式重塑

经验表明,从中等收入阶段向高收入阶段的跨越,面临三方面的不确定性:①可能出现工业比重下降的同时伴随着工业萧条,服务业比重增加的同时伴随着人口漂移和鲍莫尔成本病,使长期效率改进被替换为短期随机波动。②服务业作为工业化分工结果的从属态势不能得到根本扭转,以知识过程为核心的服务业要素化趋势不能得到强化,导致以知识生产配置为核心的服务业转型升级路径无法形成。③作为跨越门槛的垫脚石的消费效率补偿环节缺失,知识生产配置和人力资本结构升级路径受阻。以知识要素积累和人力资本要素积累为核心的效率模式重塑,是跨越中等收入阶段的核心任务。面对转型时期跨越门槛的困难,中国应顺应服务业的要素化趋势,对制度规则和创新体系进行完善。

一、引言

对于后发国家大规模工业化之后的经济发展，我们认为，城市化和经济结构服务化阶段，是增长能否持续和追赶能否成功的分化阶段，对于像中国这样的转型国家而言，增长可能是非连续的，面临着有待艰苦跨越的知识要素积累门槛。经济转型面临着以下三方面的不确定性：①宏观层面，一改大规模工业化时期工业主导效率提升的清晰增长路径，服务业主导的增长容易发生工业或服务业协调失灵，其表现是工业比重下降的同时伴随着工业萧条，服务业比重增加的同时伴随着人口漂移和鲍莫尔成本病，由此，长期效率改进被替换为短期随机波动；②产业层面，服务业作为工业化分工结果的从属态势不能得到根本扭转，以知识过程为核心的服务业要素化趋势不能得到强化，导致以知识生产配置为核心的服务业转型升级路径无法形成；③要素供给层面，作为跨越门槛的垫脚石的消费效率补偿环节缺失，知识生产配置和人力资本结构升级路径受阻。

城市化和经济结构服务化导致了国际经济更鲜明的分化或效率差异。本章的实证分析给出了三种情景：一是老牌发达资本主义国家"高劳动生产率、高消费能力、高资本深化能力"的高效率情景；二是拉美国家传统服务业和低层次消费结构主导的"走走停停"的不稳定低效率情景；三是日韩在大规模工业化时期未雨绸缪、提前15～20年积累高层次人力资本，进而跨越增长门槛的成功转型情景。国际经验对比表明：①经济结构服务化是一种不同于工业化的全新效率模式，服务业比重和消费比重的提高不是重要的，最为根本的是基于知识和高层次（熟练工人和高等教育）人力资本要素积累的服务业结构升级；②问题不在于投资继续充当经济增长的动力，而在于发展中国家是否具备资本深化能力，这个资本深化能力，连同消费能力——消费结构升级的促进能力，是实现经济成功追赶的两大工具。

"高劳动生产率、高消费能力、高资本深化能力"这个稳定的效率三角的建立，与服务业要素化趋势有关。服务业结构的升级，一方面强调服务业的发展应该注重有利于效率改进的教育、研发、知识、信息、产权等部门的杠杆作用,这些部门是经济结构服务化的主线(中国经济增长前沿课题组,2015);另一方面强调消费的效率动态补偿这一命题,就经济结构服务化下知识生产配置过程的建立而言,"消费结构升级—人力资本提升和知识创造—稳定的效率三角建立—消费结构升级"这个循环至关重要,它是创新和分工深化的基础。

二、增长非连续和增长分化的典型事实

增长阶段可以看作特定的历史情景片段,转型即是不同历史情景片段之间的转换[1]。如果把不同阶段劳动生产率的状况及其变化视为长期增长的重要指标[2],那么经济转型可视为低劳动生产率阶段向高效率阶段的演化。结合转型过程中的其他因素,两种基本模式又可以表现出更加具体的多种其他情景。低效率模式向高效率模式的演化动态,广泛存在于发达国家及后发追赶国家的经济转型过程中,这种变化被经济理论正式表述为转型、因果累积和调整[3]。在将技术进步、报酬递增和长期增长联系起来的同时,Kaldor(1970,1972,1985)系统化了因果累积理论,其后,Dixon et al.(1975)、Setterfield(1997)等人则进行了更加正式的表述。

基于PWT8.1,本部分运用如下方法观察经济跨越的一些事实:①以美国为比较基准,刻画样本国家1950—2011年的相对劳动生产率、相对劳均资本形成(或资本深化),以及相对劳均消费(或者理解为每个劳动力支撑起来的社会消费能力)。②运用各国自身的劳动生产率水平q和总产

---

[1] Kaldor所主张的经济历史分析,在社会学家特别是吉登斯(1998)的著作中有详尽的分析。吉登斯认为所有社会活动都是片段性的,沿着"开始—变迁—结束"的情景展开,一系列变迁重塑现有制度组合。
[2] 如Krugman(1990)认为,生产率不是一切,但长期来看它几乎就是一切。
[3] Hicks(1965)描述了两种经济状态之间的转换,并被其他学者重新发现和拓展,如Kriesler(1999)。

出水平Y，估算Verdoorn系数[①]α_Y（或规模报酬递增捕捉能力）；③结合支出法国内生产总值核算，运用各国自身的劳动生产率水平q、总资本形成水平i和总居民消费水平c，估算Verdoorn系数α_1、α_2。估算方程为：

$$\ln \hat{q} = c + \alpha_Y (\ln \hat{Y}) \qquad (1)$$

$$\ln \hat{q} = c + \alpha_1 (\ln \hat{C}) + \alpha_2 (\ln \hat{i}) \qquad (2)$$

样本国家1950—2011年相对劳动生产率$\bar{q}$的追赶路径如图4-1所示：

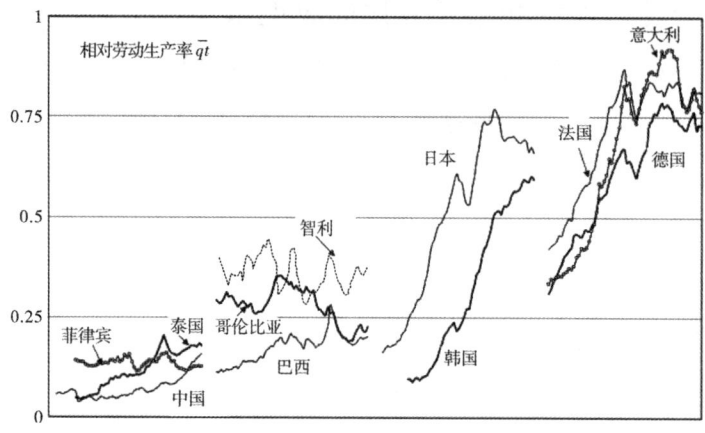

图4-1 1950—2011年相对劳动生产率$\bar{q}$的追赶路径

数据来源：PWT8.1。

1. 持续提升效率是经济跨越的核心

首先，根据图4-1显示的相对劳动生产率$\bar{q}$的追赶路径，对高效率模式与低效率模式的具体表现给出说明。总的判断是：第一，在所考察的半个多世纪的样本期中，样本国家——东亚国家、东南亚国家、拉美国家、

[①] Verdoorn系数是因果累积形式化表述的核心，这个系数基于劳动生产率增长和总产出增长的关系建立起来，其大小可用以解释特定效率模式对报酬递增的捕捉能力（夏明，2007）。如果把Verdoorn系数与模式转换联系起来，可以进一步识别效率模式特征和演进方向。发达经济体或后发经济体的特定增长历史，以及发达经济体与后发经济体的增长比较，都蕴含了可以进行检验的规模报酬递增因素，如从总需求方面来看，随着增长阶段不同，推动规模经济的投资或消费的作用可能不一样。关于这一点，正如Goodwin等人所指出的那样，比较明确的趋势是，在发达城市化阶段，随着消费占比的提高，效率模式的建立和维持，似乎越来越依赖于较高层次的消费结构和消费支出。

欧洲国家整体上表现出S型追赶路径；第二，已经完成追赶的国家如欧洲国家、东亚的日本和韩国表现出显著的S型追赶路径；第三，"二战"后拉美国家历经半个多世纪的调整尤其引人注目；第四，中国、泰国及菲律宾等东亚国家及东南亚国家仍然处于追赶的加速过程中，劳动生产率不仅距离发达国家甚远，而且与拉美国家相差甚远。各种具体效率模式的主要特征如下。

法国、德国、意大利高效率模式的恢复与追赶："二战"废墟上重建的欧洲老牌发达国家，它们的制度组织一开始就被置于现代资本主义的强力塑造之下，高劳动生产率和高消费是其特征，因此不存在效率模式本质上的转换，所做的只是经济活力的恢复。征引一个佐证案例：在Tibor Scitovsky眼中，美国（的教育系统）只是过分注重生产性劳动的创造，缺乏必要训练的美国消费者只会追求快餐式消费，这种狭隘消费主义做派与受过消费训练的欧洲国家消费者的消费品位相差甚远（Goodwin et al., 1997）。言下之意就是欧洲老牌发达国家对于其消费效率和社会生产效率改进始终保持着信心。

日本、韩国高效率模式的尝试与追赶：20世纪80年代，日本经济进入结构性减速时期，直到90年代日本才觉察到原有工业化模式存在的问题，于是出现了复制美国模式抑或部分收敛且兼顾本国特殊性的政策争论（Dirks et al., 1999）。一些学者认为，日本制度组织，尤其是金融系统对透明公开的货币资本市场的缔造形成了约束，如经济社会非正式规则的充斥、金融制度多维度交易与利润最大化市场要求的冲突、独立于社会关系纽带的专业化分工不足、经济制度对低效率产业的过多保护和破产惩罚力度不足等[①]。Cargill et al.（2008）明确指出，与和工业化经济组织相似的韩国比较起来，日本的改革是滞后的，1998—1999年的金融危机，使得韩国在资本市场和贸易自由化领域实行了全面改革，成为一个近乎完全开放的经济体，市场透明度得到提高，公平竞争得到维护。危机后的经济模

---

① 转引自Cargill的著作 *Japan since 1980*，第128—129页。

式重塑，推动韩国持续提升经济效率，并过渡为一个发达经济体（中国经济增长前沿课题组，2014）。

拉美国家的长期调整与高效率模式建立的受阻：受到初始条件和路径依赖限制，高效率模式无法建立进而迫使经济陷入长期调整和震荡的例子，拉美国家再典型不过。托马斯（2000）对拉美国家发展历史的精辟评述充满了同情和遗憾，给人的印象是，这些国家仿佛总是在错误的时间作出错误的事情："在出口导向增长实绩最好的国家中，没有一个在内向发展阶段取得成功。实际上，假如阿根廷、智利、古巴和乌拉圭在整个内向发展阶段长期维持3%的年增长率，它们在债务危机到来之前就会取得发达国家地位。"[①]拉美国家的调整难以取得实质性成效，缘于所有制问题和政策操纵，这种国内问题最终导致发展战略的每一次重大调整都会成为收入分配两极分化的加速器。他对拉美国家未来发展的结论是："即使目标是明确的，前进的道路仍不确定。那些在无能、腐败和权贵贪婪方面失足的国家将会受到严厉的惩罚。"

与上述各种情景比较起来，中国、泰国、印度尼西亚、菲律宾等新兴工业化国家仍在低效率模式之下追赶。值得关注的是，中国和泰国这两个快速工业化的国家，在达到拉美国家的劳动生产率水平之前，似乎正面临着艰难调整和效率模式重塑的挑战。

根据表4-1中相对劳均消费 $\bar{c}$ 和相对劳均资本形成 $\bar{k}$ ，对经济追赶的一些统计事实给出说明，进一步明晰各种具体效率模式的内涵。即使撇开初始追赶条件优越的欧洲国家，把注意力集中到日韩两国及与其他低效率国家的对比，一些事实也足以让人震撼。

---

① 这里的内向发展阶段即"二战"后进口替代阶段。根据托马斯（2000）的评述，大萧条和"二战"结束了拉美国家的出口导向模式，20世纪80年代的债务危机则给内向发展阶段画上句号，再次迈入以出口为基础的发展进程。

表4-1 各国各个时期 $\bar{q}$、$\bar{c}$、$\bar{k}$ 的变动状况

国别	年份	$\bar{q}$	$\bar{c}$	$\bar{k}$	国别	年份	$\bar{q}$	$\bar{c}$	$\bar{k}$
法国	1960—1970	0.59	0.54	0.80	中国	1991—2007	0.09	0.07	0.12
法国	1991	0.84	0.80	1.08	中国	2008—2011	0.15	0.09	0.39
意大利	1970—1976	0.62	0.57	0.83	泰国	1980—1992	0.11	0.11	0.13
意大利	1991	0.87	0.77	1.30	泰国	1993—1996	0.18	0.13	0.39
德国	1960—1970	0.48	0.40	0.86	泰国	1997—2011	0.17	0.14	0.20
德国	1991	0.74	0.67	1.12	印尼	1980—1997	0.10	0.09	0.09
日本	1970—1980	0.51	0.42	0.87	印尼	1998—2011	0.10	0.09	0.10
日本	1991	0.74	0.56	1.41	菲律宾	1980—1997	0.14	0.14	0.13
韩国	1991—1997	0.47	0.37	0.89	菲律宾	1998—2011	0.13	0.13	0.11
韩国	2008	0.59	0.43	1.05					
阿根廷	1950—1980	0.15	0.16	0.11	哥伦比亚	1950—1980	0.30	0.32	0.35
阿根廷	1980—2011	0.29	0.29	0.27	哥伦比亚	1980—2011	0.26	0.28	0.25

续表

国别	年份	$\bar{q}$	$\bar{c}$	$\bar{k}$	国别	年份	$\bar{q}$	$\bar{c}$	$\bar{k}$
巴西	1950—1980	0.15	0.15	0.16	墨西哥	1950—1980	0.51	0.53	0.54
	1980—2011	0.20	0.20	0.18		1980—2011	0.40	0.40	0.42
智利	1950—1980	0.37	0.45	0.23	委内瑞拉	1950—1980	0.59	0.44	1.14
	1980—2011	0.34	0.33	0.35		1980—2011	0.33	0.28	0.36

数据来源：PWT8.1。

事实一：资本深化首先完成追赶，当相对劳均资本 $\bar{k}$ 达到美国水平的时候，追赶国家的相对劳均消费 $\bar{c}$ 相当于美国的40%～50%，此时追赶过程基本完成，高效率、高消费模式基本建立。如日本1970—1980年的 $\bar{k}$ 为0.87，韩国1991—1997年的 $\bar{k}$ 为0.89，两国从各自经济加速开始，基本达到美国的投资水平，大致都用了30年的时间，有两点需要特别注意：①资本深化速度很快，从而避免了向高效率模式过渡时间较长所隐含的潜在震荡风险；②在资本深化大踏步前进的同时，人均消费也以较大的幅度增加，从而形成"资本深化加速—消费增加—劳动生产率提高"的良性循环。这与拉美发展中国家及东亚发展中国家的情景完全不同。为了便于理解资本深化持续状况，表4-1同时列示了各个发达国家追赶完成后紧跟出现的较高的 $\bar{k}$ 值，如日本在1991年达到1.41。

事实二：经济陷入长期调整，根本原因是国内产权组织和利益集团的政策操纵，这种根本性的经济组织约束，使得高效率模式的生成与实行经济自由化关联性不大。表4-1中拉美国家1950—1980年和1980—2011年两个时期的经济绩效对比表明，债务危机发生后再次以出口为导向的效率模式，在投资、消费和劳动生产率上的表现没有根本好转，有的国家甚至变得更加糟糕。也就是说，20世纪80年代以来拉美国家自由化改革似乎成效甚微，而国内生产资料集中和收入分配极化的加剧，是拉美国家经济调整困难的主要原因，国内有缺陷的制度锁定了低效率路径。

事实三：资本深化能力和消费/投资双重效率的发挥至关重要。有必要把Goodwin等人眼中的"高劳动生产率、高消费"的发达经济模式，拓展为"高劳动生产率、高消费能力、高资本深化能力"这样的效率三角。拉美国家的长期调整经历表明，构成这个效率三角的高消费能力和高资本深化能力中的任何一个缺失，高效率模式就无法形成。也就是说，高效率模式隐含了投资/消费双重效率问题，关于这一点，我们将在消费效率补偿的分析中展开描述。

2. 报酬递增捕捉能力与消费效率补偿是经济跨越的基础

显著呈现于长期追赶过程中的S型路径，蕴含了规模报酬递增的事实。本部分借助规模报酬递增捕捉能力的展示，继续充实各种具体效率模式的内容。我们立足于图4-2和表4-2进行阐述：

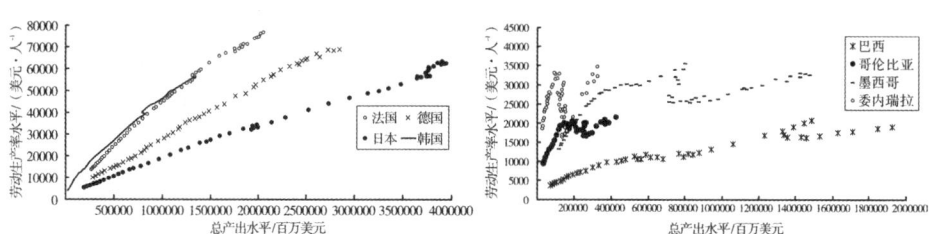

图4-2　1950—2011年各国劳动生产率水平q与总产出水平Y散点图

数据来源：PWT8.1。

表4-2 各国Verdoorn系数a_c、a_1的估计

国别	年份	检验
美国	1950—1973	$\ln\hat{q}=c+0.37(\ln\hat{c})+0.10(\ln\hat{i})+AR(1)$ [58.9%]　　　　[17.9%]
美国	1973—2011	$\ln\hat{q}=c+0.51(\ln\hat{c})+0.05(\ln\hat{i})+ARMA(1,1)$ [92.9%]　　　　[7.1%]
法国	1950—1973	$\ln\hat{q}=c+0.81(\ln\hat{c})+0.15(\ln\hat{i})+MA(2)$ [81.5%]　　　　[20.5%]
法国	1973—2011	$\ln\hat{q}=c+0.62(\ln\hat{c})+0.08(\ln\hat{i})+AR(1)$ [84.9%]　　　　[9.3%]
德国	1950—1973	$\ln\hat{q}=c+0.64(\ln\hat{c})+0.19(\ln\hat{i})+AR(2)$ [85.4%]　　　　[22.1%]
德国	1973—2011	$\ln\hat{q}=c+0.47(\ln\hat{c})+0.17(\ln\hat{i})+AR(1)$ [53.0%]　　　　[9.8%]
意大利	1950—1973	$\ln\hat{q}=c+0.87(\ln\hat{c})+0.13(\ln\hat{i})+AR(1)$ [88.1%]　　　　[18.0%]
意大利	1973—2011	$\ln\hat{q}=c+0.46(\ln\hat{c})+0.11(\ln\hat{i})+ARMA(1,1)$ [61.0%]　　　　[10.0%]
日本	1950—1973	$\ln\hat{q}=c+0.78(\ln\hat{c})+0.13(\ln\hat{i})+AR(1)$ [82.0%]　　　　[23.1%]
日本	1973—2011	$\ln\hat{q}=c+0.69(\ln\hat{c})+0.15(\ln\hat{i})+ARMA(1,1)$ [90.9%]　　　　[5.1%]
韩国	1960—2011	$\ln\hat{q}=c+0.66(\ln\hat{c})+0.09(\ln\hat{i})+ARMA(1,1)$ [85.4%]　　　　[18.9%]
中国	1992—2011	$\ln\hat{q}=c+0.62(\ln\hat{c})+0.35(\ln\hat{i})+AR(1)$ [37.6%]　　　　[69.2%]

续表

国别	年份	检验
泰国	1960—1996	$\ln\hat{q} = c + 0.62\,(\ln\hat{c}) + 0.19\,(\ln\hat{i}) + AR(2)$ [65.0%]　　　　　　[45.0%]
菲律宾	1980—2011	$\ln\hat{q} = c + 0.19\,(\ln\hat{c}) + 0.19\,(\ln\hat{i}) + MA(1)$ [15.6%]　　　　　　[69.7%]

注：①方括号内的百分数是居民消费c和总投资i对q的增长的贡献率。
②本表模型残差均通过LM检验，R^2统计量大于0.95，Verdoorn系数均在5%的水平显著。

持续的规模报酬作为一种普遍现象：①样本期内各国经济追赶路径通过图4-2刻画。发达国家：半个多世纪的样本期里，无论是法国、德国等老牌发达国家的经济恢复还是日本、韩国两国高效率模式的建立，这些国家中，伴随总产出水平提高（ΔY）而来的劳动生产率水平的持续增长（Δq），以及两者近乎线性的统计关系，更加清晰地呈现了成功追赶经济的活力。东亚发展中国家及东南亚发展中国家尽管劳均指标处于较低的水平，但计算表明中国（1978年以来）、泰国、印度尼西亚和菲律宾等东亚发展中国家及东南亚发展中国家的长期增长过程也呈现出劳动生产率增长与总产出增长的线性关系，在低效率模式中遵循着规模报酬递增的经济规律。拉美国家：相比起来，陷入长期调整和锁定低效率路径的一些拉美国家，典型如哥伦比亚、墨西哥、委内瑞拉，其劳动生产率改进与总产出水平变化之间存在较为显著的非线性关系，在经济规模扩张之路上，规模报酬递增不是像发达国家和东亚发展中国家及东南亚发展中国家那样长期贯穿，而是在特定样本期才有所表现。②总产出水平Y的规模报酬递增捕捉能力，通过其Verdoorn系数α_Y展示①。发达国家规模报酬递增捕捉能力的稳定性：以1973年为界线，在1950—1973年和1973—2011年两个时期中，发达国家α_Y的情况是——美国分别为0.62，0.61；法国分别为0.90，0.84；德国分别为0.85，0.83；意大利分别为1.01，0.82；日本分别为0.90，0.90。

---

① 为节省篇幅，本文只给出估算的结果。

东亚发展中国家及东南亚发展中国家低效率模式也具有较强规模报酬递增捕捉能力：如中国1978—2011年为1.01，泰国1970—2011年为0.90，菲律宾1970—2011年为1.03，印度尼西亚1970—2011年为0.57。

消费的效率补偿：消费/投资双重效率模式存在的证据。表4-2中发达国家总投资规模扩张和居民总消费规模扩张之于劳动生产率增长的贡献，蕴含了高效率模式的一些主要特征。①消费/投资双重效率模式是效率三角形成的进一步的证据。从发达国家劳动生产率增长的因素来看，投资增加和居民消费增加对报酬递增的捕捉能力在长期中显著，由于劳动生产率的消费弹性较投资更大，因此在发达经济的高效率模式中，消费表现出更大的活力。需要注意的是，这样的结论是基于增长率角度得出的，深层次的逻辑是：在高消费能力和高资本深化能力这样的高效率模式中，消费比投资具有更强大的效率改进能力，亦即，与消费有关的人力资本拓展效率三角的功效比物质资本更大。②消费的效率补偿。比较发达国家1973年前后两个样本期，可以发现，消费规模扩张对劳动生产率的贡献份额一直占绝大部分，特别是当发达国家普遍进入结构性减速期和城市化成熟期之后，消费对效率的补偿作用和贡献更加显著，由此我们进一步得出：稳定的高效率三角建立在消费/投资一体化的基础上，消费的效率补偿作用在低增长时期尤为显著[①]。

中国所处的增长阶段：相似增长阶段的共性——（资本驱动）单一效率模式存在的证据。在所考察的样本国家中，与中国处于同一层次的国家是泰国、印度尼西亚和菲律宾，这些国家相似的增长阶段存在一些共同特征，即资本驱动的特征非常明显。这些国家投资之于规模报酬递增的显著作用，不同于发达国家在1973年之前的投资作用，因为在高效率模式之中处

[①] 就表4-2中德国和意大利消费贡献率偏低的问题，需要补充几句。按照Fine et al.（1990）的观点，影响长期增长的因素，除了供给和需求因素，还包括不可化约为供求的社会组织因素。两国劳动生产率改进的社会组织因素贡献相对于其他国家较大，这种贡献可以看作是促进消费/投资一体化的制度性作用，与本文的结论不存在矛盾。

于较高的资本深化能力主导之下，居高的劳均投资使得资本的效率贡献比消费低。

从长期调整角度理解增长非连续：（消费驱动）单一效率模式存在的证据。由于拉美国家劳动生产率存在波动或者在长期中呈现下降趋势，或者改进速度比较缓慢，在实证分析上尤其要注重经济逻辑的合理性，处理起来比较烦琐，一些结果也没有在表4-2中显示。但是从符合经济逻辑的一些国家特定时间段的统计检验看，总投资对劳动生产率的作用不显著，经济增长依赖不稳定的消费支撑。这种判断也符合拉美国家经济事实，这些国家通常由于缺乏较好的制造业基础和人力资本，不能建立投资能力和消费能力赖以持续深化、提升的效率模式。毋庸讳言，对于还没有达到拉美国家劳动生产率水平和消费水平的中国及东南亚发展中国家来说，拉美国家经济调整的持续和举步维艰，无疑是前车之鉴。

增长非连续的本质是投资和消费脱节，效率三角的基础因此而遭到破坏。无论是单一投资效率模式还是单一消费效率模式，都会导致不可遏制的效率漏出，迫使经济进入充满不确定性的长期调整过程，中断向高效率模式持续升级的过程。因此，低效率模式本身具有不稳定性。

三、增长非连续与增长门槛跨越：三个不确定性

针对增长阶段理论所陈述的发展中国家可以像发达国家那样，经过一系列阶段演化最终达到发达水平的观点，如Rostow（1960）的观点，拉美结构主义理论认为这不符合历史事实，由于传统发达国家在技术进步内部化和劳动生产率改进方面具有比发展中国家更强大的能力，两者之间的联系因此而表现出显著的不对称性，这种不对称性迫使后者在追赶过程中偏离线性的理想路径。上述理论隐含的有价值的线索是：①中心和外围代表了本质上不同的两种效率模式；②在把追赶拉回理想路径的过程中，发展中国家存在耗时较长的调整。联系消费主义观点，（城市化阶段）发达国

家更加具体表现为"高劳动生产率、高人均消费"协调演进的高效率模式（Goodwin et al., 1997），而经济追赶国家往往表现为"低劳动生产率、低消费水平与劳动生产率增长脱节"的低效率模式（Sklair, 1991），这样的模式差异，说明了长期追赶过程中增长非连续问题存在的可能性。我们将增长非连续定义为低效率模式向高效率模式演进过程中的跳跃，只有通过不断积累新要素和持续改进效率才能实现门槛跨越。这种认识的思想来源有两个：一个是吉登斯结构化理论关于社会转型非连续的认识，另一个是结构主义理论关于拉美经济模式自身缺陷及其困境的认识。从规则、资源如何相互交织和整合经济过程的意义来看，两个思想来源有一致的地方，而眼下关于中等收入陷阱的广泛讨论，也从一个侧面暗示了增长非连续问题不能回避。这种非连续的具体表现就是跨越中等收入陷阱的三个不确定性，这三个不确定性就是跨越中等收入陷阱的门槛。

1. 不确定性之一：工业化与城市化间的断裂导致增长停滞

传统发展理论关注工业化之于贫困陷阱突破和现代增长路径形成的作用。从后发国家的普遍经验来看，长期增长过程中大规模工业化和城市化两个阶段的界限还是比较显著的，直观体现为人口向城市集聚和服务业比重上升。如，中国经济增长前沿课题组等（2012）把中国经济转型的阶段性特征概括为：依赖干预、高投资和工业化推动的经济高增长阶段Ⅰ，已逐步失去提升效率的动力，以结构调整促进效率提高的增长阶段行将结束；城市化和服务业的发展将开启经济稳定增长阶段Ⅱ，效率提高促进结构优化是本阶段的主要特征。对于这种阶段性转型，我们的基本观点是工业化与城市化是两种不同的效率模式，两个发展阶段的主导力量不同。在一个经济体的工业化阶段，集中并有效使用资源是促进经济增长的主导力量，增长极、规模化和标准化是效率改进的核心；当一个经济体进入城市化发展阶段后，集中使用资源失去了基础，技术进步和人力资本的有效使用成为促进经济增长的主导力量，经济的分散化和知识过程是核心。

但是，问题在于，传统发展理论中强调的资本积累推动工业化的效率模式，如果纯粹依赖外生技术进步和初级劳动力要素驱动，这种增长方式就会诱发后发国家从工业化向城市化转换中的增长非连续和效率改进路径的断裂。换句话说，如果在工业化过程中缺失有远见的内生动力（即知识过程）的培育，而把规模扩张和初级劳动力要素驱动运用于城市化时期，就会出现效率改进路径受阻的问题。对于日本为什么比较顺利地实现了（工业化阶段向城市化阶段）产业升级和增长模式转换，Ozawa（2005）认为，日本也曾经历劳动密集、标准化生产分工，并从要素禀赋的使用中获益，其后采用新重商主义政策，抑制流入日本（内向型）的国际直接投资（FDI），且通过购买许可的方式吸收发达国家技术，从而拥有不依赖于西方的本土工业技术。值得注意的是，日本在设想和发明的商业化方面具有极大的创造性（典型如家电），那些被发达国家认为不成熟甚至被抛弃的技术设想，也被一些小企业在没有政府支持的情况下购买并进行试验开发。这样做的原因是这些企业不愿意搭别国思想便车。结果，以20世纪60年代发展半导体为标志，日本步入知识驱动的增长轨道，到20世纪90年代，日本成为超级技术大国。Ozawa认为，与日本不同的是，大多数发展中国家倾向于实施内向型FDI工业化战略，通过跨国公司建立装配工业，这导致发展中国家基本的元器件生产能力丧失和持续的技术依赖，即通过下游活动和元器件进口进行生产。Ozawa充满遗憾地评论：这些发展中国家本可以选择自主的发展路径。

正是由于工业化过程中自主的学习和知识过程的缺失，在增长转型和城市化阶段，广大后发国家一改大规模工业化阶段工业主导效率提升的清晰增长路径，出现增长分化和工业/服务业协调失灵的情况。其表现是，工业比重下降的同时伴随着工业增长的失速，快速的工厂外迁导致城市萧条。

2. 不确定性之二：低效服务业蔓延，形成城市的人口漂移和鲍莫尔成本病

转型不确定性直接表现在产业层面，就是服务业作为工业化分工结

果的从属态势不能得到根本扭转,以知识过程为核心的服务业要素化趋势不能得到强化,导致以知识生产配置为核心的服务业转型升级路径无法形成,从而加剧服务业增长中的人口漂移和鲍莫尔成本病。

与经济结构服务化趋势有关的问题,在国内外文献中开始受到重视。Buera等(2012)实证了发达经济体人均GDP达到7200~8000国际元后,服务业随着整体经济增长而增长的现象——服务业就业、增加值等超过制造业,制造业比重呈现"倒U"型趋势。从中国经济增长前沿课题组等的实证结论看:①发达国家的服务业劳动生产率与制造业劳动生产率基本平衡,而发展中国家广泛存在两部门效率非平衡问题,服务业劳动生产率通常低于制造业50%以上(中国经济增长前沿课题组 等,2012)。②以美国为代表的发达国家的消费结构,包含大量有关广义人力资本提升的服务消费,这一消费甚至超过了物质消费。经济追赶成功的韩国也出现了类似的消费趋势。相反,与广义人力资本有关的消费比重在广大发展中国家,如拉美国家,则没有显著提升。③知识消费提升人力资本,获得预期报酬,而人力资本积累有助于激励创新,并提供更多的知识供给(中国经济增长前沿课题组 等,2015)。

虽然长期增长过程中服务业比重提高的趋势是确定的,但服务业比重的提高却导致一国经济增长减速(袁富华,2012;中国经济增长前沿课题组 等,2012)。更为严重的是,同样的服务业比重,发达国家与不发达国家的经济效率差别可能很大,而且服务业的不同发展方式可能导致国别间收入差距扩大,这与工业化过程非常不同。因此,经济结构服务化过程隐含结构转型路径的不确定性和分化——可能促进经济结构转型升级,推动效率和经济稳定性提高,从而提供更好的社会福利;但也可能在服务业比重提高的同时,效率下降,经济不稳定,经济发展长期徘徊。如,OECD国家的经济结构服务化提升了效率和稳定性,社会福利大幅度提升;拉美国家服务业虽然拥有同样的高比重,但服务业结构和整体经济效率低下。更值得注意的是,经济结构服务化加剧了拉美国家经济震荡,导致社会福利严重下降。

就成功转型而言，经济结构服务化隐含的增长促进机制如下：①促进协作能力增强，这是服务化的一个重要方面（Leal，2015）。如发达国家的信息化主导了工业化，行业协作能力提升了效率（谢康 等，2016）。②消费增长和消费结构升级，对更高技术难度的产品服务提出需求，并诱致高技能密集型服务业比重不断上升、低技能服务业比重不断下降（Buera et al.，2012）。③高技能密集型服务业的价格与高技能人员的报酬溢价相一致，这种溢价构成对人力资本积累和知识生产配置的激励。张平 等（2016）有关人力资本增进的劳动力再生产的论证（消费作为知识过程起点），也提出了相同的逻辑方向。但是，由于增长促进机制的缺失，后发国家在转型乃至经济结构服务化的长期调整过程中，无法从根本上扭转对传统和非正规服务业规模扩张的依赖，服务业主导增长往往加剧鲍莫尔成本病，并导致其对低效率增长模式的锁定。与工业部门比较起来，虽然传统和非正规服务业部门劳动生产率增长率较低甚至停滞，但在恩格尔定律和消费者偏好的作用下，发展中国家的服务业仍然持续增长直至达到一个较高水平。如此发生的国内产业雁阵传递，导致无效率的服务业部门对有效率的工业部门的替代，降低整体经济效率改进潜力。尤其是在服务业部门普遍受到管制的情况下，服务业的高比重更是伴随着高成本，严重如拉美国家，甚至可能迫使整体经济退化为租金抽取模式。

由于服务业作为知识生产配置载体的作用不能得到发挥，城市化和经济结构服务化过程依然被低素质的人口漂移所左右——从农村漂移到城市的初级劳动力，集中在非正规服务业部门就业，劳动密集型服务业作为低素质劳动者就业"蓄水池"而存在。如，托马斯（2000）认为，20世纪70年代之后拉美国家迅速的城市化并没有带来实质性的效率改进，人口从农村向城市的快速集聚，使得城市化过程仅仅是把农村的失业和贫困问题转变为城市问题。由于城市现代部门和正规部门就业机会增长缓慢，导致城市非正规就业人口和半失业人口增加，并进一步拉低了生产率和缩小了收入差距。拉美国家人口漂移状况如表4-3所示。

表4-3 拉美国家半失业人口占经济自立人口的百分比（%）

国别	1970年	1980年	国别	1970年	1980年
阿根廷	22.3	28.2	哥伦比亚	40.0	41.0
巴西	48.3	35.4	墨西哥	43.1	40.4
智利	26.0	29.1	委内瑞拉	42.3	31.1

数据来源：托马斯，独立以来拉丁美洲的经济发展（2000），p365。

3. 不确定性之三：消费的效率补偿机制缺失

在经济结构服务化过程中，服务业结构升级和服务业增长之于整体经济效率改进的促进作用（对于高效率模式的形成而言），得益于一个根本的嵌入机制，即消费的效率补偿机制。这个机制在传统增长文献中经常被忽视。经验表明，消费与经济结构服务化往往是同时发生的，但是，经济结构服务化阶段高低效率模式的分化，也是源于消费的效率补偿能力的不同。消费的效率补偿机制，即通过消费结构的升级，促进人力资本升级和服务业结构升级，推动知识过程的形成和高效率模式的重塑。反之，消费结构升级停滞将导致增长停滞。

以高消费比重支撑的发达国家的持续增长，与消费的效率补偿效应有关，发达国家居民消费中偏向于科教文卫的支出结构可以为这种判断提供资料支撑；但除了日韩等极少数国家，这种趋势在经济转型国家很少出现。

中国在超高增长主导的1992—2011年中，投资的飙升使得其效率增长贡献率接近于70%，投资拉动导致的生产、消费脱节不仅影响到短期经济的可持续性——典型如现阶段受到广泛关注的产能过剩和僵尸企业问题（中国经济增长前沿课题组 等，2013），而且影响到了长期增长潜力的培育和低效率模式的改进——一方面，高投资提供了消费结构升级及相应规模报酬捕捉机会；另一方面，偏向于资本的分配压抑了消费倾向，这些问题直接反映出供给结构和消费结构失衡。中国偏向于资本驱动的工业化过程发展到现阶段的一个后果是：单纯注重投资的效率模式，反而因为注重短期投资而失去长期资本深化的能力。这种单一效率模式存在明显的效率漏出：①为了维持短期增长速度，采用基建、房地产等传统低效率方式，迫使经济进入"增长—低效率—再投资—低效率维持增长"的不良循环。②低水平居民消费需求限制了市场规模经济边界，从而限制了资本深化边界。③受惠于旧模式的一部分人，尤其是大城市的中产阶层，他们有对消费品质量和消费结构多样化、高级化的真实需求，但是国内产业结构无法满足，最终这些消费力量被驱赶到国外，形成对别国产业效率提升的溢出。

经济结构服务化时期，劳动力再生产是以人力资本增进为重心展开的，而非工业化时期的劳动力简单再生产。第一，在二元经济向工业化演进的过程中，生活必需品，尤其是物质品的生产扩张始终居于主导地位，增长重心是物质资本的积累和再生产。同时，为了保证产出扩张所必需的储蓄，消费被压低在满足劳动力简单再生产的水平，并且从属于物质资本积累和再生产过程。第二，在工业化向发达城市化演进的过程中，消费和服务业主导经济增长，也相应成为生产率改进的重要来源。这个阶段，以人力资本增进为重心的劳动力再生产成为核心，家庭消费结构中教育支出的扩大——包括政府公共支出中教育费用的扩大，成为促进这一再生产循环的主要动力。我们的前期研究表明，发达经济的结构服务化的一个重要特征，就是与公共产品提供有关的消费支出比重提高。并且，从日韩这两个短期内完成城市化转型的国家来看，以消费结构调整促进人力资本结构调整——提前15~20年把劳动力中高等教育比重大幅度提升、完成经济结构服务化赖以推进的高端人力资本储备，对于实现转型至关重要。相比较而言，拉美国家调整时期过长，最终把经济拖入震荡和不稳定泥潭，正是因为缺少了消费结构升级和人力资本积累这一环节，至今，除个别国家外,这一问题仍未引起重视。

四、通过效率改进与知识过程消减经济跨越的不确定性

对比国际增长经验和中国经济状况,为了降低经济跨越的不确定性,以下三个调整方向有待探讨和明确。第一,在缺乏内生动力机制的情况下,大踏步进入城市化和经济结构服务化是否可行?也就是说,中国是否需要一个工业化深化的缓冲时期?第二,服务业的调整方向是什么以及中国服务业的调整方向是什么?第三,消费结构升级为什么重要?

1. 工业化的深化、协调与缓冲

我们首先征引Ozawa(2005)的论述,看一下增长门槛跨越时期日本的策略。

技术进步、产业重组与工业化的深化。国际增长比较和发展经济理论证明,后发国家通过持续提升工业比重,可以实现效率提升和速度赶超。如,依托工业化和国际化,把大量剩余劳动力转变为低价竞争优势;依托国家干预和税收激励,推动资本积累和"干中学"技术进步。这些都是赶超阶段的发展特征。随着工业比重下降和服务业主导增长格局的形成,经济效率改进方式也将发生变化。

2. 知识过程、效率提升与服务业升级

我们把知识生产、配置及以此为基础的经济效率的循环和改进,称为"知识过程"。由此,我们在进行高低两种效率模式对比时的一个经验假设是,发达经济阶段的高效率模式,是以服务业结构高级化为基础的,这种高级化的重要表现之一,就是服务业越来越趋于知识密集。换句话说,我们把服务业作为知识过程和人力资本积累的载体来看待,而非像传统经济学理论一样把服务业作为工业部门的分工辅助环节或成本项来看待。这种认识暗含的逻辑是,既然是服务业替代工业成为城市化阶段增长引擎,那么服务业至少要像工业那样提供可持续增长的效率支持,否则,高效率模式将难以维持。

按照这种认识,发达经济的结构服务化阶段,服务业实际上充当了经济增长的先决条件,知识部门充当了高效率模式运转的先行部门。这种认识产生的经验依据是:①服务业主导的经济,由于工业份额的下降乃至所占比重较小,服务业的效率及其改进潜力决定着经济整体效率和改进潜力。发生在高等教育、研发部门、信息技术咨询服务部门的知识生产和配置,既是其他服务行业效率改进的决定力量,也是其他国民经济行业效率改进的决定力量。②服务业比重上升和服务业结构升级,可以认为是知识过程对传统商品(物品和服务)的替代,在此过程中发生的两个替代及国内相应产业雁阵传递的结果是:通过知识向工业部门的配置,提升制造品智能化水平,并因此替代传统人工服务行业;知识密集型服务业态多样化,知识消费型服务业替代部分传统消费型服务业。③服务业可贸易性提高。依托知识信息网络化发展,服务业可贸易性提高,构成对工业贸易份额下降的补偿。尤其值得关注的是,由于知识比传统贸易更具有垄断性,基于知识的服务贸易一旦建立起来,不但赚钱能力比传统贸易更强,而且垄断和竞争优势难以在短期内被打破。据此可以推测,服务业的可贸易性将加剧国际经济分化,构筑起更高的经济追赶门槛。

服务业内部知识部门的增长,促进了服务业要素化趋势的形成。在知识对传统商品替代以及服务业内部的产业结构升级过程中,服务业部门呈现出要素的特性,表现在以下几个方面:第一,发达经济阶段,服务业不仅充当了知识生产创造的主要源头,而且与知识生产分配有关的行业份额逐步扩大,这些行业的生产函数日益趋向于人力资本增进的劳动力再生产——$H=f(H)$——以人力资本生产更多的人力资本,或者使用人力资本的知识技术(IT)再生产——$IT=f(H)$。因此,提高要素生产的知识密集度成为经济服务化的核心。现实中,这些行业包括教育、信息咨询、研发、产权等。由于这种不同于传统工业和传统服务业的生产函数建立在"人—人"相互作用的基础上,因此,知识产出的机制也与以往不同,以认知和共享为纽带建立起知识网络,并据此捕捉报酬机会是其主要功能。

第二，服务业地位的变化，与服务业要素化趋势一致。经济结构服务化时期，服务业以其在经济中的高比重和知识要素生产供给的重要功能，一改在大规模工业化阶段的从属和被动分工地位，作为增长的前提条件（或新阶段的先行条件）存在。这种主动性和决定性地位的确立，与知识密集型服务业的要素生产供给功能有关。可以这样认为，一个将人力资本组织起来的知识生产行业，就是一个要素生产的复合体，由它生产出其他知识要素，并作为生产投入进入其他生产和消费过程。第三，知识密集型服务业获得收入的方式，与单个人力资本要素获得收入的方式相似，收益以溢价形式产生。这种认识可以解释文献中广泛关注的迷惑，如Petit（1986）认为，不同于工业以成本递减提高生产率，服务业的生产率与成本无关。对于知识密集型服务业，由于其收益是以知识资本化之后的溢价方式获得的，溢价直接反映了要素使用的效率改进，因此与成本没有直接的关联（关于这一点，我们将在后续研究中给出详细的分析）。换句话说，知识服务的价值或效率改进直接反映在人力资本要素的溢价上，而不像传统生产部门那样——效率改进反映在投入成本的递减上。第四，把发达经济阶段的服务业增长理解为人力资本增进的劳动力再生产源头，才能突破传统静态的服务业成本病的认识局限。我们的假设是，长期来看，随着知识和人力资本积累的增加，新的知识过程的建立和人力资本专用特性的开发，需要进行更多的科教文卫投资，只要这种知识投资产生的效率改进可以覆盖增加的成本，服务业和整体经济就是有效率的。

3. 消费的效率补偿与增长可持续

消费和服务增长的关键不在于规模、比重，而在于结构升级，尤其是知识过程作用的发挥。在向发达经济城市化的增长转换时期，根据前文所述，可能的路径有两条：一条是囿于工业化规模扩张的惯性，服务业的发展以低技能的劳动力再生产为主；另一条是以知识过程为支撑的服务业的增长。在经济结构服务化过程中，服务业规模扩张和服务业比重增加是不可避免的趋势，但是，促进这种趋势形成的动力应该是服务业的结构升级，以及消费结构升级与服务业增长的联动。基本品需求得到满足后，尤其是理论和现实中的丰裕社会到来时，消费者选择日益与多样性、新奇性的心理需求联系起来，特别是服务业——当代知识信息的迅速发展促进了消费时尚的易变性和快速传播，消费者对新奇的、主动的、内在的追求，推动了消费和服务业结构升级。知识过程在时间和空间上赋予消费效率含义，并体现在知识密集型服务业的要素化趋势当中。以"人—人"面对面交流的联合认知和知识共享的行为为例。

情景1：消费把时间资本化。诸如教育、休闲娱乐等行业的消费，已经不是传统理论上所认为的瞬时完成，与知识产品相关的消费应该看作一个过程，这是现代生产性服务业的新特征。这与知识生产消费的方式有关，在"人—人"面对面交流过程中，知识生产者创造、传播知识，消费者接受、吸收知识，在市场交换的情景中，消费者根据信息流（时间上的信息发送）的新奇性支付费用。这个过程中，消费者根据心理需求的满足程度，对不同的知识流按意愿支付费用，高水平的知识产生溢价。

情景2：消费把空间资本化。经济结构服务化时代的网络化与工业化时代的网络化最大的不同，在于知识信息网络化的作用凸显。因此，发达经济城市化阶段的消费，除了实现了时间的资本化外，还实现了空间的资本化，主要是借助互联网提高知识密集型服务业的可贸易性、拉近"人—人"面对面交流的距离等。消费的这种空间资本化，一方面有利于知识流的传播扩散，提高知识生产率、扩大知识产出；另一方面有利于消费市场分割的细化，使得在存在着大量冗余信息的情况下提取定制化服务成为可能，专用性的知识服务和溢价也因此被提取出来，从而指示了现代服务业结构升级和效率提升的方向。

可以这样理解，消费的效率补偿通过两种迂回方式实现：第一种方式是，空间（静态）上"人—人"联合认知导致的知识生产配置的分工，主要是知识信息部门的增长；第二种方式是，沿着知识流的动态增长累积和知识存量的更新，以及跨期的人力资本要素的培育，需要消费结构升级的支撑，从知识流的动态增长角度看，科教文卫部门的增长已经突破了传统静态成本的范畴而具有动态效率。消费结构升级、人力资本升级、服务业结构升级，在促进知识生产配置的同时，不断推动知识链条延伸，并以此为纽带把国民经济的各个部门连接起来，在这个过程中，资本深化能力也获得提升。

知识过程的发生、循环和扩展，本质上是物质生产循环向以人为载体的知识循环体系的转换。因此，循环的起点逐渐从生产转向消费，通过知识消费、知识网络的互动产生高质量的知识消费服务和创新溢价。知识过程如果不能有效地融合到传统的物质生产循环之中，服务业转型升级和以人为主体的知识服务循环体系也将会失去作用。特别是对于经济追赶国家，服务化进程中的效率模式重塑、消费结构升级将面临严重的制度挑战，把握不好就会导致转型失败，这一转变路径具有极高的结构和制度门槛。

五、结论：通过改革提升中国经济的效率

从工业化向城市化的演进是一种质的飞跃，涉及增长模式的调整和创新动力源泉的培育。在城市化和经济结构服务化时期，门槛跨越的关键在于通过人力资本积累建立知识过程，这不仅是稳定效率三角的基础，而且是服务业不同于任何增长阶段的全新特征。经济结构服务化转型包含着三个方面的动力：一是消费者偏好；二是相对价格；三是以消费促进人力资本要素积累，并由此提供动态效率补偿。前两者决定了服务化比重提升，但也决定了增长分化。在后发国家中，大量与人力资本要素提升有关的知识消费和服务业属于公共产品范畴，但它们通常处于被严格管制的状态。在这种条件下，服务消费的需求偏好拉动反而导致这些部门供给不足，只能通过相对价格上涨的方式增加供给，这相当于向消费者征收了知识服务行业的垄断租金，由此形成对消费者剩余的剥夺，最终导致大量服务需求

外移，国内知识服务体系落后。因此，这一阶段必须进行市场化改革，让知识密集型服务业发展起来，并在循环中获得消费的动态效率补偿。服务业结构升级是效率提升的根本，有助于防止增长路径向垄断抽租模式的退化（中国经济增长前沿课题组 等，2014）。以下几个问题还值得强调。

如何认识服务业发展？发达国家和不发达国家的经验，特别是步入城市化和经济结构服务化时期的增长经验，把增长分化的情景鲜明地呈现在人们面前。如果服务业的发展仍然沿用大规模工业化的模式，甚至对工业化时期的资源配置方式不作任何调整，一味强调服务业规模的扩大，那么中国经济很可能陷入类似于拉美国家的长期调整和震荡中。所幸的是，中国城市化还没有走得那么远，因此，一些潜在的系统性问题仍有机会避免。我们强调把服务业的要素化趋势，当作服务业结构优化和发展的方向，这个方向的起始点是知识过程的建设，核心是下述经济循环的着力打造："消费结构升级—高层次（数量技能和高等教育）人力资本积累—技术知识密集型产业发展—高资本深化能力和高消费能力—消费结构升级"。一句话，重视服务业转型升级，积累人力资本后劲，为门槛跨越作准备。

如何认识政府作用？不同于工业化以物质资本为核心的再生产过程，城市化时期的消费效率补偿，需要依托人力资本增进的劳动力再生产。知识和人力资本，尤其是高等教育和研发等高层次人力资本，具有极高的生产成本、外部性和专用性，不能离开公共部门的支持。同时，由于受到经济制度、机会成本等因素的影响，人力资本积累对发展中国家来说也是重要的门槛。对于这个问题，我们的观点是，比重较高的高层次人力资本（连同熟练技能劳动力）应该在15~20年的时间里尽快培育起来，这是减少工业化向城市化转型风险的重要保障。服务业的要素化趋势及以此为垫脚石的增长跨越，对政府整合资源的方式提出了两个要求：一是改善收入分配；二是重视知识过程建设的投入。这两个要求意味着转型时期政府职能需要切实转变，可以这样认为，与产业结构的优化升级相比，经济结构服务化过程中制度规则的完善作用更加具有基础性。收入分配方面：拉美国家经验和日本、韩国经验对比表明，大规模工业化结束至经济结构服务化形成之间，有一个不算很长的缓冲期（20年左右的时间），在这期间，日本、韩国做的事情是快速积累高层次人力资本，以便为城市化的知识过程建设和效率模式重塑开拓空间；拉美国家之所以缺少了这个环节，直接奔向服务业和消费主导，是因为国内收入分配差距阻碍了人力资本积累，结果陷入"低人力资本—低消费结构—低效率改进能力"的怪圈。知识过程建设的投入方面：包括熟练技工培训体系的完善、熟练技工晋升激励体系的建设、高端人才体系的建设、政府基础性研发支持体系的建设等。毫无疑问，经济转型时期政府的作用依然重要，这种重要性不是要政府去干预生产、消费决策，而是要政府通过公共支出结构的调整优化，培育经济潜力。简而言之，经济结构服务化时期政府做的事情，集中于疏通知识过程建设渠道，为门槛跨越作准备。

如何认识创新？经济结构服务化时代，中国对增长门槛的跨越和经济追赶离不开创新，此时，创新已经不仅仅是创造发明，而且是效率模式重建过程所涉及的制度规则建设完善、知识生产配置网建设完善、消费生产一体化等更加综合性和系统性的范畴。原因是，经济结构服务化意味着更复杂的经济系统协同、分布创新、高层次人力资本良性激励与循环等问题，经济增长中的非竞争性新要素需要不断培育，制度规则、创意、国民对知识的参与分享水平、教育、信息网络等，逐渐成为效率改进和可持续增长的动力源泉。一句话，以网络化为基础的再结构化，是创新和门槛跨越的保障。

参考文献

吉登斯，1998. 社会的构成：结构化理论纲要[M]. 李康，李猛，译. 上海：生活·读书·新知三联书店.

托马斯, 2000. 独立以来拉丁美洲的经济发展[M]. 张凡, 吴洪英, 韩琦, 译. 北京：中国经济出版社.

夏明, 2007. 生产率增长的规模递增效应与经济结构转变：卡尔多-凡登定律对中国经济适用性的检验[J]. 经济理论与经济管理（1）：29-33.

谢康, 肖静华, 方程, 2016. 协调成本与经济增长：工业化与信息化融合的视角[J]. 经济学动态（5）：14-25.

袁富华, 2012. 长期增长过程的"结构性加速"与"结构性减速"：一种解释[J]. 经济研究, 47（3）：127-140.

张平, 郭冠清, 2016. 社会主义劳动力再生产及劳动价值创造与分享：理论、证据与政策[J]. 经济研究, 51（8）：17-27, 85.

中国经济增长前沿课题组, 张平, 刘霞辉, 等, 2012. 中国经济长期增长路径、效率与潜在增长水平[J]. 经济研究, 47（11）：4-17, 75.

中国经济增长前沿课题组, 张平, 刘霞辉, 等, 2013. 中国经济转型的结构性特征、风险与效率提升路径[J]. 经济研究, 48（10）：8-11.

中国经济增长前沿课题组, 张平, 刘霞辉, 等, 2014. 中国经济增长的低效率冲击与减速治理[J]. 经济研究, 49（12）：4-17, 32.

中国经济增长前沿课题组, 张平, 刘霞辉, 等, 2015. 突破经济增长减速的新要素供给理论、体制与政策选择[J]. 经济研究, 50（11）：4-19.

BUERA F J, KABOSKI J P, 2012. The rise of the service economy[J]. American economic review, American economic association, 102（6）：2540-2569.

CARGILL T F, SAKAMOTO T, 2008. Japan since 1980[M]. Cambridge: Cambridge University Press.

DIRKS D, HUCHET J F, RIBAULT T, 1999. Japanese management in the low growth era[M]. Berlin: Springer Verlag: 8-9.

DIXON R, THIRLWALL A P, 1975. A model of regional growth-rate differences on Kaldorian lines[J]. Oxford economic papers, 27（2）：201-

214.

FINE B, LEOPOLD E, 1990. Consumerism and the industrial revolution? [J]. Social history, 15（1）: 151-179.

GOODWIN N R, ACKERMAN F, KIRON D, 1997. The consumer society[M]. Washington, D.C.: Island Press: 338.

HICKS J R, 1965. Capital and growth[M]. Oxford: Oxford University Press.

KALDOR N, 1970. The case for regional policies[J]. Scottish journal of political economy, 17（3）: 337-348.

KALDOR N, 1972. The irrelevance of equilibrium economics[J]. The economic journal, 82（328）: 1237-1255.

KALDOR N, 1985. Economics without equilibrium[M]. UK: University College of Cardiff Press.

KRIESLER P, 1999. Harcourt, Hicks and Lowe: incompatible bedfellows? [M]// SARDONI C, KRIESLER P, et al.. Themes in political economy: essays in honour of Geoff Harcourt. London: Routledge: 400-417.

KRUGMAN P, 1990. The age of diminished expectations[M]. Cambridge, MA: The MIT Press.

LEAL J, 2015. Which sectors make poor countries so unproductive? A perspective from inter-sectoral linkages[N]. Banco de Mexico, 2015-02-15.

LINCOLN E J, 2001. Arthritic Japan: The slow pace of economic reform[M]. Washington, D.C.: Brookings Institution Press.

OZAWA T, 2005. Institutions, industrial upgrading, and economic Performance in Japan: the "flying-geese" paradigm of catch-up growth[M]. Northampton, Massachusetts: Edward Elgar Publishing.

PETIT P, 1986. Slow growth and the service economy[M]. London: Bloomsbury Publishing PLC.

ROSTOW W W, 1960. The stages of economic growth: a non-communist manifesto[M]. Cambridge: Cambridge University Press.

SETTERFIELD M, 1997. History versus equilibrium and the theory of economic Growth[J]. Cambridge journal of economics, 21(3): 365-378.

SKLAIR L, 1991. The culture-ideology of consumerism in the third world[M]// SKLAIR L. Sociology of the global system. Baltimore: Johns Hopkins University Press: 129-169.

第五章
中国经济增长跨越与迈向高质量发展新阶段

迈向高质量发展阶段路径的达成,是宏观稳定实现的基础,有效实现经济转型和经济结构调整必须保持经济中高速增长,同时,稳步迈入中高端发展阶段。通过跨国比较发现,中国在中等收入阶段的增长表现较为稳健:中国在中等偏低收入阶段仅耗时8年,自2010年进入中等偏高收入阶段以来,向高收入阶段的迈进已行程过半;同时,中国人均收入增长速度较快,甚至快于同阶段东亚成功实现追赶的经济体。然而,中国当前仍处于经济结构服务化引致的结构性减速阶段,如何向高质量发展阶段迈进是我们面对的重大问题。从理想的阶段转换连续性和线性发展理论的立场来看,我们分别从三个层面,即提高劳动生产率、提高全要素生产率及其贡献率、提高潜在增长率的可持续性,来对中国实现向高质量发展阶段迈进的具体路径进行阐释。最后,给出政策建议。

一、引言

改革开放40多年来，中国成功地从一个封闭、落后的农业国发展成为工业、制造业大国，创造了世界经济增长的奇迹。1978年中国GDP占全世界的比重不足5%，至2016年经济总量已接近全球经济的15%，长期稳定在世界第二的位置；人均GDP和世界平均水平相比，1978年不足世界平均水平的25%，而至2016年已接近世界平均水平的90%。中国经过这40多年的发展，成功突破了贫困陷阱的束缚进入中等收入阶段，依据世界银行的标准，中国当前属于中等偏高收入国家，并正逐步向高收入阶段迈进。然而，世界银行2012年的研究成果显示，1960年的101个中等收入经济体至2008年仅有13个国家和地区[①]成功避开中等收入陷阱，进入高收入增长阶段，占比不足13%。同时，中国经济在经历2008年的外部冲击之后，增速持续下滑，2012年首次告别两位数增长，进入新常态阶段。中国当前正处于向高收入阶段迈进的关键时期，但却面临经济结构性减速冲击，如何保持中高速发展态势，借助经济结构转型促进增长效率提升，以成功实现向中高端发展阶段的迈进，避开可能面临的中等收入陷阱，是一个重要问题。

很多学者就中等收入阶段经济体可能面临的增长陷阱成因展开研究。一些文献关注制度变革对增长的推动作用。中国经济增长前沿课题组等（2013，2014）和袁富华（2012）指出，进入中等收入阶段的国家会由于经济结构服务化伴随的生产率下降，而面临结构性减速和效率冲击，强调中等收入阶段的结构变革是一个重要的研究方向。Cheremukhin et al.（2015）考察了中国1953—2012年的经济增长和结构转型问题，并对1978年改革开放带来的增长效应进行评估。研究发现，若中国未实行改革开放政策，则1978年之后的经济增速将会下降4.2%。同时，当一个国家进入中等收入阶段后，除了经济结构服务化造成的效率冲击外，经济体也可能面临较大的外部风险冲击。姚枝仲（2015）研究指出，避开中等收入陷

---

① 分别为赤道几内亚、以色列、毛里求斯、希腊、爱尔兰、葡萄牙、西班牙、波多黎各、日本、韩国、新加坡、中国香港和中国台湾。

阱的根本，是要防范银行危机、债务危机以及货币危机可能对经济增长造成的冲击。张平（2015）研究强调，中国经济结构转型的根本在于彻底改变政府干预的管理体制，并预防外部金融风险冲击，从而激发创新潜力，实现平稳增长。其他可能导致陷入中等收入陷阱的因素还包括人口结构、城市化过度或不足、收入分配不公，以及全要素生产率下降等。

对处于中等收入阶段的高速增长经济体而言，具备哪些特征较容易避开增长陷阱，成功实现增长跨越也是学者关注的重点。Eichengreen et al.（2014）研究指出，向高收入阶段跨越的经济体如果具备实际汇率低估、老龄人口依存率高以及投资率高等特征，那么较易出现增长减速趋势；而如果经济体中受过中高等教育人口比例较高、出口产品中高技能产品占比较大，则较少面临增长减速问题。同时，一些学者探讨了中等收入国家的增长动力源泉。张德荣（2013）强调，制度和技术进步是中等收入国家实现可持续增长的关键，要规避中等收入陷阱，就必须改善治理，鼓励创新。李静等（2015）通过跨国比较发现，一个国家要实现向高收入门槛跨越，至少前10年要保持经济稳定增长；同时，通过实证考察中国经济稳定增长的动力源泉发现，在当前连续增长减速的背景下，要实现中国经济稳定增长必须进一步推进金融市场化改革、工业化改革和深化对外开放等进程。中国经济增长前沿课题组等（2015）和袁富华等（2016）更是突出了新要素供给对中国突破增长减速的重要性，强调以知识部门为代表的新要素供给一方面能有效提升广义人力资本水平，促进现代服务业建立和发展；另一方面能通过外溢性促进传统产业发展，并通过推进消费、生产结构升级互动，实现增长跨越。

基于以上分析，我们将以中国实现增长跨越为出发点，首先通过跨国比较和经验分析，对中国当前所处增长阶段和增长特征进行描述，并进一步对中国如何实现向高质量发展阶段迈进的具体实施路径进行探讨。我们认为，要实现向高收入阶段的跨越，需要保持中高速的发展水平，而根本是要提升经济内在效率和增长的可持续性。因此，我们从效率提升和可持续发展的角度,即提高劳动生产率、提高全要素生产率及其贡献率、提高潜在增长率的可持续性这三个层面对中国向高质量发展阶段迈进的具体实施路径展开论述。

二、增长阶段特征和增长跨越的国际比较

1. 增长阶段界定

这一部分我们按世界银行2015年给出的依据人均国民总收入（GNI）（按图集法衡量）对国家发展阶段的划分标准[①]，对选定的样本国家增长阶段进行划定。中国2016年人均国民总收入为8260美元，据此标准衡量，中国正处于中等偏高收入阶段。由于本文重点讨论中国在当前阶段能否实现增长跨越和迈向高质量发展阶段，因此我们主要关注经历过中国当前发展阶段的经济体的增长特征，对不同收入阶段的增长特征进行刻画，以期对中国解决当前面临的增长跨越问题有所启示。我们选取的样本国家和地区包括：典型发达经济体（美国、英国、德国、法国、加拿大、澳大利亚、新西兰、瑞典、挪威、丹麦、芬兰、卢森堡、荷兰、比利时、奥地利）、东亚新晋发达经济体（日本、韩国、新加坡、中国台湾）、拉美经济体（智利、乌拉圭、巴西、阿根廷、墨西哥、哥伦比亚、秘鲁），以及东南亚追赶经济体（马来西亚、泰国）。

2. 增长阶段的跨国比较

当前中国正处于中等收入阶段，且刚迈过中等偏低门槛进入中等偏高阶段，为使分析更有针对性，我们重点关注样本国家和地区处于中等收入阶段的增长特征。我们将样本分为两大类，即欧美发达经济体及东亚新晋发达经济体、拉美经济体及东南亚追赶经济体，以便通过对比分析找出可资借鉴的增长经验，吸取教训。由于篇幅有限，我们选取具有代表性的经

---

① 即低收入国家（人均国民总收入低于1045美元）、中等偏低收入国家（人均国民总收入介于1045美元和4125美元之间）、中等偏高收入国家（人均国民总收入高于4125美元而低于12736美元）和高收入国家（人均国民总收入高于12736美元）。

济体的分析结果整理如下。

首先,我们考察了各个经济体进入中等偏低收入阶段的增长情况,发现:①欧洲经济体多集中于20世纪60年代初进入中等收入阶段,前后经过约11年跨过中等偏高收入门槛,增长经历极为相似,如比利时、荷兰、卢森堡、芬兰、挪威、奥地利等均于1973年前后迈入中等偏高收入阶段。②成功实现追赶的东亚新晋发达经济体日本、新加坡和韩国分别于1967年、1971年和1978年进入中等收入阶段,这三个经济体用不超过10年的时间就都进入了中等偏高收入阶段。③拉美经济体则在中等偏低收入阶段停滞时间较长。除阿根廷于20世纪60年代初进入中等收入阶段外,其他拉美经济体均在70年代初相继进入中等收入阶段;除墨西哥外,其他经济体在中等偏低收入阶段停留时间都在20年以上,阿根廷甚至在这一阶段停留了28年。④东南亚追赶经济体增长表现也较为类似,停滞时间为20年左右。相较而言,中国在中等偏低收入阶段的增长表现较好。⑤中国在2002年进入中等偏低收入阶段后,连续8年增速超过9%,并于2010年顺利进入中等收入阶段。即使与发达经济体相比,中国这一阶段的增长跨越过程也表现较好(见表5-1)。

表5-1 样本国家在中等偏低收入阶段停留时间

	国家	时间段(年数)		国家	时间段(年数)
中国和欧美发达经济体及东亚新晋发达经济体	中国	2002—2010年(8年)	拉美经济体及东南亚追赶经济体	智利	1971—1995年(24年)
	美国	—		乌拉圭	1973—1993年(20年)
	英国	—		巴西	1975—1996年(21年)
	法国	1962—1973年(11年)		阿根廷	1964—1992年(28年)
	日本	1967—1974年(7年)		墨西哥	1974—1993年(19年)
	新加坡	1971—1980年(9年)		马来西亚	1978—1996年(18年)
	韩国	1978—1988年(10年)		泰国	1988—2009年(21年)

数据来源:世界银行WDI数据库。

考察样本国家进入中等偏高收入阶段的增长表现后，我们发现：①欧洲经济体在中等偏高收入阶段乃至整个中等收入阶段的增长表现均较为一致。基于对可得数据欧洲样本国家的观察，大多数国家于1962年迈过了中等收入门槛，在经历11年左右的增长之后，又于1973年前后迈入中等偏高收入阶段。其中，瑞典、挪威、丹麦、卢森堡、荷兰、比利时、法国、德国等国家在中等偏高收入阶段经过约8年的增长后，集中于1980年成功跨进高收入国家行列，芬兰、奥地利、英国则历时稍长，于1987年前后迈过高收入门槛。②拉美经济体的增长分化在中等偏高收入阶段更为明显。拉美经济体在中等偏低收入阶段停滞时间较长，基本都在20年以上，阿根廷和哥伦比亚在中等偏低收入阶段停留了长达28年，秘鲁在1975年进入中等收入阶段，直至2010年才跨出中等偏低收入阶段，历时35年。而在进入中等偏高收入阶段之后，表现较好的智利、乌拉圭等在经过近20年的增长后，成功迈入高收入国家行列，而其他国家距离跨越中等收入陷阱还有较长距离。③亚洲经济体也表现出明显的增长分化。有些亚洲国家虽然迈入中等收入门槛的时间点相同，却表现出不同的增长路径。如韩国和马来西亚都于1978年迈入中等收入阶段，韩国经过两个阶段（1978—1988年和1988—1996年）的快速增长跻身发达经济体行列，而马来西亚则陷入中等收入阶段的增长泥沼中，在中等偏低收入阶段停留18年至1996年迈出，至今仍在中等收入阶段徘徊（见表5-2）。

表5-2 样本国家在中等偏高收入阶段停留时间

欧美发达经济体及东亚新晋发达经济体	国家	时间段（年数）	拉美经济体及东南亚追赶经济体	国家	时间段（年数）
	美国	1966—1980年（14年）		智利	1995—2012年（17年）
	英国	1974—1988年（14年）		乌拉圭	1993—2012年（19年）
	法国	1973—1980年（7年）		巴西	1996—2013年（>17年）[①]
	德国	1973—1980年（7年）		阿根廷	1992—2013年（>21年）
	日本	1974—1986年（12年）		墨西哥	1993年至今（>24年）
	新加坡	1980—1991年（11年）		马来西亚	1996—2016年（>20年）[②]
	韩国	1988—1996年（8年）		泰国	2009年至今

数据来源：世界银行WDI数据库。

3. 样本国家和地区的增长路径与增长形态特征

这一部分我们以4000美元为起点，通过对比成功实现增长跨越的东亚新晋经济体以及在中等收入阶段停滞较长时间的拉美经济体和东南亚追赶经济体的增长路径和增长形态特征，考察各样本国家和地区的增长差异，由此寻找一些有益于中国的增长经验。

[①] 2013年巴西和阿根廷人均国民总收入分别为12730美元和12770美元，跨过高收入门槛，但在2013年之后经济出现下滑，人均国民总收入连续下降，2016年分别为8840美元和11960美元。因此，此处巴西和阿根廷停留在中等偏高收入阶段的时间分别应大于17年和大于20年。
[②] 2016年马来西亚人均国民总收入为9850美元。

各样本国家和地区人均收入的增长表现如图5-1所示,据此我们发现:①拉美经济体较早就实现并达到了人均收入4000美元的阶段,但之后却经历了明显的增长减缓或衰退时期。拉美经济体人均收入超过4000美元之后的增长路径较长,表明跨过门槛的时间点较早,但之后收入增长较为平缓,有些国家甚至表现为负增长。比如,秘鲁在达到人均收入4000美元之后出现了增长衰退,人均收入一度低于4000美元。巴西和墨西哥也表现出某种增长停滞迹象,人均收入增速明显低于其他样本国家。②东亚发达经济体通过人均收入的平稳快速增长成功实现了向高收入阶段的迈进。韩国虽然人均收入达到4000美元的时间较晚,但收入增长速度较快,而且持续保持着收入高速增长趋势。③东南亚追赶经济体的增长表现则介于东亚新晋发达经济体和拉美经济体之间。不论是绝对增长水平还是相对增长水平,马来西亚和泰国的增长表现均稍优于拉美经济体,印度尼西亚早期增长路径与秘鲁近似,近期则有所好转。④中国人均收入超过4000美元的增

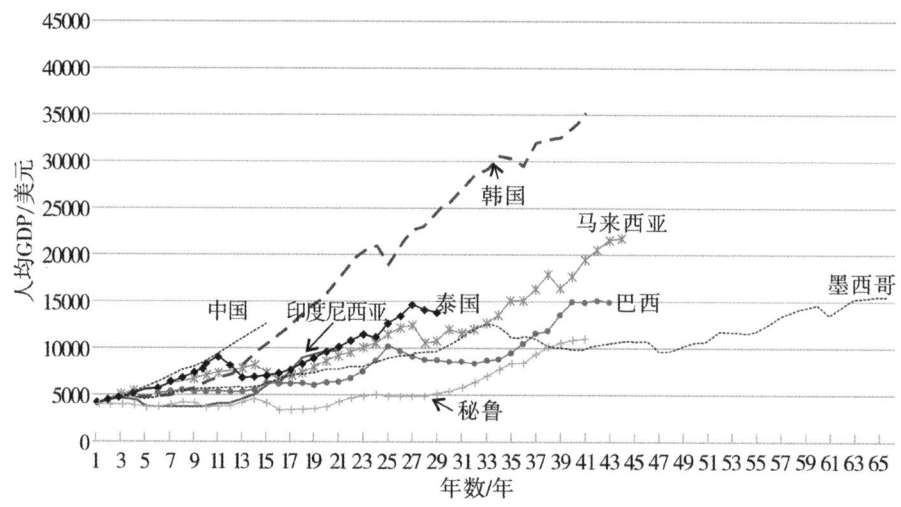

图5-1 增长路径国际比较

数据来源:联合国PWT9.0数据库。其中,人均GDP是用经过购买力平价调整后以2011年不变美元来衡量的数据;选取各个国家人均收入达到4000美元之后的收入序列,横轴为人均收入达到4000美元之后各个国家经济增长的年数。

长阶段仅有15年,但从目前的增长表现看,中国经济的增长路径明显优于东亚成功实现追赶的发达经济体对应阶段的增长表现。从各个经济体人均GDP对数增长情况看,多数拉美经济体在中等收入阶段收入达到一定程度后,出现了明显的增长停滞和放缓,从而表现出与其他经济体增长路径产生分化的结果(见图5-2)。

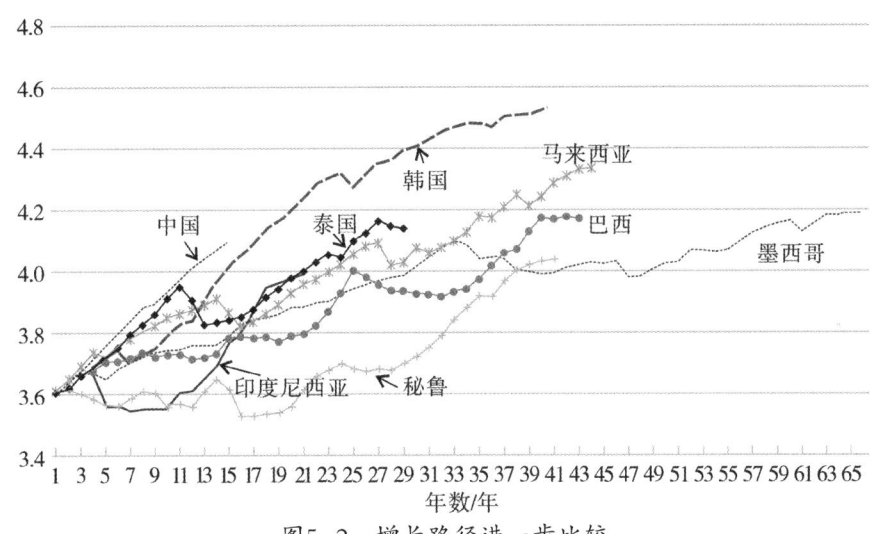

图5-2 增长路径进一步比较

数据来源:联合国PWT9.0数据库。纵轴为人均收入的对数值,横轴为人均收入达到4000美元之后经济体增长的年数。

由此可见,中国要实现向高收入阶段迈进,必须保持收入的平稳快速增长,在增长的过程中,一旦出现增长停滞或衰退,则会增加经济体停留在中等收入阶段的时间,加大落入中等收入陷阱的风险。而保持经济增速和人均收入平稳较快增长的根本,就是提升经济增长效率。因此,我们进一步基于效率提升和可持续发展层面,重点对中国迈向高质量发展阶段的增长实施路径进行考察。

三、中国如何迈向高质量发展新阶段

保持中高速发展与迈向中高端水平是中国经济调整和结构转型的重要

目标，从根本上来说，迈向高质量发展阶段路径的达成，是宏观稳定实现的基础。改革开放40多年来，中国GDP的增长和生产效率的改进，使经济长期处于资本驱动的主导之下，对投资和初级劳动力资源的使用激发了工业化时期的产出扩张活力。但是，随着劳动力人口拐点的出现和国内外市场的饱和，原有以生产为核心、以要素粗放使用为动力的工业化模式，越来越受到边界约束，特别是现有粗放型物质资本积累路径不断遇到边际收益递减刚性约束，投资也因此不断被挤出生产领域，进而对现有工业化结构和生产效率改进带来持续冲击。因此，从理想的阶段转换连续性和线性发展理论的立场来看，中国要实现向高质量发展阶段迈进，需要满足三个条件，即提高劳动生产率、提高全要素生产率及其贡献率、提高潜在增长率的可持续性。

（一）劳动生产率提高与结构变革

劳动生产率提高是实现经济平稳健康增长的重要因素之一。传统理论认为，可以从生产要素供给的部门再分配着手，挖掘增长潜力。因此，后发国家劳动生产率的提高与产业结构变革密切相关，经济演进过程伴随着资本、劳动力要素从低劳动生产率部门向高劳动生产率部门流动。工业化时期，工业部门劳动生产率较农业部门高，劳动者从农业部门转移至工业部门，推动整体劳动生产率的提高。而劳动生产率提高能增加居民的可支配收入，当工业部门效率提升至与教育回报率同步时，人力资本积累和深化过程也会同步实现，从而提高整个社会的人力资本存量，进一步促进整体效率提升。经济结构服务化之后，劳动生产率提升速度有放缓趋势，而僵化的经济结构甚至可能阻碍效率改进。

1. 产业间的效率对比

中国第二产业和第三产业劳动生产率的估算结果（见图5-3）表明：①服务业劳动生产率上升较快，但低于第二产业劳动生产率。不管从名义劳动生产率，还是实际劳动生产率来看，服务业劳动生产率均低于第二产业的水平。②服务业逐渐成为中国劳动力转移新的"蓄水池"。1994年之后服务业就业人数不断超过第二产业，2016年服务业与第二产业就业人数比值为1.54。③服务业增长逐渐赶超第二产业，将成为拉动增长的主要动力。从名义增加值看，2012年服务业增加值首次超过第二产业增加值，其后加速增长；2016年，服务业增加值是第二产业的1.30倍[①]。

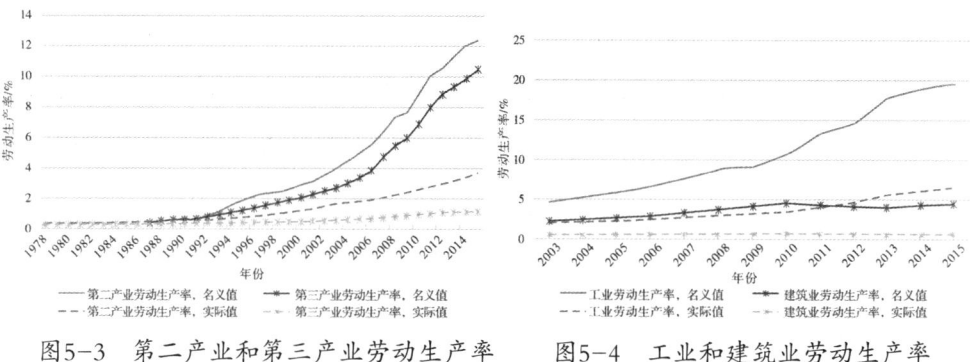

图5-3　第二产业和第三产业劳动生产率　　图5-4　工业和建筑业劳动生产率

数据来源：各年《中国统计年鉴》及国家统计局网站。

2. 第二产业内部效率差异

①建筑业劳动生产率几乎处于停滞状态，工业劳动生产率高于建筑业的水平。工业劳动生产率水平持续提高，但近年来增长速度减缓，建筑业劳动生产率水平在2010年之后逐渐下降，至2013年稍有回升（见图5-4）。②工业就业人数逐渐下降，建筑业就业人数逐渐上升。2010年之后，工业就业人数逐年下降，而建筑业就业人数自2003年以来一直处于快速上升趋势。③工业增加值增长远高于建筑业。2016年工业名义增加值是建筑业的5.01倍，工业实际增加值是建筑业的13.72倍。

3. 结构调整阵痛的原因

上述劳动生产率数据揭示了中国转型时期结构调整所面临的根本矛盾和问题——在向高质量发展阶段转换时期，原有资本驱动工业化模式的

[①] 但从实际增加值看，第二产业产出远高于服务业产出，2016年第二产业实际增加值为服务业的2.16倍。原因在于工业化大规模生产所导致的工业品价格的长期走低趋势，以及服务品价格的长期走高趋势。

规模效率逐渐消失，与此同时，服务业主导增长下的新的效率促进模式尚未建立起来，这就是所谓结构调整阵痛的根源所在。这种阵痛的最直接反映，就是近年来劳动生产率增长乏力，导致居民可支配收入增速放缓，并低于经济增长速度。

作为衡量经济发展绩效的综合指标——劳动生产率，正如克鲁格曼所说的，它"不属于一切，但长期看它意味着一切"。特别是将这个指标应用于发展状态及转型分析时，也即将结构性因素作为劳动生产率变化的根本出发点时，有关问题会立刻变得现实而且复杂。按照标准增长核算框架，劳动生产率的变化可表示为人均资本和全要素生产率变化的加权值。虑及发展阶段的条件和因素动态，我们需要重视人均资本或资本积累对于劳动生产率提升的权重。其含义是丰富的：第一，中国大规模工业化阶段，较大的权重赋予了资本，从而带来中国工业化进程的加速并促使经济迈向中等收入水平；第二，向经济结构服务化转型时期，发展规律将矫正以往资本驱动模式，把更大的增长权重赋予人力资本积累及相应的全要素生产率，实现有质量的增长和人的发展。这涉及结构调整系列变动之下的效率模式重塑，包含服务业主导的城市化阶段如何实现效率补偿的理论问题，也是对工业化阶段强调投资补偿传统理论的根本突破。

（二）全要素生产率及其贡献

中国持续30多年劳动生产率的快速提高，主要得益于资本驱动。这种增长模式导致对全要素生产率贡献的长期低估，以及技术进步潜力的长期压抑。2008年以来的短期刺激政策，更是加剧了这种局面，对结构优化造成阻碍。1978—2007年是中国经济增长的高峰时期，该阶段全要素生产率增长对总产出的贡献份额为23.33%，其中，1993—2007年有过35%的较高水平。但2008年之后，伴随中国经济增长速度放缓，全要素生产率的贡献份额下降较大。

中国全要素生产率提升所面临的困境之一：资本驱动的工业化发展模式，不具有全要素生产率持续改进的内生机制。在1978年至今几十年的增长中,资本要素对增长的贡献份额一直维持在65%~90%的水平,进一步扣除劳动投入对增长的贡献,全要素生产率对增长的贡献份额大约为20%。显然,这种较低的全要素生产率贡献,是中国资本驱动增长模式的典型现象:①资本存量持续加速增长。资本存量在1978—2007年经济持续超高速增长期间,平均增速达到11%,与发展阶段相似的其他任何国家相比,资本积累的平均速度都是较高的。而2008年之后,尽管中国经济增速出现连续减缓,但资本存量增速仍然维持在较高水平。②资本边际收益水平持续递减。资本边际报酬递减主要是中国经济长期的投资依赖所致,同时,资本收益递减和低增长的不良循环越来越明显,中国资本驱动模式的路径依赖造成的低效率问题越来越明显。资本效率(即GDP/投资)在1978—2007年平均为30.2%,而2008—2016年,资本效率仅为8.4%(见表5-3)。

表5-3 生产函数分解及趋势预测

分解项	1978—2007年	2008—2016年	2017—2021年(预测)
[1]潜在增长(生产函数拟合)三因素	10.03%	8.40%	6.10%
[2]资本投入(K):弹性	0.636	0.629	0.540
[3]资本贡献份额=([2]×[8])/[1]	64.83%	93.67%	68.53%
[4]劳动投入(L):弹性	0.364	0.371	0.460
[5]劳动贡献份额=([4]×[11])/[1]	11.84%	1.70%	4.11%
[6]全要素生产率增长率	2.34%	0.30%	1.67%
[7]全要素生产率贡献份额=100%−[3]−[5]	23.33%	4.63%	27.36%

续表

分解项	1978—2007年	2008—2016年	2017—2021年（预测）
[8]资本投入增长率（$k=dK/K$）=[9]×[10]	10.96%	12.19%	7.74%
[9]（净）投资率（I/Y）	39.310	136.430	104.050
[10]资本效率（Y/K）	30.2%	8.4%	5.7%
[11]劳动投入增长率（$L=dL/L$）=[12]+[13]	3.263%	0.374%	0.545%
[12]劳动年龄人口增长率（popl）	3.709%	0.589%	0.597%
[13]劳动参与率变化率（θL）	−0.446%	−0.215%	−0.052%
[14]劳动生产率增长率（$y=Y/L$）=[15]+[16]	3.88%	3.843%	1.558%
[15]资本效率（Y/K）增长率	−4.765%	−7.662%	0.545%
[16]人均资本（K/L）增长率	8.645%	11.505%	1.013%

注：①主要指标和估算方法说明：产出（Y）变量依据以1978年为基期的不变价国内生产总值；劳动投入（L）变量为就业人数；资本存量（K）水平为依据Nehru等（1993）永续盘存法计算的以1978年为基期的固定资产存量水平；资本产出弹性的估算则选用包含时间固定效应的面板模型。②数据来源于《新中国六十年统计资料汇编》《中国统计年鉴》及各省统计年鉴，时间跨度为1978—2016年。

中国全要素生产率提升所面临的困境之二：与工业化阶段对技术进步内生机制的忽视相关联，重视物质资本积累而忽视人力资本积累，也阻碍了效率持续改进。具体表现为：①主要依赖大量低素质劳动力的人口红利效应，而与此对应的全要素生产率改进的方式是"干中学"和"投中学"实现的外生技术进步。1978年以来（尤其是1978—2007年经历高速增长阶段），中国劳动力供给的年均增长率为3.26%，与各个国家在相似工业化阶段的增速相比并不低，但新增劳动力中多是以初级和中级教育水平劳动者为主。这些劳动力较适用于规模化、标准化的工业大生产。②熟练技术工人的培育，是工匠精神的源泉，但是，中国现阶段准备不足，全要素生产率贡献偏低的局面必须在相对较短时期予以扭转，不然经济将面临长期调整的风险。

中国全要素生产率提升所面临的困境之三：政府主导的生产性开发适合"干中学"效率改进，但干预方式与全要素生产率外生相容，不利于全要素生产率提升。工业化阶段，政府干预经济的增长模式实现了持续高速增长，但当经济发展到城市化阶段，服务业特别是现代服务业本身具有的非标性、知识溢出性等特征，往往导致政府干预失灵，政府的过度干预会造成生产效率低下。

（三）增长可持续与迈向高质量发展阶段

迈向高质量发展阶段意味着效率模式的重塑，这是由发展条件的变化和增长可持续要求所决定的。对于这个趋势和目标，我们认为：①服务业主导的增长模式和经济结构服务化，是根本上不同于工业化的增长模式。②从发达国家增长经验看，服务业是继制造业之后的另一个高端，服务业知识生产配置功能，决定了效率持续改进的能力。③在重化工业化向深加工度化升级的过程中，服务业升级与工业结构优化的协同非常重要。迈向高质量发展阶段强调的是增长的可持续性，而不是过快的经济增长速度，是物质资本积累与人的发展的再权衡。

1. 服务业的高端化是实现效率补偿的基础

"二战"后发达国家经济发展的重要变化是知识密集型服务业的发展，以及服务业在配置知识和人力资本上的作用的有效发挥。基于此，服务业应该是在产业结构演进过程中，接续制造业之后的另一个高端，而非仅仅是在比重上实现对制造业的替代。尽管在服务业替代工业规模经济的过程中，不可避免地会出现劳动生产率改进速度减缓的情况，但服务业的高端化却会通过知识和人力资本的生产配置促进增长质量提升，进而为增长可持续提供保障。从长期来看，这一点尤为必要。换句话说，服务业有质量的正常发展，是以持久性、平稳性的缓慢改进，抵消不可持续和增长不连续风险。反之，拉美国家由于缺少了这个必要环节，服务业扩张和对制造业的替代带来的后果是出现"城市病"与经济震荡。

2. 服务业通过人力资本培育和知识外溢性促进制造业升级

由科教文卫和金融信息等支撑起来的现代服务业，具有较强的知识技术密集性，服务业自身不仅具有高效率，而且是制造业效率改进的前提条件。相较而言，一些发展中国家，如拉美国家的服务业比重也很高，但大多属于成本型而非效率促进型的传统服务业部门，与发达国家的服务业本质不同。因此，要实现工业从重化工业阶段向深加工度化的转型，以知识和人力资本为依托的现代服务业的发展必须作为工业结构优化的条件而存在。

3. 消费结构升级是迈向高质量发展阶段的关键环节

被发展中国家长期忽视的消费结构升级环节，恰恰是作为联系服务业结构升级、服务业/制造业协同以及增长可持续的重要因素所在。城市化的重要功能是提高生活质量和促进人的发展，与较高的收入水平相关的消费结构的优化升级，尤其是科教文卫等与广义人力资本相关的消费项目的增加，并通过相关服务业行业的发展来满足这些消费需求，把这些效应溢出到制造业。尤其是与高等教育和熟练技术工人教育相关的知识积累，更是城市化新型效率模式最终发展成发达阶段高效率模式的关键环节。

四、政策建议

基于本章的分析，要使中国经济实现跨越式增长，迈向高质量发展阶段，必须借助供给侧结构性改革提升经济效率，应着重从以下几个方面展开：

（1）弱化政府行政干预，强化各部门间协调配合，重新审视政府功能定位。大规模工业化增长阶段，政府行政干预虽然会造成局部资源配置扭曲，但能极大地提升增长效率，从而能有效弥补要素错配造成的效率损失。由此，政府行政干预为工业化阶段增长积累了成功的经验。但进入后工业化社会，政府行政干预会使经济面临增长效率下降和不可持续等问题。中国应强化政府在培育和疏通新要素以及构建知识网络体系等方面的功能，弱化政府行政干预，为现代服务业知识部门的生产和消费活动创造良好环境。因此，改革的侧重点在于：首先，积极转变政府职能，切实推进政企分开，努力实现在政府权力集中的国有企业领域的经济改革；其次，打破阻碍劳动力尤其是高层次人力资本自由流动的制度障碍，彻底解决要素市场、信息网络等领域的市场割裂问题；最后，建立健全知识专利保护体系，对知识创新、创造提供正向激励，从而鼓励国内的创新实践。

（2）提高物质资本利用效率，有效积累人力资本要素并促进人力资本配置效率提升。最重要的，是解决资本使用效率低下的问题。当前，资本管制和融资渠道限制等造成的资本配置的结构性障碍，使得资本在各个部门之间不能自由流动，同时，国有部门吸纳并集聚了大量的物质资本，造成中国面临资本市场要素回报率低和私人生产部门融资成本高企并存的局面。因此，要缓解私人生产部门面临的融资难和融资贵等严峻的融资约束问题，首先必须打破政府主要的投融资体系，促进资本要素自由流动。其次要重视对高层次人力资本的培育，打造符合中国发展实际的人力资本梯度。具体包括制定针对R&D（研究与开发）人才的吸引政策、建立和完善熟练技能劳动者的职位晋升激励体系、加强熟练劳动力的在职培训等。最后要重视人力资本的再配置，有效矫正人力资本配置扭曲。提高人力资本定价的市场化程度，放开对公共服务业部门的管制，促进市场化程度不断加深，积极吸纳社会资本进入现代服务业部门。

（3）推进城市化模式改革，重塑高效率增长模式。中国城市化发展模式是政府主导型的，通过行政力量人为进行扩张或造城，往往无视复杂的社会现实，忽略了人的发展和生活质量提升的目标，同时，政府也面临较高的运行成本。预计2025年中国城市化率将达到65%。如果中国仍然沿用超级政府模式，既管生产又管服务，当城市化建设周期结束进入折旧周期时，巨大的城市运营成本将会使社会面临如何维持城市发展的难题。只有将超级政府模式积极转变为以公共服务为目标的小政府发展模式，才能更好地适应城市化阶段的发展要求。基于此，城市化改革应着力改革地方政府体制，积极推动政府转型。努力将把城市作为生产的中心地，以物的聚集为特征的城市发展模式转变为以人力资本集聚为特征，以服务和创新为主的城市发展模式，从而有效解决当前城市化发展中面临的区划分割、资源等级配置模式等种种发展困难。

参考文献

李静，楠玉，江永红，2015.中国经济增长减缓与稳定增长动力[J].中国人口科学（3）：32-43，126.

袁富华，2012.长期增长过程的"结构性加速"与"结构性减速"：一种解释[J].经济研究，47（3）：127-140.

袁富华，张平，刘霞辉，等，2016.增长跨越：经济结构服务化、知识过程和效率模式重塑[J].经济研究，51（10）：12-26.

姚枝仲，2015.金融危机与中等收入陷阱[J].国际经济评论（6）：33-42，5.

张平，2015.中等收入陷阱的经验特征、理论解释和政策选择[J].国际经济评论（6）：49-54，5-6.

张德荣，2013.中等收入陷阱发生机理与中国经济增长的阶段性动力[J].经济研究，48（9）：17-29.

中国经济增长前沿课题组，张平，刘霞辉，等，2013.中国经济转型的结构性特征、风险与效率提升路径[J].经济研究，48（10）：4-17，28.

中国经济增长前沿课题组，张平，刘霞辉，等，2014.中国经济增长的低效率冲击与减速治理[J].经济研究，49（12）：4-17，32.

中国经济增长前沿课题组，张平，刘霞辉，等，2015. 突破经济增长减速的新要素供给理论、体制与政策选择[J]. 经济研究（11）：4-19.

CHEREMUKHIN A, GOLOSOV，GURIEV S, Tsyvinski A, 2015-7-15. The economy of People's Republic of China from 1953[J].National bureau of economic research， No. w21397.

EICHENGREEN B, PARK D, SHIN K, 2013. Growth slowdowns redux: New Evidence on the Middle-Income Trap[J]. Japan and the world economy（32）：65-84.

Nehru V, Dhareshwar A, 1993. A new database on physical capital stock: sources, methodology and results[J] Economic Analysis Review, 8（1）：37-59.

第六章
人民币汇率体制改革40多年历程和基本经验

本章运用统计归纳和历史分析方法，对中华人民共和国成立之后，特别是改革开放40多年以来人民币汇率体制改革的历史进程进行了考察。本章把人民币汇率体制分成了官方单一汇率制、双轨汇率制、钉住美元的有管理的浮动汇率制和钉住一篮子货币的有管理的浮动汇率制等四种类型，对每一种类型又按不同的阶段特征进行了分类，考察了历次人民币汇率体制改革的国内经济社会背景和国际环境，分析了人民币汇率体制变化的决定因素以及购买力平价、利率平价和蒙代尔-弗莱明模型等理论的局限性，总结和概括了人民币汇率体制改革的基本经验，得到了有关人民币汇率体制变化的一些规律性认识。

中华人民共和国成立初期，也就是1949—1952年，人民币汇率调整频繁。1953—1970年，人民币汇率则经历了一段相对固定的时期，其中，1955—1970年美元与人民币的兑换比率一直维持在1∶2.46的水平①。1971年8月15日，美国宣布暂停美元与黄金兑换，1971年12月以《史密森协定》为标志，美元对黄金贬值，美联储拒绝向国外中央银行出售黄金。至此，美元与黄金挂钩的体制名存实亡，当时的国际货币体系——布雷顿森林体系宣告失败。1972年3月，中国政府决定采取钉住一篮子货币的方式确定官方的人民币汇率，货币篮子中共包含15种不同货币。从布雷顿森林体系崩溃到1980年，人民币经历了一个较长时间的升值过程。

改革开放之后，人民币汇率体制改革取得了重要进展。20世纪80年代，人民币一直在双轨制下运行。1980—1985年，实行官方汇率和贸易内部结算汇率双轨并行；1985—1993年，实行官方汇率和外汇调剂市场汇率双轨并行。在实行双轨制期间，人民币汇率呈现了阶段性、间歇性的单边贬值态势。在具体操作上，中国人民银行会根据经济状况采取灵活的政策。双轨制发展初期，将人民币对美元汇率控制在相对固定的水平，一旦出现贸易逆差，就会出现阶段性贬值。在钉住美元的条件下，国内商品价格向相反的方向调整，这使得实际汇率在某种程度上随着美元的波动而波动。1994年人民币汇率形成机制经历了一次市场化改革，汇率实现了并轨。这意味着人民币汇率体制向着以市场供求为基础的、单一的、有管理的浮动汇率制转变，但汇率波动幅度仍然被严格控制在极小的范围内。2005年之后汇率体制的市场化改革步伐加快，人民币经历了长达8年的升值过程，2014—2016年进入贬值通道，目前，保持着双向浮动的稳定态势。

总的来说，自中华人民共和国成立以来，人民币的汇率体制大体经历了四个阶段，它们分别是：官方单一汇率制（1949—1980年）、官方汇率和市场汇率并行的双轨汇率制（1981—1993年）、以市场供求为基础的钉

---

① 1970年1月中国发生了一场激烈的货币制度改革，每10000元旧货币兑换1元新货币，此新货币以固定比率与美元挂钩。

住美元的有管理的浮动汇率制（1994—2005年）和以市场供求为基础的钉住一篮子货币的有管理的浮动汇率制（2005—2018年）。每一个阶段在不同历史时期表现出不一样的特征（见表6-1）。

表6-1 人民币汇率体制的演变阶段和阶段特征

演变阶段	每个阶段的局部特征
官方单一汇率制（1949—1980年）	①单一的频繁调整的汇率（1949—1954年） ②单一的钉住美元的固定汇率体制（1955—1970年） ③单一的适时调整的固定汇率体制（1971—1980年）
官方汇率和市场汇率并行的双轨汇率制（1980—1993年）	①官方汇率和贸易内部结算汇率（1980—1985年） ②官方汇率和外汇调剂市场汇率（1985—1993年）
以市场供求为基础的钉住美元的有管理的浮动汇率制（1994—2005年）	①汇率并轨过渡期（1994—1997年） ②亚洲金融危机之后人民币贬值压力期（1998—2001年） ③人民币升值压力期（2002—2005年）
以市场供求为基础的钉住一篮子货币的有管理的浮动汇率制（2005—2018年）	①国际金融危机前的单边升值时期（2005—2008年） ②国际金融危机期间的稳定控制期（2009—2010年） ③单边升值过程的延续期（2010—2014年） ④稳定和双向震荡期（2014—2018年）

一、双轨汇率制

人民币汇率体制的演变与我国经济改革的整体推进密切相关。1978年之前，我国采取苏联式计划经济发展模式，经济发展严重滞后，与外部世界，特别是资本主义国家的经济联系并不密切，国际贸易和国际资本流动量非常有限。根据当时的国际关系情况，我国政府提出了独立自主、自力更生、艰苦奋斗的口号，发达国家的先进技术和知识很难通过贸易投资方式外溢到我国。由于体制因素和对外开放程度比较低，那时我国不存在外汇市场，汇率的作用仅限于计价。汇率既不能充分反映真实的供求情况，也不能发挥对经济的调节作用。

1. 官方汇率和贸易内部结算汇率（1980—1985年）

1980年1月5日，全国人民代表大会颁布了禁止外汇在中国境内流通使用的法令。1980年4月1日开始发行外汇券，但外汇券被严格限定在非居民之间使用，用以支付他们的宾馆账单、交通费用和在友谊商店里购买商品的支出。外汇券在当时与人民币等值使用。

1981年1月1日，我国引入了贸易外汇内部结算价，形成了官方汇率和贸易内部结算汇率并存的汇率结构。内部结算的用汇按配额发放，人民币对美元的贸易内部结算汇率被固定在2.8，此汇率水平相当于在有效汇率的基础上产生的"均衡价格"。所谓均衡价格是指保证进出口收益和损失平衡的外汇价格。所有国有企业和参与国际贸易的企业都使用这种汇率进行贸易结算，此外，在涉及国际贸易的海运和保险方面，收入和支出也都按配额外汇进行交易。当时，贸易内部结算汇率比官方汇率高36%，所以官方汇率明显低估了美元而高估了人民币。官方汇率形成的理论基础是可贸易品购买力平价，它是购买力平价理论的一个变种。其基本算法是在出口商品的外汇成本基础上，加上一定的利润。官方外汇价格一直高于外汇调剂市场价格的情况表明，人民币被人为高估的状态是持续性的，其背后有着深刻的制度根源。

中国人民银行主导的具有实验性质的交易体系是在上述外汇体制下建立起来的，但仅限于北京、上海、广州、合肥、天津等部分城市。一些拥有外汇留成的国有企业，可以通过内部结算体系，将多余的外汇卖给拥有外汇使用额度的其他国有企业。在这个体系之中，中国人民银行扮演经纪人的角色，收取0.1~0.3个百分点的佣金。贸易外汇内部结算价的引入是中国汇率体制的重大突破，是市场在汇率形成过程中开始发挥作用的标志。

2. 官方汇率和外汇调剂市场汇率（1985—1993年）

1985年1月1日，中国政府宣布废除贸易内部结算汇率，所有贸易统一使用有效汇率。但在部分出口行业，外汇留成配额仍然存在。1985年11月20日，中国居民被允许持有外汇和开立外汇账户，中国居民也拥有了储蓄和支取外汇的权利。

随着改革开放的深化，1986年11月，诞生了建立在买卖双方一致意向基础上的外汇调剂市场，初步形成了官方汇率和外汇调剂市场汇率并存的局面。最初，外汇调剂市场只允许外资公司和4个经济特区（深圳、珠海、汕头、厦门）的中国企业通过100多个外汇调剂中心，按照外汇调剂价格进行买卖。1988年国家进行了价格市场化改革闯关，相应地，外汇调剂市场参与者的范围扩大至那些官方允许保留外汇的内地企业。由于在价格闯关过程中出现了高通货膨胀，经济出现了短期停滞，与之对应的官方汇率和外汇调剂市场汇率之差收窄。

在1992年邓小平南方谈话之后，中国改革开放步伐明显加快，又一次出现了投资过热和严重的通货膨胀现象。例如，1993年和1994年居民消费价格指数分别上升至14.5%和24.2%。与此同时，随着外币需求增加，人民币贬值步伐加快，官方汇率与外汇调剂市场汇率之间的差距进一步拉大，1992年和1993年人民币对美元汇率分别上升到7.5和8.7（见图6-1）。

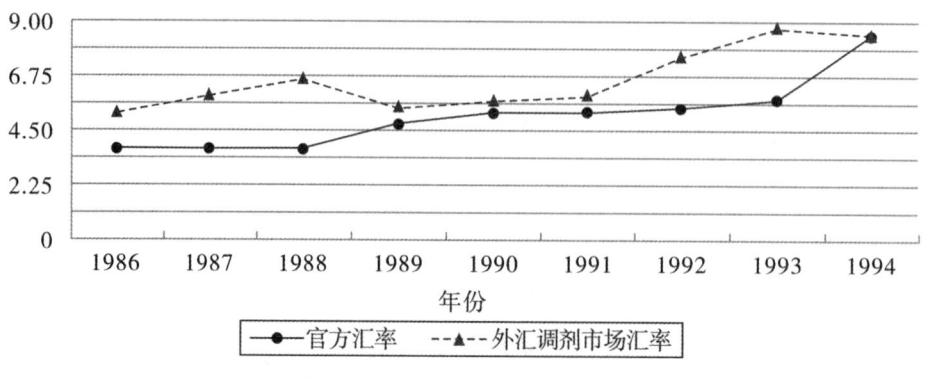

图6-1 官方汇率与外汇调剂市场汇率的变动

在实施双轨汇率制阶段，人民币对主要贸易伙伴的名义有效汇率和实际有效汇率经历了一个短期剧烈变化和长期贬值过程，这个贬值过程直到1997年亚洲金融危机爆发才告一段落（见图6-2）。

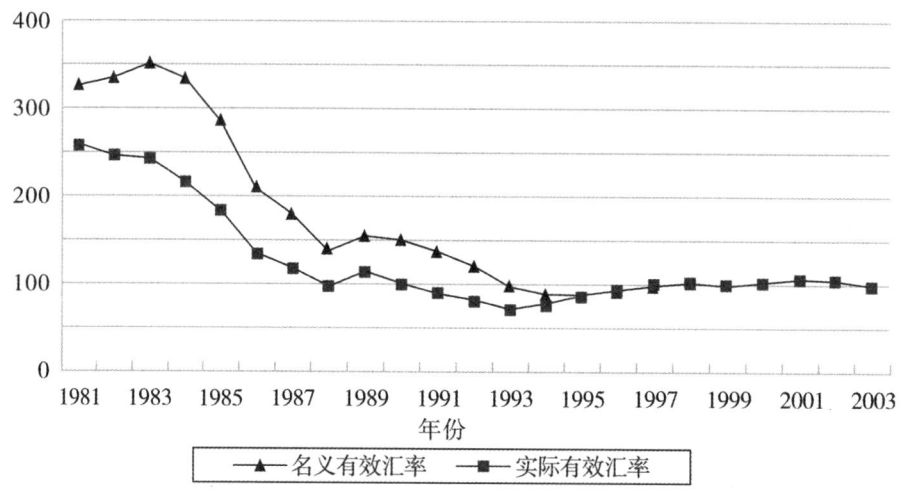

图6-2 人民币名义有效汇率和实际有效汇率

1993年10月1日，国务院颁布了《国务院关于进一步改革外汇管理体制的通知》，采取了一系列重要措施，具体包括：①实行外汇收入结汇制，取消外汇留成。②实行售汇制，实现经常项目下人民币有条件可兑换。③建立银行间外汇市场，改进汇率形成机制，保持合理及相对稳定的人民币汇率。（1949年1月1日）并轨后的人民币汇率实行以市场供求为基础的、单一的、有管理的浮动汇率制，由中国人民银行根据前一日银行间外汇交易市场形成的价格，每日公布人民币对美元汇率的中间价，同时参照国际外汇市场变化，公布人民币对其他主要货币的汇率。各外汇指定银行以此为依据，在中国人民银行规定的浮动范围内自行挂牌，为客户提供外汇交易服务。在稳定境内通货的前提下，通过银行间外汇交易和中国人民银行向外汇交易市场吞吐外汇，保持各银行挂牌汇率的基本一致和相对稳定。④取消境内以外币计价结算，禁止外币在境内流通。停发外汇券，已发行流通的，由发行银行逐步兑回。从某种程度上说，1994年的人民币官方汇率与外汇调剂市场汇率的并轨可以被看作是自1988年以来中国价格改革的一部分。

根据上文梳理的信息可以发现，与官方汇率和贸易内部结算汇率并存时期一样，在实施官方汇率和外汇调剂市场汇率双轨制阶段，人民币官方汇率也一直处于被高估的状态。这种被高估是在市场不健全的背景之下产生的。人民币被高估背后的体制原因包括：第一，经济主体被强制性地将外汇出售给中国人民银行，造成了外汇调剂市场的外汇供给短缺。第二，人民币被高估对政府而言有现实利益。人民币被高估，中国人民银行压低了外汇的购买成本，实际上，人民币被高估相当于中国政府对经济主体征收隐形的额外税收。第三，20世纪80年代，卢布汇率被赋予了很多政治色彩，它显示着一国的政治实力。卢布对美元的官方汇率为1.1，稍强于美元。那时流行的黑市汇率是在官方汇率基础上打二至三折。或许，20世纪70—80年代的中国也和苏联抱有同样的态度。

从国际竞争力的角度看，人民币被高估也未必是好事。人民币被高估降低了中国出口商品的竞争力，不利于出口创汇，只有将实际汇率维持在很低的水平，才能刺激中国的出口。所以，在实施双轨汇率制阶段，人民币官方汇率始终面临贬值压力，不时地出现阶段性贬值。

国际贸易和传统汇率政策的矛盾并不是容易解决的。在汇率受到官方管制的同时,市场在黑市交易中彰显着自己的力量。官方汇率和外汇调剂市场汇率此消彼长的变动反映了政府和市场两种力量的相互作用,这个阶段的两种汇率运行呈现如下特点:

第一,对外币的超额需求和人民币官方汇率的高估使人民币面临长期贬值压力,人民币不可避免地经历了一段曲折的贬值历程。由于价格存在黏性,不能及时地作出均衡的调整,人民币长期处于被高估状态和面临贬值压力的情况下使人民币汇率无法做到钉住美元长期不变。事实是,在这一阶段,处于被高估状态的人民币官方汇率从1979年初的1.58(人民币/美元)一直贬值到1993年末的5.80(人民币/美元),美元升值了2.67倍,而人民币则贬值了83%。

第二,人民币被高估的程度不仅反映在官方汇率和外汇调剂市场汇率的差别上,在黑市交易中也可以显示出来。根据当时中国人民银行深圳分行的一项调查,超过60家企业参与了人民币黑市交易,交易规模达到1.48亿美元,相当于深圳总货物出口规模的55.8%左右。1982年1元港币等价于0.38元人民币,比官方汇率高出35%。而1984年1元港币等价于0.8元人民币,是官方汇率的2倍多。

第三,同一外汇的两种价格是一种社会不公平的表现,不可避免地激化了社会矛盾。自20世纪80年代起,越来越多的中国居民开始走出国门,留学或探亲,他们需要用外汇券兑换美元,甚至连学生考托福的报名费也需要用美元来交,导致了严重的供求失衡。一种货币两种价格产生了对外汇券和美元的强烈需求,直接"催生"了整整一代倒汇者——俗称"黄牛"。在80年代至90年代初期,外国人在北京或者其他中国主要旅游城市听到最多的招呼也许是"换钱吗?换钱吗?","黄牛"冒着坐牢的风险在中国居民对外汇券的渴望和外国人对人民币的需求中找到了商机。有了人民币,外国人就可以在任何商店和餐馆消费;而人民币和外汇券的价差使倒汇成为利润丰厚的职业——尽管这是非法的。

第四,人民币汇率调整与贸易余额有明显的非线性正相关关系。从国际收支平衡的角度来看，如果资本流动被严格控制，汇率波动应该反映经常账户或者外汇储备的波动，当某经济体贸易赤字增加或贸易盈余减少时，该经济体的货币就会面临贬值压力。

随着1984年经济特区发展策略的确立，中国经济步入高速发展的工业化阶段，外币需求和进口需求异常强烈，这导致中国的贸易盈余和外汇储备大幅下降。贸易盈余由1983年的20亿美元下降到1984年的1400万美元（见图6-3）。外汇储备从1985年8月的138亿美元下降到1985年末的26亿美元。此后直到1989年，中国基本处于贸易赤字的状态。相应地，人民币自1984年起连续贬值三年，从1983年的1.98元人民币兑1美元下滑到1986年的3.72元人民币兑1美元，贬值47%。1988—1989年中国已经出现经济过热的迹象，但是贸易赤字和人民币贬值仍然在持续。1991年底人民币汇率达到5.32元人民币兑1美元的水平。

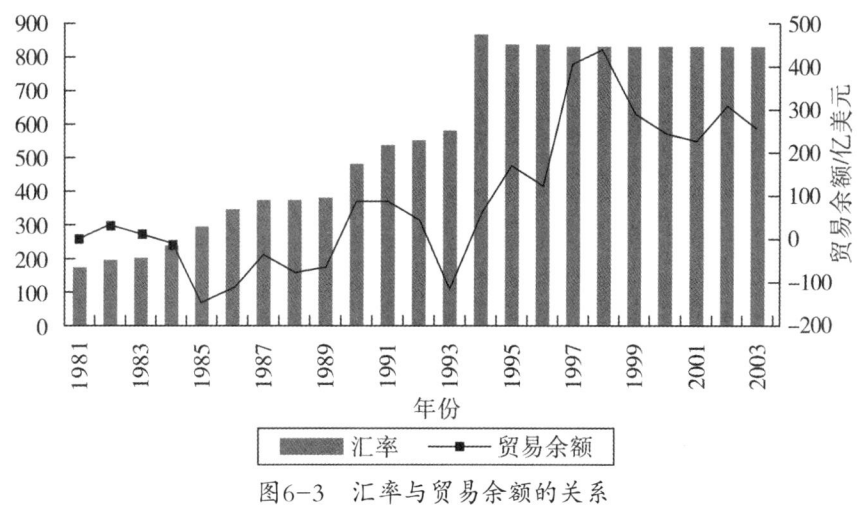

图6-3 汇率与贸易余额的关系

1992年邓小平南方谈话之后，国际收支平衡表中的贸易赤字也达到106亿美元，从而引发了人民币新一轮贬值循环。为了与改革开放的整体发展思路相统一，中国不再坚持人为高估人民币的政策，转而采取一种更市场化的汇率机制。最终，外汇调剂市场汇率与官方汇率得以统一。

二、单一的、与美元挂钩的、有管理的浮动汇率制

人民币汇率改革的总体目标是，建立健全以市场供求为基础的、单一的、有管理的浮动汇率制，保持人民币汇率在合理、均衡水平上的基本稳定。推进人民币汇率形成机制改革，应有利于缓解对外贸易不平衡、扩大内需以及提升企业国际竞争力、提高对外开放水平。人民币汇率并轨后的一次性贬值，提升了我国的出口竞争力和投资吸引力，我国经常项目和资本项目呈现了双顺差持续扩大的态势，加剧了国际收支失衡。1996年12月，我国宣布实现经常项目可兑换，对经常项目对外支付和转移不予限制，但企业出口等外汇收入原则上仍应卖给外汇指定银行。自2001年起，我国通过改进外汇账户开立和限额管理，逐步扩大企业保留外汇的自主权，允许具备年度出口收汇额等值200万美元以上、年度外汇支出额等值20万美元以上等条件的企业，经外汇管理部门批准后开立外汇结算账户，保留一定限额的货物出口、服务贸易等外汇收入。2002年开户条件限制被取消，提高了外汇账户内保留外汇的限额，账户限额为企业上年度经常项目外汇收入的20%，2004年账户限额提高到30%或50%，2005年进一步提高到50%或80%。

为了详细地描述1994年之后人民币汇率的变化情况，我们将这一阶段分为三个时期：1994—1997年的汇率并轨过渡期，1998—2001年亚洲金融危机之后的人民币贬值压力期，以及2002—2005年的人民币升值压力期（见表6-1）。

1. 汇率并轨过渡期（1994—1997年）

1994年1月1日，中国人民银行在以往外汇交易的加权平均值的基础上，宣布了人民币对美元、港币、日元的参考汇率，同时规定以参考汇率为基础，人民币对美元汇率的每日波动限制在0.3%的区间内，对港币和日元汇率的每日波动限制在1%的区间内，对其他货币汇率的每日波动限制在0.5%的区间内。这标志着人民币汇率体制改革进入一个新的阶段。

人民币汇率并轨之时，官方汇率和外汇调剂市场汇率分别为5.8和8.6，人民币汇率并轨使官方汇率瞬间贬值了33.3%。但是，如果考虑到当时80%的外汇交易都是在外汇调剂市场进行的，人民币实际贬值幅度应是6.7%。

人民币汇率并轨可算是一次汇率超调，它终结了人民币官方汇率相对于外汇调剂市场汇率的长期高估的状态，也扭转了人民币不断贬值的趋势。1994年到1997年末，人民币对美元名义汇率升值了4.8%，达到8.2。考虑到这一时期国内高涨的物价，实际汇率升值幅度已经达到39%。同时，人民币名义汇率和实际汇率也分别上涨了10.9%和30.2%。

2. 亚洲金融危机之后的人民币贬值压力期（1998—2001年）

1994—1997年人民币对美元的升值再一次引发了人民币贬值的预期。而1998年亚洲金融危机又将这一预期进一步强化。为了避免危机进一步蔓延，中国政府承诺，不惜一切代价维护港币的稳定和人民币对美元的比价，同时，采取包括出口退税在内的一系列政策，抵御外部冲击对出口的消极影响。

由于坚持人民币不贬值的政策，在其他国家货币不断走弱的情况下，人民币成为发展中国家中为数不多的强势货币，其间，名义汇率和实际汇率分别上升了10.9%和5.5%。

然而，中国政府人民币汇率不贬值的承诺并非没有成本，通货紧缩是当时的政策后果之一。为了走出困境，中国政府实施了一项为期5年的财政刺激计划，结果导致财政赤字激增。财政刺激政策带来了中国社会基础设施建设投资的浪潮，成为后来中国经济持续繁荣的重要原因之一。另外，可能也是由于此次通货紧缩，中国产品的国际竞争力最终反而增强了。

随着我国经济逐步走出1998年亚洲金融危机的阴影以及我国在2001年加入世界贸易组织（WTO）和成功申办奥运会，2001年之后对外贸易余额和资本项目余额持续扩大，人民币重估问题再次成为舆论焦点，持续时间达4年之久。

3. 人民币升值压力期（2002—2005年）

2001年之后，一些国家的学者、领导人在媒体上不断地发出人民币被严重低估的声音，建议把中国列为货币操纵国，施压意图非常明显。2002年2月22日，七国集团呼吁人民币升值，以抵抗全球通货紧缩。从2003年9月到2005年4月，七国集团接连发表四次公报，要求没有实行浮动汇率制的国家增加汇率的灵活性。有学者则认为，按巨无霸指数（Big Mac Index）计算人民币被低估了56%，而按星巴克指数（Starbucks Tall Latte Index）计算人民币只被低估了1%。比较规范的研究给出的估值也相差很大。中国人民银行则始终坚持认为，人民币汇率保持在均衡合理的水平上。一些人担心西方国家抑制人民币升值是一场政治阴谋，坚持人民币不贬值的观点。也有一些固定汇率的坚定支持者，如蒙代尔、麦金农和克鲁格曼，持与中国政府相近的立场。

除了外部舆论压力之外，中国政府还不得不面对来自外部的现实冲击。就在中国走出亚洲金融危机的当口，美国遭遇了"9·11"恐怖袭击，接着在2003年非典型肺炎（SARS）疫情暴发，整个世界被拉入经济低谷。由于实行了钉住美元的汇率政策，中国始终保持汇率政策的连续性，维持汇率在较小的区间内波动，但人民币有效汇率也随着美元走弱持续疲软。由于到2003年末欧元对美元的汇率上升了36%，加元、英镑、日元和韩元的汇率分别上升了19%、17%、14%和11%，而墨西哥比索和巴西雷亚尔的汇率分别下降了14%和17%。人民币对其他货币的名义汇率和实际汇率分别下降了9.3%和11%。人民币在1998—2001年的实际升值，意味着当时名义汇率和实际汇率相当于1998年的水平。

1994年到2003年，人民币对其他货币的名义汇率和实际汇率分别升值了7.6%和31.5%。人民币对美元和日元的名义汇率分别升值了5.1%和10.3%，但是考虑到通货膨胀因素，实际升值分别达到20.1%和59.1%（郭树清，2004）。

三、参考一篮子货币进行调节的有管理的浮动汇率制

我国加入WTO之后,对外贸易顺差迅速扩大,贸易摩擦进一步加剧。2005年6月末,我国外汇储备达到7110亿美元。适当调整人民币汇率水平,改革人民币汇率形成机制:有利于贯彻以内需为主的经济可持续发展战略,优化资源配置;有利于增强货币政策的独立性,提高金融调控的主动性和有效性;有利于保持进出口基本平衡,改善贸易条件;有利于保持物价稳定,降低企业成本;有利于促使企业转变经营机制,增强自主创新能力,加快转变外贸增长方式,提高国际竞争力和抗风险能力;有利于优化利用外资结构,提高利用外资质量;有利于充分利用"两种资源"和"两个市场",提高对外开放的水平。为了缓解国际收支失衡压力及满足自身内在需要,中国人民银行宣布,自2005年7月21日起,我国开始实行以市场供求为基础的参考一篮子货币进行调节的有管理的浮动汇率制。2005年7月21日先将人民币和美元交易价格一次性调整为1美元兑8.11元人民币,作为次日银行间外汇市场上外汇指定银行之间交易的中间价,外汇指定银行可自此时起调整对客户的挂牌汇价。每日银行间外汇市场美元对人民币的交易价仍在中国人民银行公布的美元交易中间价上下3‰的幅度内浮动,非美元货币对人民币的交易价在中国人民银行公布的该货币交易中间价上下一定幅度内浮动。这一改革措施表明,人民币汇率不再钉住单一美元,形成更富弹性的人民币汇率机制是人民币汇率体制改革的目标。

2006年进一步取消了开户事前审批,企业无须经外汇局批准即可直接到银行开立经常项目外汇账户。2007年取消了账户限额管理,允许企业根据经营需要自主保留外汇。2008年修订后的《中华人民共和国外汇管理条例》明确企业和个人可以按规定保留外汇或者将外汇收入卖给银行。2009年之后,为进一步促进贸易投资便利化,提高政策透明度,外汇管理部门大力开展法规清理,宣布废止和失效400余个外汇管理规范性文件。

1. 国际金融危机前的单边升值时期(2005—2008年)

2005年7月21日的人民币汇率体制改革一次性将人民币币值调高

2.1%，并没有改变人民币被低估的状态，新的浮动汇率制的实施只是人民币长期升值过程的开端。从2005年7月21日的人民币汇率体制改革到国际金融危机爆发前（2008年7月），3年间人民币对美元升值了21%。与此同时，出现了如下令人困惑的现象：

一是在人民币升值过程中，中美贸易顺差不降反升。这个结果似乎与蒙代尔-弗莱明模型的预测相矛盾。蒙代尔-弗莱明模型预测本币升值抑制出口、增加进口、缩小贸易顺差。然而，2005年以来，中国的贸易顺差却伴随着人民币升值过程一直在扩大。2007年贸易顺差达到2615亿美元，是2001年的10倍。贸易顺差的不断扩大加剧了国际收支的不平衡，进一步加大了人民币升值压力。这种与理论貌似不协调的现象，事实上只是人民币被低估和调整不到位的表现形式，在人民币汇率调整到均衡水平之前，升值压力可能一直存在。

二是人民币升值并没有影响到中国的经济增长。伴随着人民币升值过程，2005年、2006年、2007年的中国经济都实现了2位数增长，增长率分别达到11.4%、11.6%、11.9%。对于经济增长与汇率之间的关系，传统汇率理论并没有给出明确的回答。购买力平价理论只回答了价格水平与汇率之间的关系，利率平价理论则回答了利率变化与汇率之间的关系，两者都没有考虑经济增长与汇率之间的关系。在蒙代尔-弗莱明模型中，虽然考虑到了收入水平与汇率之间的关系，但由于模型是静态的，因此没有把经济增长与汇率的关系纳入其中。

三是在人民币升值和经济周期性上升过程中，利率政策没有完全反映真实的资金成本和投资收益水平。为了抑制外汇套利行为，人民币存款利率被压得低于美元存款利率，致使名义利率长期低于通货膨胀率。一种主流观点认为，由于这一阶段人民币存在升值的预期，所以人民币的利率应该低于美元的利率，否则将导致套利资金的流入。然而，利率作为资金成本的基准和国内经济宏观调控的主要手段，是否要过分顾及影响短期资本流动的利差因素是值得商榷的。一个不容置疑的事实是，低利率政策虽然可以在国际市场上发挥抵御金融投机的作用,但在国内市场上却产生了不良后果。它助长了流动性泛滥,人民币长期升值趋势吸引了投机热钱流入,对股市泡沫和房地产市场泡沫有推波助澜的作用,对宏观经济稳定产生了负面影响。

2. 国际金融危机期间的稳定控制期(2009—2010年)

2008年国际金融危机之后,主要经济体股市崩盘、房地产价格断崖式下跌、大量金融机构破产、实体经济衰退、失业率大幅攀升。面对突如其来的经济衰退,2008—2010年各国政府实施了大规模财政刺激计划和宽松货币政策,企图挽经济狂澜于既倒。结果,世界经济经过2009年的严重衰退之后在2010年企稳回升,2011年还出现了短暂复苏和局部过热的苗头。在国际金融危机最严重的时候,许多国家货币对美元大幅贬值。

为应对国际金融危机的冲击,我国从2008年开始加强了对人民币汇率的管理控制。2009年和2010年人民币对美元汇率维持在平稳的水平,汇率弹性几乎为零,人民币停止了升值趋势。2010年6月19日,中国人民银行新闻发言人表示中国人民银行决定"进一步推进人民币汇率形成机制改革,增强人民币汇率弹性"。此后,人民币再拾升值过程。

3. 单边升值过程的延续期(2010—2014年)

从2011年底的经济数据可以看出,各国经济的复苏强度出现了明显分化。新兴市场经济恢复到了国际金融危机前的水平,出现了较明显的通货膨胀迹象。发达经济体的经济增速和通货膨胀有所反弹,但房地产价格仍处在下降通道之中,失业率居高不下,财政状况不断恶化。在这种情况下,各国政府对未来经济走势的判断产生了明显分歧,货币政策和财政政策的力度和方向被迫进行结构性调整。但总的来说,发达经济体面对财政、金融和就业压力,进一步放松了货币政策,而新兴市场和发展中国家为了防止经济过热明显收紧了货币政策。

伴随着人民币升值过程,2011年一季度出现6年来的第一次贸易逆差,终结了经常项目长期保持的顺差状态,向市场发出了人民币将贬值的信号。此后，我国的贸易逆差不再是偶然事件，市场上再次出现了人民币被高估的观点。2013年12月31日至2014年3月30日，人民币对美元汇率从6.05下滑至6.26，贬值3.47%，彻底打破了人民币汇率体制改革8年来形成的人民币单边升值的预期。然而，人民币汇率真正的趋势性逆转发生在2014年一季度，我国经常项目顺差收缩至55亿美元，其中货物贸易出现了105亿美元的逆差；2014年一季度末我国外汇储备余额达到3.95万亿美元。

4. 稳定和双向震荡期（2014—2018年）

进入2014年之后，美国和英国经济企稳的迹象越来越明显，失业率下降到了6%以下，实际通货膨胀率与目标通货膨胀率的缺口逐步缩小，市场对美联储量化宽松货币政策退出和降息的预期越来越强烈，美元和英镑对其他主要货币的升值趋势明显。然而，英美之外的发达经济体的表现却不尽如人意，欧元区仍然在通货紧缩的边缘挣扎，失业率居高不下，希腊危机不时地威胁欧元区的经济稳定（赵志君 等，2012）。日本安倍政府"三支箭"的效果如昙花一现，进一步提高消费税的计划被迫延迟，直线上升的政府债务威胁着日本的金融安全。新兴市场经济增长明显减速。中国在进入新常态之后，结构性矛盾突出，经济下行压力加大，房地产投资下降，土地财政难以为继，财政收入增速放缓，地方政府融资平台和地方债隐患不断，全球经济在调整中前行（曹永福 等，2015）。2014年乌克兰危机、卢布贬值、强势美元和以石油为代表的国际大宗商品价格崩盘加剧了人们对经济前景的担忧。在美元升值、国际大宗商品价格下降和通货紧缩阴霾不散的情况下，美联储量化宽松的货币政策虽已退出，但美联储仍不敢贸然作出升息决定，其他经济体则进入了新一波的竞争性货币宽松阶段。

2013年12月31日至2014年3月30日，人民币对美元汇率从6.05贬值至6.26，打破了多年来人民币单边升值的预期。但是，美国财政部仍认为人民币升值不够快，2013年10月31日发布的半年度《国际经济和汇率政策报告》指责中国货币当局对外汇干预过多。对此，赵志君（2015）对人民币实际汇率进行了测算，发现人民币汇率当时已非常接近均衡状态。

2014年人民币重估再次成为一个热门话题。2014年5月6日新华社发了一篇题为《人民币汇率疑似微调 年内已见底？》的报道，指出人民币走势的变动主要包含三方面因素：一是之前贬值幅度过大，导致技术调整；二是与美国方面的反应有关，2013年10月31日美国财政部公布最新一份半年度《国际经济和汇率政策报告》，虽然未将中国列为汇率操纵国，但依旧指称人民币贬值不够快，并指责中国货币当局对外汇干预过多，时任美国财政部长雅各布·卢指出，中国正在上升的汇率储备水平正是人民币被控制的结果；三是对资本外流的担忧。贬值过度可能引发资本外流，诱使更多资金做空人民币相关资产，带来负面效应。2014年5月8日新华社发了一篇题为《3月份央行外汇占款新增1700多亿元 人民币贬值原因浮出水面》的报道，指出"央行通过向商业银行全力买入美元、卖出人民币，引导人民币持续走软，最终用意在于增加套利投机成本、打破人民币单边贬值预期"，打击押注人民币贬值的短线投机。2016年上半年人民币贬值步伐加快。截至2016年7月5日，人民币对美元汇率已经从年初的6.5左右贬值到6.7左右。

四、人民币汇率体制改革过程的基本经验

布雷顿森林体系崩溃后，特别是拉美货币危机和欧洲货币危机爆发以后，国际货币体系呈现出两种发展趋势：一是国际储备货币的多元化，出现了以美元为主导，日元、英镑、法郎、马克等多种储备货币相互竞争的局面。二是汇率体制的多元化。出现了浮动汇率制、固定汇率制、可调节的固定汇率制并存的局面。世界各国汇率制度的演进历史告诉我们：第一，实行软钉住汇率制的国家的数量呈现下降趋势，实行硬钉住汇率制和浮动汇率制的国家的数量呈现上升趋势；第二，新兴市场和发展中国家中实行软钉住汇率制和浮动汇率制的国家仍占多数（艾肯格林，2009），随

着新兴市场的崛起，出现了一种从固定汇率制和管理浮动汇率制向完全浮动汇率制逐渐转化的倾向；第三，各种汇率制度都有成功的案例，世界上不存在一成不变的最优汇率制度，不能简单地说哪一种汇率制度优、哪一种汇率制度劣；第四，汇率制度与经济规模和经济发展程度有关，经济大国、强国倾向于选择浮动汇率制，小国和弱国倾向于选择钉住汇率制和管理浮动汇率制。

经过40多年的改革开放，中国逐渐成长为全球第二大经济体，汇率体制经过不断调整，经历了从固定汇率制到双轨汇率制再到以市场供求为基础的、单一的、有管理的浮动汇率制的改变。总结这40多年的经验教训，可以得出如下基本结论。

（1）对转型国家而言，汇率制度是依经济条件变化而演进的，不存在一种对所有国家和所有时间点都最优的理想的汇率制度。无论是固定汇率制还是完全浮动汇率制都不是一国经济的必然选择。

（2）在计划体制和双轨汇率制阶段，官方汇率总是倾向于高估本币、低估外币，这相当于通过行政手段对出口企业进行强制征税。然而，本币价格的高估客观上必然造成对外币需求的增加，成为产生黑市交易的土壤。官方汇率和外汇调剂市场汇率双轨并行，人为地造成一种货币两种价格，为权力阶层腐败和寻租创造了机会，产生了严重的社会不公。从长期看，固定汇率制很难抵抗市场力量，一种货币的被高估或低估不可能长久维持，最终很难避免汇率的内生调整。

（3）在经济规模不大、市场化程度不高、对资本流动限制比较严格的情况下，像中国这样的发展中国家比较适合实施有管理的相机抉择的固定汇率制。经济发展程度和市场化程度较高的国家或地区可以实行固定汇率制，新加坡就是成功的案例。小国经济有其自身的脆弱性，容易受到投机行为的冲击，很难长期坚持实施固定汇率制。随着对外开放范围的扩大，特别是随着资本项目日益开放和外汇需求上升，市场力量对固定汇率、汇率管理和汇率政策具有决定性影响，市场对汇率浮动的要求会更加严格。发展中国家有必要实行一种从固定汇率制到浮动汇率制的过渡体制，根据现实经济和外部环境的变化，对汇率进行跟踪预测、适时调整。中国能成功地实现从双轨汇率制到固定汇率制，再从固定汇率制到有管理的浮动汇率制的转型印证了这种观点。

（4）任何时期的经济状况都是一个开放经济系统动态发展的结果，也是下一阶段发展的前提条件。目前，任何单一的理论都不能解释清楚一国货币的价格是如何确定的。购买力平价理论只讲了汇率与产品价格的关系，利率平价理论只讲了汇率与货币价格的关系，蒙代尔-弗莱明模型虽然被当作产品市场和货币市场的一般均衡模型，但它是一个小国静态模型，不适合解释大国的动态变化。蒙代尔-弗莱明模型也没有从小国的群体行为特征考虑汇率的决定因素。从理论上讲，小国的集合等同于大国。因此，小国之间有意无意的合作会对博弈的结果产生不可估量的影响。当美元作为唯一的国际储备货币时，其他国家为了自身的利益，可能有意或无意地采取高度一致的行为，出现小国合作的现象。在这种情况下，小国与大国的博弈就等同于大国与大国的博弈，因此，蒙代尔-弗莱明模型的结论对大国和小国都未必成立。由此看来，无条件地用蒙代尔-弗莱明模型来分析美国、中国、日本、欧元区国家等大国和独立国家联合体的问题是不可取的，用它来分析小国问题也是不可取的。从这个角度看，小国模型对人民币的重估问题、欧洲债务危机和欧元危机的解释力都是有限的。扩展的蒙代尔-弗莱明模型揭示了收入和利率与汇率的非线性关系。这种非线性关系可能导致均衡的不存在或不唯一。浮动汇率是实现内外均衡的必要条件而非充分条件。可以预见，动态条件下的非线性多重均衡意味着会出现经济变量在不同均衡之间不断地被周期分岔或混沌的现象。混沌动态过程对参数和初值的敏感性，意味着蝴蝶效应和汇率崩溃的突发性。要避免这种情况，需要设计一种预警、干预和控制机制，在不事先公布干预模式的条件下，对系统进行随机微调。

一国货币政策不仅会改变本国的收入、利率，而且会影响他国的收入、利率和货币的比价,在多国竞争的格局下,如果每个国家都不能自我约束,就会陷入"囚徒困境"。为了避免这种情况发生,各国需要货币合作,制定并遵循统一的货币规则。

(5)在贸易和资本流动全球化的条件下,货币政策难以发挥出在封闭经济条件下的作用,换句话说,由于资本的自由流动,一国的货币扩张可引起资本外流,货币政策的效果将大打折扣,加之货币政策向实体经济的传导不仅时间长,而且效果是不确定的,因此,增加出口也是各国政府的重要考量。增加出口的主要途径是本币的实际有效贬值。汇率有效贬值是通过名义贬值和通货膨胀来实现的,要做到这两点,除了在供给方面提高劳动生产率之外,还能依靠货币扩张和降低利率。在现行国际货币体系下,由于没有了贵金属作为本位货币的条件,国际储备货币的发行失去了硬约束条件,所以竞争性贬值将是常态。

参考文献

艾肯格林,2009.资本全球化:国际货币体系史:第2版[M].彭兴韵,译.上海:上海人民出版社.

曹永福,刘仕国,杨盼盼,等,2015.2015全球经济调整中前行(国际视野)[N].人民日报,2015-02-04(23).

郭树清,2004.人民币汇率与贸易和经济[J].中国外汇管理,(9):12–18.

赵志君,张文中,2012.欧美债务危机与国际货币体系[J].宏观经济研究(5):27–33,46.

赵志君,2015.人民币汇率的持续背离与修正过程分析[J].学术研究(2):69–75,159–160.

第七章
区域差距、收敛与增长动力

中国已经步入中等偏上收入国家行列,但区域之间的差距始终存在。随着经济结构性减速的出现,近年来区域差距有扩大的趋势,而区域分化加剧有可能反过来影响经济增长。本章用人均GDP、人均可支配收入等经济指标的泰尔指数分析区域分化情况,并分别用1990—2016年和1978—2016年的人均GDP来分析区域经济收敛情况,得出区域β绝对收敛与否和样本周期长短有关的结论,并认为经济增长是缩小区域差距的根本途径。本章还分析了经济增长的动力因素,最后得出结论并提出政策建议。

一、引言

改革开放以来，中国经历了经济高速增长阶段，已经成功跨入中等偏上收入国家行列，但区域差距仍然存在，随着经济出现结构性减速，近年来区域差距有扩大的趋势，区域分化加剧有可能抑制经济的进一步增长。

改革开放前，区域差距并不大，这一点大家比较认同，但改革开放后观点则有分歧。有学者认为中国的区域差距逐渐变大。还有学者认为中国区域之间的经济差距在1952—1970年变化不明显，而在1970—1985年则扩大。魏后凯（1996）用加权变异系数的人均居民收入分析1985—1995年各省份经济发展状况后认为，区域差距呈扩大趋势。林毅夫 等（1998）认为改革开放以来区域经济发展差距不仅继续存在，而且呈现扩大的趋势。许召元 等（2006）认为改革开放以来中国的区域差距经历了先缩小后变大的过程，2000—2004年中国的区域差距继续扩大，而扩大速度则明显慢于20世纪90年代，2004年区域差距又出现缩小的迹象。

也有学者认为20世纪80年代省级区域之间的发展比较平衡。世界银行认为1990年以前中国各地区之间的经济发展差距呈缩小趋势，1990年以后则呈扩大趋势。章奇（2001）认为在整个20世纪80年代，各个省份之间的发展是比较平衡的，到了90年代，地区之间经济发展差距扩大的趋势才比较明显。贾俊雪 等（2007）认为全国基于基尼系数的人均GDP水平差异主要缘于地区间差异，20世纪90年代以来中国区域差异一直在放大，但在2001年以后区域差异化速度减缓，到2003年出现了逆转的迹象。张自然 等（2014）认为我国全要素生产率增长存在着显著的区域不平衡，东部地区、中部地区和西部地区的全要素生产率增长存在着显著的不同。一部分学者认为中国的省级区域之间存在差距，但存在东部地区、中部地区、西部地区三个趋同俱乐部（Chen et al., 1996; Jian et al., 1996; Raiser, 1996; 蔡昉 等, 2000; Fujita et al., 2001; 沈坤荣 等, 2002; 潘文卿, 2010），有学者还预测了俱乐部趋同的速度（林毅夫 等, 2003; 覃成林, 2004; 董先安, 2004; 徐现祥 等, 2004; 许召元 等,

2006)。Tomkins(2004)认为区域经济增长俱乐部趋同现象将成为研究热点。Chen et al.(1996)使用索罗经济增长模型Solow growth maodel分析了1952—1993年中国区域经济增长趋同,得出的结论是,中国区域经济增长在改革开放前出现差异化趋势,1978—1993年出现趋同,其中绝对收敛速度为0.9%,条件收敛速度为5.7%。Jian et al.(1996)研究了1952—1993年中国经济增长的区域收敛性后,认为中国经济增长在1952—1965年经历了微弱的区域趋同,1965—1978年区域间则出现异化现象,改革开放后又出现明显的趋同现象。Raiser(1996)分析了1978—1992年中国区域经济增长的收敛性,认为中国经济增长在改革开放后区域趋同,收敛速度为0.8%~4.2%。蔡昉 等(2000)认为中国的经济增长有区域差距,没有普遍的趋同现象,但形成了东部地区、中部地区和西部地区三个趋同俱乐部。Fujita et al.(2001)研究了1985—1994年中国经济增长的区域趋同情况,认为1985—1994年中国沿海地区与内陆地区之间的经济增长的异化不断增强,而在沿海地区内部则存在趋同现象。沈坤荣 等(2002)认为中国东部地区、中部地区和西部地区分别形成了趋同俱乐部。潘文卿(2010)认为1990年之前在全国范围内存在显著的β绝对收敛特征,但1990年后全国范围内不存在β绝对收敛,并且形成了东部地区、中部地区和西部地区三大收敛俱乐部。林毅夫 等(2003)认为1981—1999年我国区域经济增长存在条件趋同,收敛速度为每年7%~15%。覃成林(2004)认为,中国区域经济增长在1978—1990年表现为趋同,收敛速度大于2.2%,并认为俱乐部的收敛现象集中表现为低收入群体和高收入群体内部的趋同。董先安(2004)基于1985—2002年各省份的数据分析表明,中国区域经济增长有明显的趋同条件,收敛速度为每年9.6%。徐现祥 等(2004)通过对中国216个地级及地级以上城市进行收敛性研究后认为,中国城市的经济增长存在着σ收敛和β绝对收敛。许召元 等(2006)研究1990—2004年的不变价格人均GDP后认为中国区域经济增长存在显著的条件趋同,趋同速度约为每年17.6%。彭国华(2005)认为全国和中部地区、西部地区存在着条件趋同，其收敛速度为每年7.3%。东部地区存在俱乐部趋同，而中部地区、西部地区不存在俱乐部趋同。覃成林 等（2009）认为在俱乐部收敛的研究中，除了要选择区域分组的方法和俱乐部收敛检验的方法外，还需要选择研究的起始点和时间段。

也有学者认为中国不存在区域收敛现象。马栓友 等（2003）对1981—1999年的数据进行分析后认为中国区域差距不但没有趋同效应，而且还以每年1.2%~2.1%的速度发散。刘夏明 等（2004）认为1980—2002年在东部地区、中部地区和西部地区内部不存在俱乐部收敛。王志刚（2004）认为中国区域经济增长总体来说不存在条件收敛。

马栓友 等（2003）只采用了1995—2000年的平均经济增长数据，样本量少。王志刚（2004）使用了较长时期的面板数据进行分析，采用的是随机效应模型。刘夏明 等（2004）使用的分区方式是沿海地区和内陆地区，和一般按照东部地区、中部地区和西部地区划分的方法暂时无法比较。

关于经济发展是否趋同，以及趋同速度不一致的产生原因，学者们认为主要有以下七个方面：第一，分析的经济指标不同（人均GDP、人均可支配收入、居民消费水平或者总量经济指标）；第二，经济指标是名义值而不是统一为以基年为基期的不变价格，或者用居民消费价格指数等替代相应指标的不变价格指数，或者用全国的指数替代地区的指数等；第三，分析的时间点和时间长短不一致，导致结果也不一致；第四，样本量少；第五，数据来源不同；第六，存在着多种衡量区域差距的统计指标（包括基尼系数、泰尔指数、有权重或无权重的变异系数等）；第七，分析或建模方法各不一样。

不过，大部分学者认为，中国在经济高速增长的同时，区域逐渐趋同，区域之间的差距越来越小。但2011年以来，中国经济增长出现结构性减速，由此再次出现区域分化的可能。早几年我们已经开始意识到中国的省级区域之间可能出现分化现象。2011年以来大部分省份经济增长出现结构性减速，劳动生产率的增长率下降，全要素生产率增长对经济的贡献变小，由此可能产生一系列问题，包括区域分化。最近几年对区域发展前景的研究发现，区域分化可能越来越明显。如果区域分化越来越严重，就有可能影响经济增长，因此我们觉得有必要探讨区域分化这个议题。2010年前后对1990年前的区域分化议题有过较多的探讨，这里主要探讨1990年后的主要经济指标区域分化情况。

二、中国区域发展现状

衡量区域间差距的统计指标有很多，如基尼系数、泰尔指数、有权重或无权重的变异系数等。已有学者利用这些指标进行分析（林毅夫 等，1998；蔡昉 等，2000；章奇，2001；沈坤荣 等，2002），结果表明采取不同指标的效果差别不大。泰尔指数可以度量不同区域间和区域内部的不平衡状态，故我们用泰尔指数来度量区域分化情况。泰尔指数是衡量个人之间或地区间收入差距或者不平等程度的指标。它的最大优点是可以衡量分组内部差距和不同组别之间的差距对总的差距的贡献。泰尔指数和基尼系数互补。基尼系数对中等收入水平的变化非常敏感，而泰尔指数对上层的收入水平的变化很敏感。泰尔指数推导过程见本章附录1。

人均GDP是反映区域发展状况较常用的指标，它能够综合反映地区经济增长水平。刘夏明 等（2004）认为，人均GDP看起来是验证地区间收入差距演变趋势的较好指标，但不是反映生活水准的最好指标。人均可支配收入和居民消费水平与人均GDP关系密切，由于存在着地区间要素转移、转移支付、投资率的差异等情况，人均可支配收入和居民消费水平与人均GDP之间并不完全一致，而人均可支配收入和居民消费水平可能更能直接反映居民的收入状况，因此人均可支配收入和居民消费水平也都是反映地区差距的重要指标。我们运用泰尔指数对多种指标进行分析，包括人均GDP、人均可支配收入、居民消费水平、人力资本和劳动生产率等。为了说明区域间和区域内分化情况，本文运用泰尔指数公式对30个省、区、市的这几项指标按全国、东部地区、中部地区和西部地区[①]的泰尔指数进行测算,所用指标都是以各省、区、市的1990年为基期的不变价格。其中人力资本通过各层次受教育人口的不同支出即教育成本法来衡量,具体计算见本章附录2。劳动生产率即以1990年为基期的GDP不变价格除以全部劳动力的数量。人均GDP即以1990年为基期的GDP不变价格除以总人口数。限于篇幅,本章只列出人均GDP和人均可支配收入的泰尔指数的发展现状。

由此我们得到了全国1990—2016年的人均GDP、人均可支配收入、居民消费水平、人力资本和劳动生产率的泰尔指数(见图7-1)。从图7-1中我们可以看到2016年各指标的泰尔指数的大致排列顺序为:T劳动生产率>T人均GDP>T人力资本>T居民消费水平>T人均可支配收入。而T人力资本的位次变化较大,在1990年为最高,围绕T人均GDP和T居民消费水平波动,到2016年则位于T人均GDP和T居民消费水平之间。

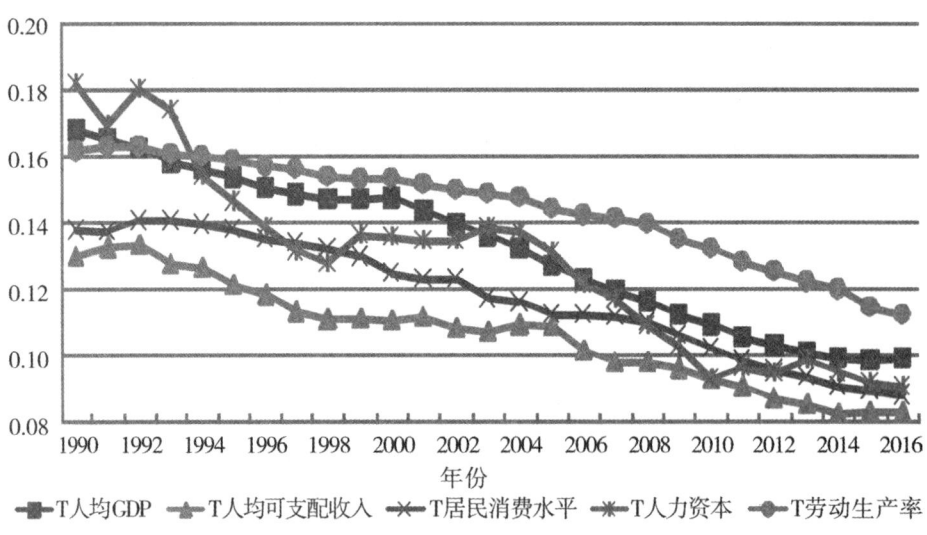

图7-1 各个指标的泰尔指数

注:T表示泰尔指数,T人均GDP表示人均GDP的泰尔指数,其他指标以此类推。

---

① 多年来我国的区域大致按照东部地区、中部地区和西部地区来划分。本章分析的30个省、区、市(暂不分析西藏、香港、澳门、台湾),按照统计局的划分,东部地区包括11个省、区、市,中部地区包括8个省、区、市,西部地区包括11个省、区、市。

1990—2016年，T劳动生产率、T人均GDP、T人力资本、T居民消费水平和T人均可支配收入基本呈下降趋势，其中T人均GDP和T人均可支配收入在2015年开始有抬头的趋势，即人均GDP和人均可支配收入出现区域分化的趋势。

为了了解各个指标的区域内和区域间及东部地区、中部地区、西部地区的泰尔指数走势，下面对各指标的区域内、区域间的泰尔指数和总体的泰尔指数，以及东部地区、中部地区、西部地区的泰尔指数进行分析。

三、30个省、区、市人均GDP的泰尔指数

经过分析我们发现，区域间人均GDP的泰尔指数呈S形，先上升后下降，然后又上升。1990—2000年，区域间人均GDP的泰尔指数从0.0288上升到0.0418，差距有所扩大。2000年后区域间人均GDP的泰尔指数有所减小，从2000年的0.0418下降到2014年的0.0158，之后又反弹到2016年的0.0160，区域差距有所扩大。

区域内人均GDP的泰尔指数持续下降，近年来略有反弹。1990—2015年，区域内人均GDP的泰尔指数从0.1388下降到0.0826，差距持续缩小。但2015年后区域内人均GDP的泰尔指数有所增大，从2015年的0.0826上升到2016年的0.0833。

人均GDP的泰尔指数基本持续下降，后略有反弹。1990—2015年，人均GDP的泰尔指数从0.1676下降到0.0986，差距持续缩小。但2015年后人均GDP的泰尔指数有所增大，从2015年的0.0986上升到2016年的0.0993。

如图7-2所示，区域间人均GDP的泰尔指数T1、区域内人均GDP的泰尔指数T2和总体的人均GDP的泰尔指数T总的趋势是逐渐变小的，但近年均出现区域分化趋势。T2大于T1，区域内的不平等远大于区域间的不平等。

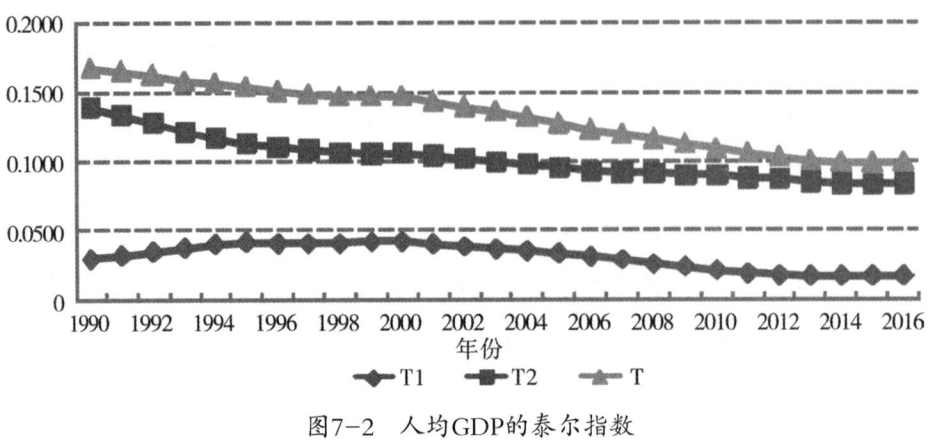

图7-2 人均GDP的泰尔指数

注：T1表示区域间人均GDP的泰尔指数，T2表示区域内人均GDP的泰尔指数，T表示T1和T2之和，是总体的人均GDP的泰尔指数。

东部地区人均GDP的泰尔指数持续下降，近年来略有反弹。1990—2014年，东部地区人均GDP的泰尔指数从0.2191下降到0.1132，差距持续缩小。但2014年后东部地区人均GDP的泰尔指数有所增大，从2014年的0.1132提高到2016年的0.1155。

中部地区人均GDP的泰尔指数持续下降。1990—2016年，中部地区人均GDP的泰尔指数从0.0676下降到0.0418，差距持续缩小。

西部地区人均GDP的泰尔指数持续下降，近年来略有反弹。1990—2015年，西部地区人均GDP的泰尔指数从0.1176下降到0.0818，差距持续缩小。但2015年后西部地区人均GDP的泰尔指数略有增大，从2015年的0.0818上升到2016年的0.0830。

除了中部地区人均GDP的泰尔指数持续下降外，东部地区和西部地区人均GDP的泰尔指数近年来开始出现反弹，说明东部地区和西部地区的区域分化开始加剧。

如图7-3所示，东部地区人均GDP的泰尔指数Te>西部地区人均GDP的泰尔指数Tw>中部地区人均GDP的泰尔指数Tm。说明东部地区人均GDP的区域差距大于西部地区，西部地区又大于中部地区。

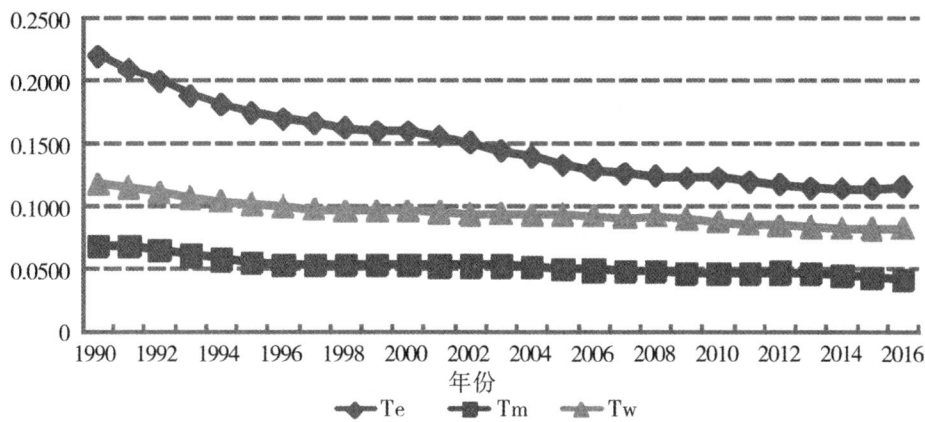

图7-3 东部地区、中部地区和西部地区人均GDP的泰尔指数

注：Te、Tm和Tw分别表示东部地区、中部地区和西部地区人均GDP的泰尔指数。

1990—2013年，东部地区与中部地区人均GDP的泰尔指数的差距从223.90%下降到144.14%。但2013年后东部地区与中部地区人均GDP的泰尔指数的差距迅速拉大，从2013年的144.14%迅速上升到2016年的176.19%。

1991—2009年，西部地区与中部地区人均GDP的泰尔指数的差距从69.79%上升到91.60%。2009年后西部地区与中部地区人均GDP的泰尔指数的差距有所缩小，从2009年的91.60%下降到2013年的77.29%。2016年又上升到95.87%。

1990—2008年，东部地区与西部地区人均GDP的泰尔指数的差距从86.32%下降到34.97%。但2008年后东部地区与西部地区人均GDP的泰尔指数的差距有所扩大，从2008年的34.97%上升到2016年的41.01%。

总体来看，东部地区、中部地区和西部地区之间的差距在2013年前逐渐缩小，2013年后东部地区、中部地区和西部地区之间的差距开始拉大，区域分化较为显著（见图7-4）。

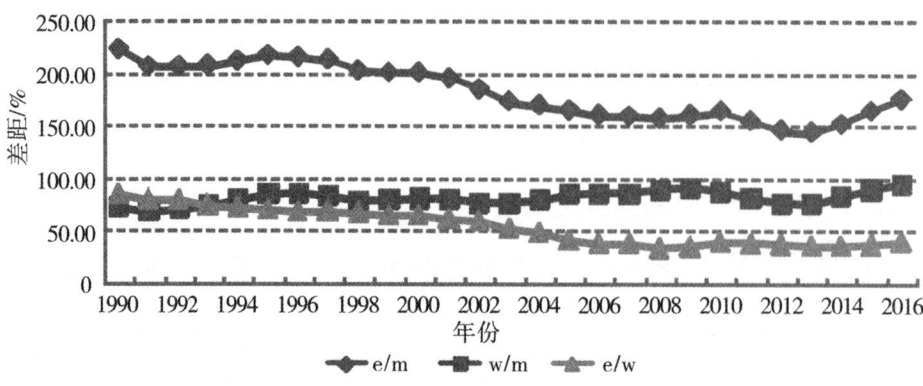

图7-4 东部地区、中部地区和西部地区人均GDP泰尔指数差距

注：e/m、w/m和e/w分别表示东部地区与中部地区、西部地区与中部地区、东部地区与西部地区人均GDP的泰尔指数的差距，用百分比来表示。

如图7-5所示，区域间人均GDP的泰尔指数T1及东部地区、中部地区、西部地区对总体的人均GDP的泰尔指数的贡献率基本是东部地区大于西部地区，西部地区又大于中部地区，T1的贡献率在1992—2008年大于西部地区的贡献率，在其他年份小于西部地区的贡献率，但大于中部地区的贡献率。

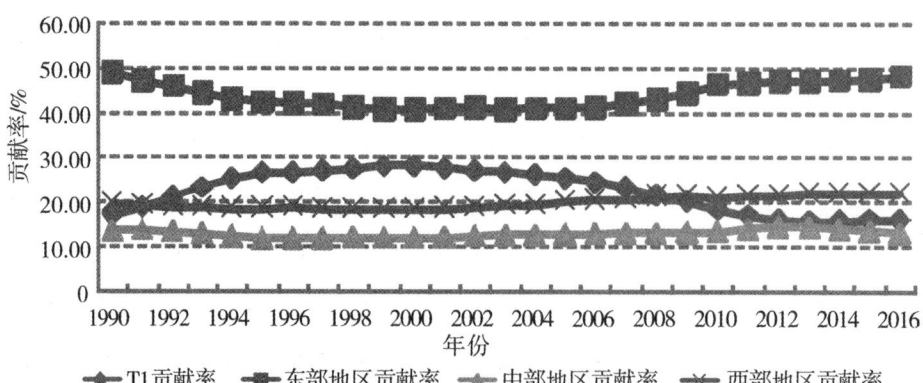

图7-5 T1、东部地区、中部地区和西部地区对总体的人均GDP的泰尔指数的贡献率

四、30个省、区、市人均可支配收入的泰尔指数

区域间人均可支配收入的泰尔指数基本保持水平状，先上升后下降。1990—1995年，区域间人均可支配收入的泰尔指数从0.0149上升到0.0207，差距有所扩大。1995年后区域间人均可支配收入的泰尔指数有所减小，从1995年的0.0207下降到2016年的0.0099。

区域内人均可支配收入的泰尔指数持续下降，近年来略有反弹。1992—2014年，区域内人均可支配收入的泰尔指数从0.1155下降到0.0719，差距持续缩小。但2014年后区域内人均可支配收入的泰尔指数有所增大，从2014年的0.0719上升到2016年的0.0729。

人均可支配收入的泰尔指数持续下降，后略有反弹。1992—2014年，人均可支配收入的泰尔指数从0.1333下降到0.0828，差距持续缩小。但2014年后人均可支配收入的泰尔指数略有增大。

如图7-6所示，区域间人均可支配收入的泰尔指数T1、区域内人均可支配收入的泰尔指数T2和人均可支配收入的泰尔指数T总的趋势是逐渐变小，但近年均出现区域分化趋势。T2大于T1，区域内的不平等远大于区域间的不平等。

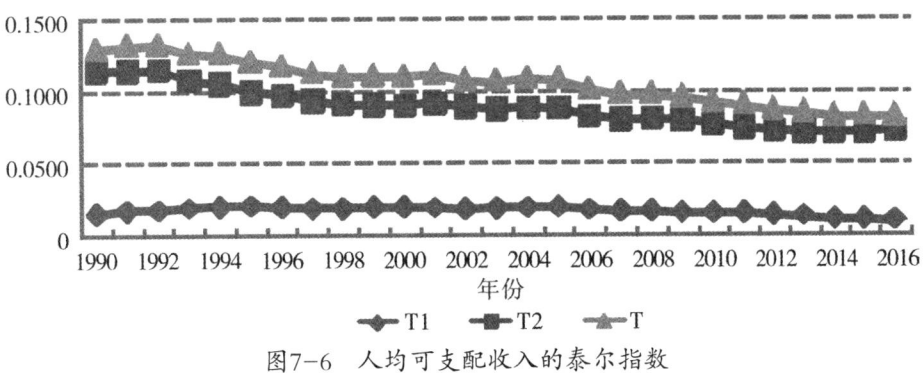

图7-6　人均可支配收入的泰尔指数

注：T1表示区域间人均可支配收入的泰尔指数，T2表示区域内人均可支配收入的泰尔指数，T表示T1与T2之和，是总体的人均可支配收入的泰尔指数。

东部地区人均可支配收入的泰尔指数持续下降,近年来略有反弹。1993—2014年,东部地区人均可支配收入的泰尔指数从0.1765下降到0.1126,差距持续缩小。但2014年后东部地区人均可支配收入的泰尔指数有所增大,从2014年的0.1126上升到2016年的0.1138。

中部地区人均可支配收入的泰尔指数持续下降。1991—2016年,中部地区人均可支配收入的泰尔指数从0.0571下降到0.0344,差距持续缩小。

西部地区人均可支配收入的泰尔指数持续下降,近年来略有反弹。1992—2012年,西部地区人均可支配收入的泰尔指数从0.1106下降到0.0492,差距持续缩小。但2012年后西部地区人均可支配收入的泰尔指数有所增大,从2012年的0.0492上升到2016年的0.0550。

除了中部地区人均可支配收入的泰尔指数持续下降外,东部地区和西部地区人均可支配收入的泰尔指数近年来开始出现反弹,说明东部地区和西部地区的区域开始有所分化。

如图7-7所示,东部地区人均可支配收入的泰尔指数Te大于西部地区人均可支配收入的泰尔指数Tw,西部地区人均可支配收入的泰尔指数Tw又大于中部地区人均可支配收入的泰尔指数Tm。说明东部地区人均可支配收入的区域差距大于西部地区,西部地区又大于中部地区。

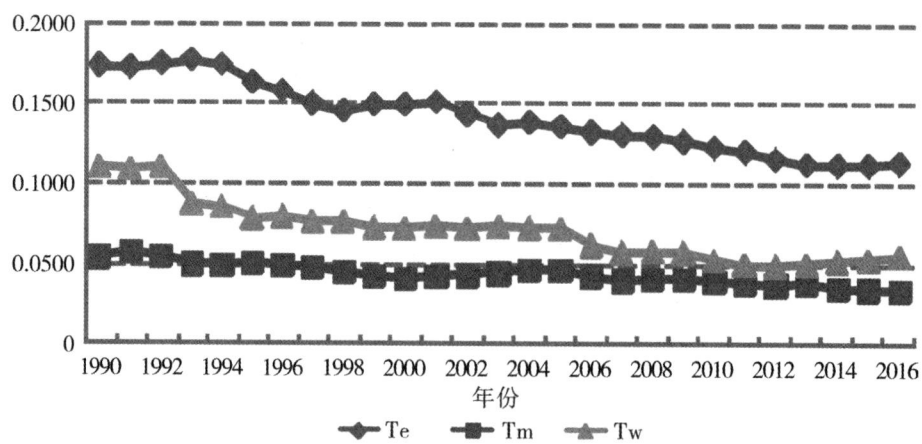

图7-7 东部地区、中部地区和西部地区人均可支配收入的泰尔指数

注:Te、Tm和Tw分别表示东部地区、中部地区和西部地区人均可支配收入的泰尔指数。

1991—2000年，东部地区与中部地区人均可支配收入的泰尔指数的差距从200.73%上升到263.08%。但2000年后东部地区与中部地区人均可支配收入的泰尔指数的差距缩小，从2000年的263.08%下降到2013年的198.12%。2016年又反弹到230.75%。

1990—2011年，西部地区与中部地区人均可支配收入的泰尔指数的差距从103.99%下降到30.13%。但2011年后西部地区与中部地区人均可支配收入的泰尔指数的差距有所扩大，从2011年的30.13%上升到2016年的59.73%。

1990—2011年，东部地区与西部地区人均可支配收入的泰尔指数的差距从56.40%上升到141.85%。但2011年后东部地区与西部地区人均可支配收入的泰尔指数的差距有所缩小，从2011年的141.85%下降到2016年的107.07%。

总体来看，东部地区、西部地区和中部地区之间的差距在2011年前逐渐缩小，2011年后东部地区、西部地区和中部地区之间的差距开始拉大，区域分化较为显著（见图7-8）。

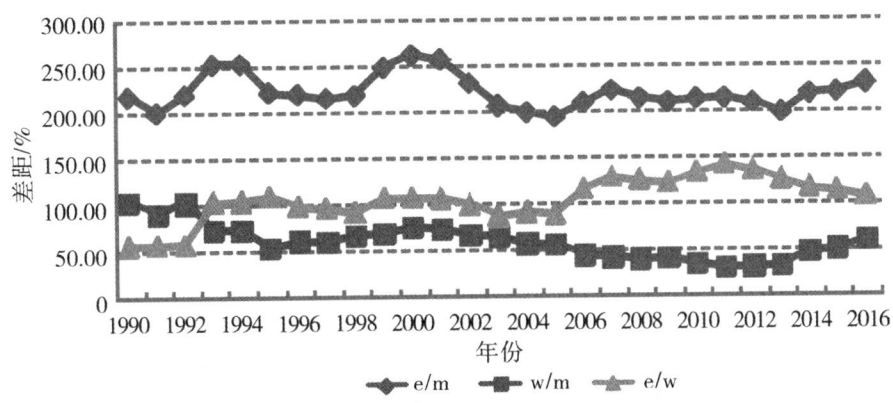

图7-8　东部地区、中部地区和西部地区人均可支配收入的泰尔指数差距

注：e/m、w/m和e/w分别表示东部地区与中部地区、西部地区与中部地区、东部地区与西部地区的泰尔指数的差距，用百分比来表示。

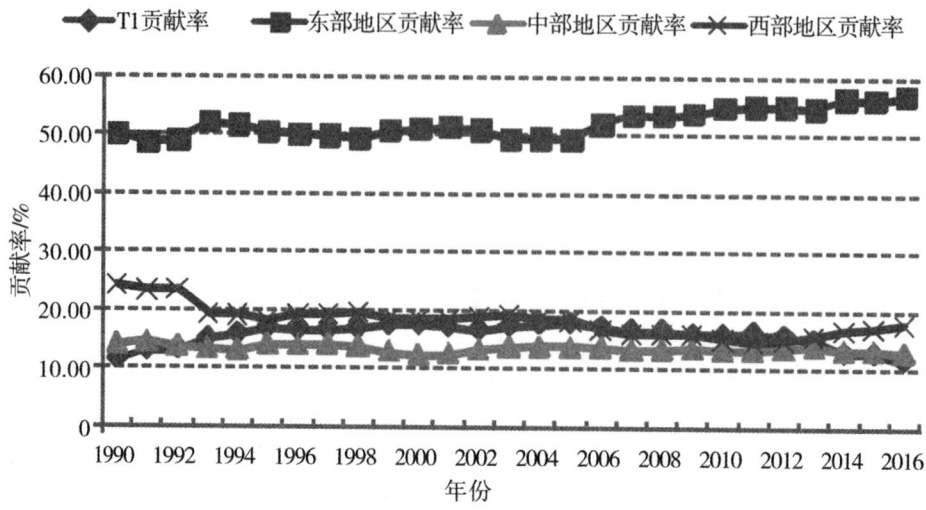

图7-9　T1、东部地区、中部地区和西部地区
对总体的人均可支配收入的泰尔指数的贡献率

如图7-9所示，区域间人均可支配收入的泰尔指数T1及东部地区、中部地区、西部地区对总体的泰尔指数的贡献率总体是东部地区大于西部地区，西部地区又大于中部地区，T1的贡献率在1993—2013年大于中部地区的贡献率，其他年份的则小于中部地区的贡献率，T1的贡献率仅在2006—2012年大于西部的贡献率，其他年份的则小于西部地区的贡献率。

五、中国区域经济β-收敛情况

近些年来经济增长的收敛问题得到很多学者的关注，这是因为区域差别的扩大最终不利于经济的增长。经济增长的收敛有σ-收敛和β-收敛。σ-收敛是指不同经济体之间的人均GDP的差异随时间的推移而趋于下降。β-收敛是指初始人均GDP较低的经济体的人均GDP增长率快于初始人均GDP较高的经济体，即不同经济体之间的人均GDP增长率与初始人均GDP负相关。而俱乐部趋同是指在经济增长的初始条件和结构特征上相似的区域趋向于收敛（Barro et al.，1991）。Galor（1996）认为，俱乐部收敛与条件收敛不同，俱乐部收敛是指起始的经济发展水平相近并且结构特

征相似的经济体在各自内部趋向于收敛，即穷经济体和富经济体各自在内部存在条件收敛，但两个经济体之间并不存在收敛。Barro et al.（1997）认为知识技术在技术领导者和追随者之间的低成本模仿，使得经济系统之间产生一定的趋同，这说明经济体可能存在俱乐部趋同。目前中国区域经济体之间不存在σ-收敛，但可能存在区域俱乐部趋同。下面主要探讨β-收敛。

β-收敛是观察地区间经济趋同的一种方式，计量模型为：

$$\ln(PGDP_{it}/PGDP_{i0}) = \alpha + \beta \ln PGDP_{i0} + \varepsilon_{it} \qquad (1)$$

其中，$\varepsilon_{it} \sim N(0, \sigma^2)$，$PGDP_{it}$是第$i$个省、区、市在$t$时期的人均GDP，$PGDP_{i0}$是人均GDP基期值。当$\beta$为负并且显著时，说明不同省、区、市的人均GDP的平均增长率在$0 \sim t$时期与基期的人均GDP水平负相关，落后省份的经济增长比发达省份快，从而存在β-收敛。由β可以估算收敛的稳态值y_0和收敛速度θ。

$$y_0 = \alpha/(1-\beta) \qquad (2)$$

$$\theta = -\ln(1+\beta)/t \qquad (3)$$

（1）采用1990—2016年省、区、市数据分析β-收敛。

对1990—2016年全国、东部地区、中部地区和西部地区的数据进行β-收敛分析发现，只有东部地区存在β-收敛。东部地区人均GDP增长率关于初始人均GDP的回归方程为：

$$\ln(PGDP_{it}/PGDP_{i0}) = 3.9393 - 0.3296 \times \ln PGDP_{i0} + \varepsilon_{it}$$

t （4.7745） （-3.1227）

t在1%的条件下显著，R为0.0322，调整后的R为0.0289，F为9.8114。

其中$\alpha=3.9393$，$\beta=-0.3296$。利用式（3）计算出东部地区的收敛速度为0.643%。

和彭国华（2005）的结论类似，以1990年的数据作为起始点时只有东部地区存在条件收敛。

（2）采用1978—2016年省、区、市数据分析β-收敛。

采用以1978年为基期的人均GDP来看全国、东部地区、中部地区和西部地区的收敛情况。

全国人均GDP增长率关于初始人均GDP的回归方程为：

$\ln(PGDP_{it}/PGDP_{i0}) = 2.4237 - 0.1367 \times \ln PGDP_{i0} + \varepsilon_{it}$

t　　（5.6027）　　（-1.8780）

t在10%的条件下显著，R为0.0030，调整后的R为0.0022，F为3.5268。

其中$\alpha = 2.4237$，$\beta = -0.1367$，利用式（3）计算出全国的收敛速度为0.164%。

东部地区人均GDP增长率关于初始人均GDP的回归方程为：

$\ln(PGDP_{it}/PGDP_{i0}) = 3.7004 - 0.3121 \times \ln PGDP_{i0} + \varepsilon_{it}$

t　　（7.6069）　　（-4.0640）

t在1%的条件下显著，R为0.0372，调整后的R为0.0350，F为16.5160。

其中$\alpha = 3.7004$，$\beta = -0.3121$。利用式（3）计算出东部地区的收敛速度为0.417%。

中部地区人均GDP增长率关于初始人均GDP的回归方程为：

$\ln(PGDP_{it}/PGDP_{i0}) = 3.8382 - 0.3932 \times \ln PGDP_{i0} + \varepsilon_{it}$

t　　（3.0426）　　（-1.8001）

t在10%的条件下显著，R为0.0105，调整后的R为0.0073，F为3.2830。

其中$\alpha = 3.8382$，$\beta = -0.3932$。利用式（3）计算出中部地区的收敛速度为0.556%。

而西部地区的结果不显著。

可以发现，从1978—2016年的30个省、区、市的人均GDP来看，全国、东部地区和中部地区均存在β-收敛，只是收敛的速度不同。而现有数据不支持西部地区的β-收敛。前面我们分析1990—2016年30个省、区、市只有东部地区人均GDP存在收敛。我们认为，分析周期的长短对β-收敛的结果有非常大的影响。以前各学者分析β-收敛结果不一的原因之一就是分析的时间段长短不一。只要分析的时间段足够长，区域分化都将形成俱乐部收敛甚至区域整体经济收敛，而经济增长是缩小区域差距的根本途径。

六、经济增长动力实证分析

不少学者探讨了经济增长的相关动力因素，包括产业结构（魏后凯，1997；沈坤荣 等，2002；范剑勇 等，2002），区域政策（贺灿飞 等，2004），物资、资本、人力等要素投入水平（沈坤荣 等，2002；王小鲁 等，2004；许召元 等，2006），市场化及城市化水平（沈坤荣 等，2002；刘夏明 等，2004；王小鲁 等，2004；许召元 等，2006），基础设施水平（贺灿飞 等，2004；许召元 等，2006），对外开放程度（沈坤荣 等，2002），地区间固定效应（魏后凯，1997；许召元 等，2006；刘夏明 等，2004）等。沈坤荣 等（2002）研究了人力资本存量、市场化程度、对外开放程度、产业结构、地区虚拟变量等对经济增长因素趋同的影响。许召元 等（2006）认为地区间固定效应、平均受教育水平、基础设施水平及城市化水平等是导致区域经济增长分异的因素，而要素投入的边际收益递减及各地区间技术知识的较快扩散等是促进区域经济增长趋同的因素。

1. 经济增长动力模型

人均GDP是衡量经济增长的比较合适的经济指标。各省、区、市人均GDP增长率与影响因素的关系，用经济增长理论的经典公式来表示（Sala-i-Martin，1995）：

$$\ln(PGDP_{it}/PGDP_{i0})=\alpha+\beta\ln PGDP_{i0}+\sum_{i=1}^{N}\beta_{it}\times FACTOR_{it}+\varepsilon_{it} \quad (4)$$

$FACTOR_{it}$是一组控制变量，即人均GDP的影响因素，使经济体i处于稳定状态。$PGDP_{it}$是第i个省、区、市在t时期的人均GDP，$PGDP_{i0}$是人均GDP基期值。$FACTOR_{it}$是影响人均GDP趋同的因素，N是影响因素的数量。

影响区域趋同的因素有人均GDP的基期值、人力资本、全社会劳动生产率、资本产出率、第二产业占GDP的比重、第三产业占GDP的比重、城市化率、市场化程度、医疗条件指数、对外开放程度、人均可支配收入、地方财政教育事业费支出、全要素生产率指数、技术进步指数、技术效率指数、规模效率指数、纯技术效率指数、技术效率。另外，还有投资效果系数、研发（用专利授权量表示）、有效劳动力比例、地方财政科学事业费支出、地方财政卫生事业费支出等。具体指标说明见本章附录2。

本章还拟探讨区域发展前景指数对区域趋同的影响，包括发展前景、经济增长、增长可持续性、政府效率、人民生活几个方面，数据来源于《经济蓝皮书（夏季号）：中国经济增长报告（2015—2016）》。加入发展前景等相关指数是发展前景等指标包含由60个指标运用主成分分析法得出的结果，其结果比较全面地反映了经济各方面的发展情况（见表7-1）。

表7-1 人均GDP回归的结果

变量	模型1		模型2	
	系数	t	系数	t
常数	4.146	7.053***	6.718	11.439***
人均GDP基期值	−1.155	−23.913***	−1.226	−23.166***
人力资本	3.66E−04	6.514***	2.98E−04	5.621***
全社会劳动生产率	3.57E−06	1.659**	3.68E−06	2.861***
资本产出率	0.466	6.028***	0.182	2.288**
第二产业占GDP的比重	1.189	7.189***	0.450 424	2.841***
第三产业占GDP的比重	2.403	13.969***	1.622	9.524***
城市化率	0.021	13.936***	0.014	9.374***
市场化程度	1.101	14.777***	0.996	14.229***

续表

变量	模型1		模型2	
	系数	t	系数	t
医疗条件指数	$5.14E-04$	5.545***	$3.75E-04$	3.45***
对外开放度	$-2.36E-05$	-5.267***	$-2.08E-05$	-4.763***
人均可支配收入	$4.86E-05$	4.078***		
地方财政教育事业费支出	$8.71E-05$	1.319*		
规模效率指数	2.038	4.424***	1.379	3.219***
发展前景			0.183	2.308**
经济增长			0.378	9.146***
增长可持续性			0.244	4.805***
政府效率			-0.079	-2.209**
人民生活			0.201	4.512***

注：*表示在10%水平上显著，**表示在5%水平上显著，***表示在1%水平上显著。

其中模型1是基本影响因素，模型2除了基本影响因素外，还加入了发展前景等相关因素。模型1的R为0.933，调整后的R为0.932，F为819.980；模型2的R为0.947，调整后的R为0.946，F为857.645。加了发展前景相关指标后，解释力度有所提高。

对人均GDP条件趋同的影响因素进行实证分析，结果是人力资本、全社会劳动生产率、资本产出率、第二产业占GDP的比重、第三产业占GDP的比重、城市化率、市场化程度、医疗条件指数、人均可支配收入、地方财政教育事业费支出、规模效率指数对人均GDP的趋同具有正向作用，只有对外开放度对人均GDP的趋同具有异化作用。对外开放度的提升，促进了对外交流，在FDI（国际直接投资）和OFDI（对外直接投资）方面起到一定的作用，对国内人均GDP起着异化作用的原因有两方面：一方面是产品输入和产品输出的不对等，对外输出的仅仅是资源、中间产品或低附加值的制造业产品，而输入的是高附加值产品的时候，国内外交流失衡，这无形中导致经济利益受损；另一方面可能是东部地区与中部地区、西部地区对外开放度的巨大反差。

当考虑发展前景相关因素时，以上因素除人均可支配收入、地方财政教育事业费支出不显著外，其他因素发挥相似的作用，而发展前景、经济增长、增长可持续性、人民生活等几个因素均同时对人均GDP的趋同有正向作用，只有政府效率对人均GDP具有异化作用，其原因也有两方面：一方面是政府效率的提升对经济增长质量提高是有益的，但政府支出或者转移支付方面可能不是特别精准，导致某些地区要素扭曲，最终影响到经济增长；另一方面是东部地区和中部地区、西部地区的政府效率方面的差距较大。

2. 具体影响因素分析

从经济增长影响因素的走势可以看出：①符合传统的东部地区>中部地区>西部地区的因素有人力资本、城市化率、市场化程度、人均可支配收入、发展前景、经济增长和人民生活。②东部地区远远大于中部地区、西部地区的因素有对外开放度、政府效率和地方财政科学事业费支出，区域的巨大差别印证了上面分析的对外开放度、政府效率是人均GDP异化的原因之一。③东部地区>西部地区>中部地区的增长因素有地方财政教育事业费支出、增长可持续性。④西部地区>东部地区>中部地区的增长因素有地方财政卫生事业费支出。⑤西部地区>中部地区>东部地区的增长因素有医疗条件指数。医疗条件指数的区域差距主要以从万人床位数和万人医疗机构数来衡量，只是数量上的指标，没有考虑医疗机构的质量，比如三甲医院的数量。下一步研究应该在医疗条件指数中引入医疗质量指标（见表7-2）。

表7-2 主要经济增长影响因素区域差距程度

经济指标	趋势	区域表现	程度
人力资本	上升	东部地区>中部地区>西部地区	差距较大
城市化率	上升	东部地区>中部地区>西部地区	差距较大
市场化程度	上升	东部地区>中部地区>西部地区	差距较大
医疗条件指数	上升	西部地区>中部地区>东部地区	—
人均可支配收入	上升	东部地区>中部地区>西部地区	差距较大
地方财政教育事业费支出	上升	东部地区>西部地区>中部地区	—
对外开放度	上升	东部地区远远大于中部地区、西部地区	差距很大
发展前景	上升	东部地区>中部地区>西部地区	—
经济增长	上升	东部地区>中部地区>西部地区	—
增长可持续性	上升	东部地区>西部地区>中部地区	—
政府效率	上升	东部地区远远大于中部地区、西部地区	差距很大
人民生活	上升	东部地区>中部地区>西部地区	—
地方财政科学事业费支出	上升	东部地区远远大于中部地区和西部地区	—
地方财政卫生事业费支出	上升	西部地区>东部地区>中部地区	—

第一是全社会劳动生产率增长率下降。2010年以来中国的全社会劳动生产率增长率在持续下降。2010—2016年全社会劳动生产率增长了8.85%（见图7-10），但和高峰期相比呈下降态势，预计"十三五"期间会下降到6.90%，主要原因是第二产业的全社会劳动生产率的增长比较快，其增长率为7.40%，而第三产业的全社会劳动生产率的增长率则只有5%左右。随着第三产业占GDP比重的提高，中国有相当多的资源转投向第三产业，中国的全社会劳动生产率增长率不是提高而是下降，因此加速提升第三产业的全社会劳动生产率增长率对减缓整体的全社会劳动生产率增长率下降具有重要影响。当然大幅度提升制造业的全社会劳动生产率增长率更具有积极意义，否则劳动生产要素向第三产业转移，而制造业全社会劳动生产率提升速度慢，必然导致整体的全社会劳动生产率增长率下降。

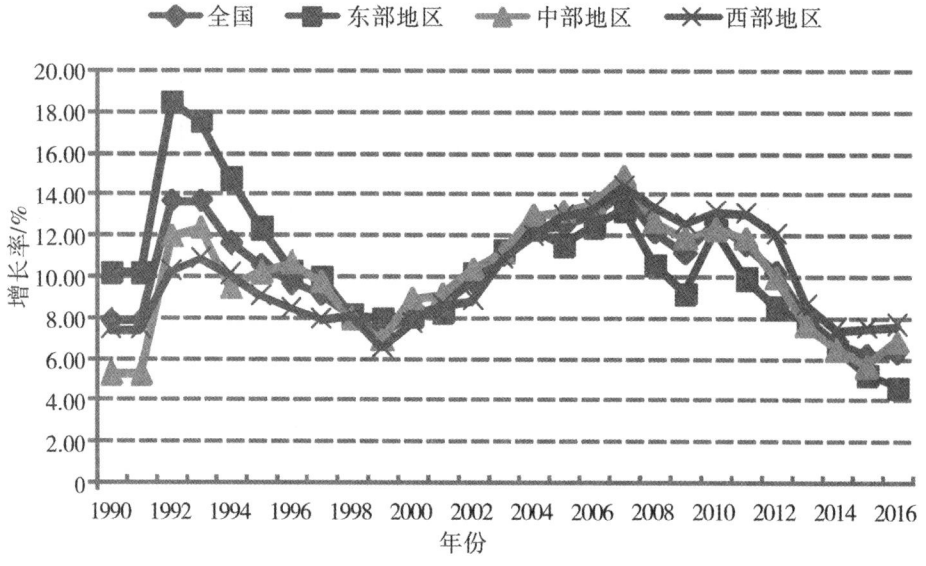

图7-10 全国、东部地区、中部地区和西部地区的全社会劳动生产率增长率

第二是规模效率的下降，进而全要素生产率增长率也在持续下降。本章分析的结果是规模效率对人均GDP具有趋同效应。利用中国近300个地级及地级以上城市的数据分析了其全要素生产率增长率及相关要素对经济增长的贡献，并按区域分析全要素生产率和要素增长及波动对经济增长的

影响，发现全国、东部地区、中部地区和西部地区城市全要素生产率增长均呈下降趋势，规模效率的下降加剧了全要素生产率增长率的下降。

第三是资本产出率下降。2007年以来，全国、东部地区、中部地区和西部地区的资本产出率逐年下降（见图7-11）。全国、中部地区和西部地区GDP增长率与固定资本存量增长率具有很强的正相关性，但东部地区GDP增长率与固定资本存量增长率只有极弱的负相关性。提高固定资本存量对中部地区和西部地区具有正的外部效应，同时要提高资本产出率。

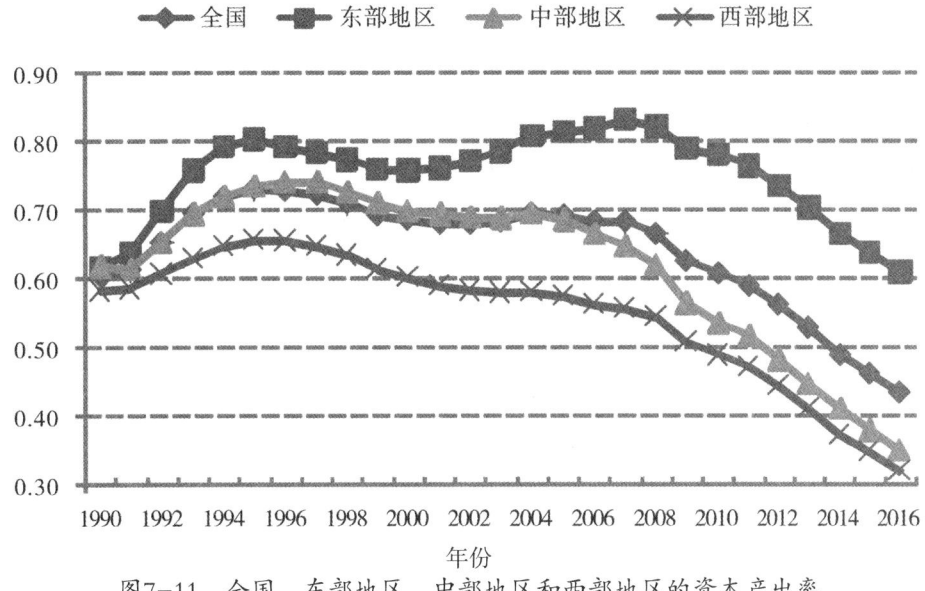

图7-11 全国、东部地区、中部地区和西部地区的资本产出率

第四是要素投入的规模收益呈下降趋势。采用传统的增长方式，会使要素投入的规模收益下降，不能推动资本和人力资本的深化。首先是资本深化，没有技术进步，资本回报率会快速下降，资本投入也会下降，资本存量难以提升，资本便难以深化。其次是人力资本深化，没有全社会劳动生产率增长率的提高，人力资本难以得到高回报，人力资本的深化也便难以完成。通过计算可以看到，要素外延式投入增长率下降，而且收益也在下降，原因就是规模收益下降。传统的劳动要素投入增长率变负，资本投入增长率下降。而采用传统的增长方式也是区域分化加剧的重要原因，区

域分化导致国内区域不均衡程度加深。

第五是产业结构服务化升级。产业结构服务化升级是经济结构性减速的主要原因,也是东部地区、西部地区和中部地区区域分化加剧的主要原因之一。产业结构服务化,服务业占GDP比重上升是必然趋势。2011年以来,全国、东部地区、中部地区和西部地区的第二产业占GDP的比重下降(见图7-12),同时第三产业占GDP的比重上升(见图7-13)。服务业占GDP比重的上升又导致服务业劳动生产率以至于整体经济劳动生产率增长率的下降,即第三产业相对第二产业劳动生产率的比重下降。从图7-13和图7-12中可以看到,从第三产业占GDP的比重来看,东部地区大于西部地区,西部地区又大于中部地区,而第二产业占GDP的比重则是中部地区大于西部地区,西部地区大于东部地区。由此导致东部地区、西部地区的第三产业相对于第二产业的劳动生产率的比重下降快于中部地区,这可能是本文第二部分中人均GDP的泰尔指数的东部地区、西部地区与中部地区的区域分化加剧的主要原因。因此需要发展劳动生产率较高的服务业也即现代服务业,提高第三产业的相对劳动生产率,才能解决东部地区、西部地区和中部地区的区域分化加剧的问题,进而有效遏制经济减速的趋势。

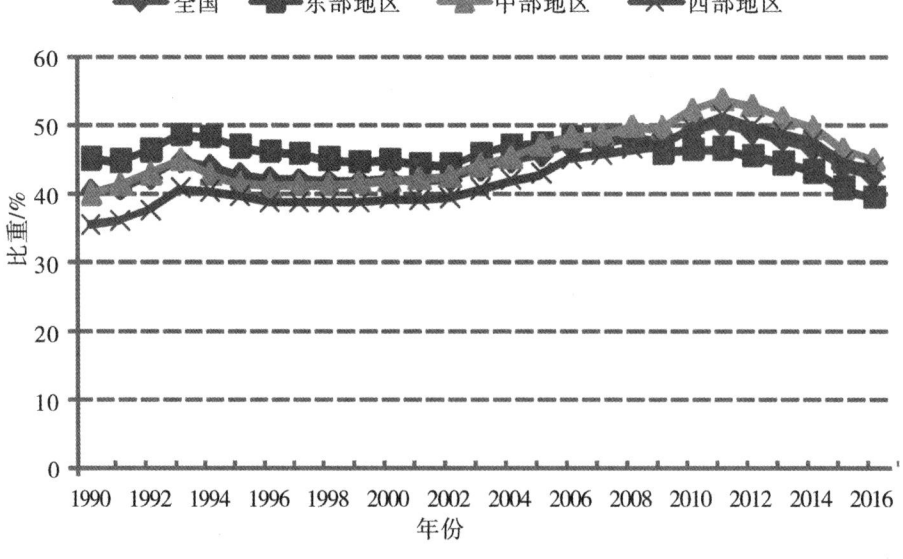

图7-12　全国、东部地区、中部地区和西部地区的第二产业占GDP的比重

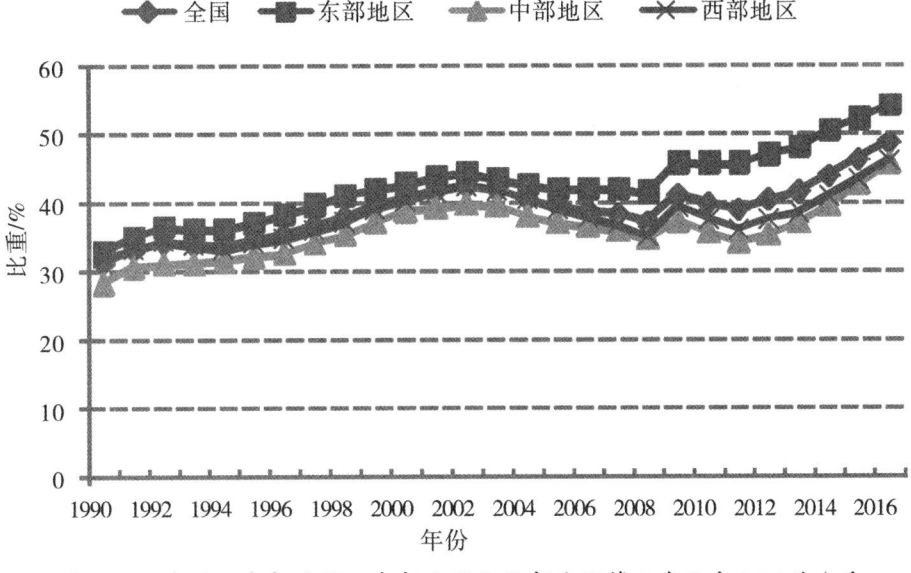

图7-13 全国、东部地区、中部地区和西部地区第三产业占GDP的比重

七、结论和政策建议

本章对20世纪90年代以来区域差别的经济指标进行分析,发现各主要经济指标泰尔指数的区域分化逐渐下降,但近些年有区域分化扩大的迹象,分为两种情况:第一种,总体泰尔指数反弹和东、中、西部地区差距拉大的指标——人均GDP和人均可支配收入;第二种,总体泰尔指数在下降,但具体区域的泰尔指数近年出现反弹,区域差距扩大的指标——居民消费水平、人力资本和劳动生产率。从各指标的泰尔指数层面来看,还是或多或少地出现区域分化加剧的情况,而尤以人均GDP和人均可支配收入的分化为甚。人均GDP和人均可支配收入两指标被认为是反映区域差距的最好指标,由于人均可支配收入中包含转移支付部分,其区域差距已经被人为缩小,为了表示各地区真实的区域差别情况,以人均GDP为指标可能更为合适。

分析了人均GDP是否具备收敛或者趋同效应,分析周期不是太长时,研究周期在1990—2016年时只有东部地区人均GDP具备β-收敛,全国、中部和西部地区人均GDP不具备β-收敛。当把周期延长，研究周期在1978—2016年时全国、东部地区和中部地区人均GDP具备β-收敛，只有西部地区人均GDP不具备β-收敛。全国30个省区市是不是具备区域收敛与分析的周期长短有关。只要分析的周期足够长，区域分化都将具备β-收敛，进而到区域整体经济收敛，而经济增长是解决区域差距的根本途径。

对经济增长影响因素进行了实证分析，结果是人力资本、全社会劳动生产率、资本产出率、第二产业占GDP的比重、第三产业占GDP的比重、城市化率、市场化程度、医疗条件指数、人均可支配收入、地方财政教育事业费支出、规模效率对人均GDP的趋同具有正向作用，对外开放度对人均GDP的趋同具有异化作用，其原因一方面是产品输入和产品输出的不对等，另一方面可能是东部与中西部地区对外开放度的巨大反差。

当考虑发展前景相关因素时，除人均可支配收入、地方财政教育事业费支出不显著外，其他因素发挥相似的作用，而发展前景、经济增长、增长可持续性、人民生活等几项指标均同时对人均GDP的趋同有正向作用，只有政府效率一项对人均GDP具有异化作用，其原因有二：一方面是政府支出或者转移支付方面不是特别合适，导致某些地区要素扭曲，最终影响到经济增长；另一方面是东部和中西部的政府效率方面的差距较大。

分析了经济增长影响因素趋势向上和下行两种情况导致的区域分化，并基于此提出以下政策建议。

通过对区域经济收敛和影响因素的分析，力图破解区域差距过大和地区分化加剧的难题，实现区域经济协调、稳定增长和挖掘新的增长动力的内在机制。

第一，提高劳动生产率增长率。中国经济已经进入"结构性减速"阶段：①人口因素的变化会降低经济增速。②劳动参与率进一步下降。③产业结构的服务化：如果第三产业的劳动生产率增长率不能得到提高，整体的全社会劳动生产率增长率也会降低。④城市化率超过57%后投资率下降、投资效率降低，同时资本存量增长减速同样会降低经济增速。⑤随着经济增长和劳动力供给的放缓，要素分配会更趋向于劳动要素，将会引致劳动要素分配份额上升，这也意味着潜在增长率的继续下降。提高全社会劳动生产率是最为有效的缓和经济增速下降过快的措施。

第二，提高全要素生产率增长对经济增长的贡献率。中国全要素生产率增长对经济增长的贡献率从以前的接近30%，下降到现在的16%左右，全要素生产率增长对经济增长的贡献率下降了约50%。中国经济的潜在增长率要保持在6%以上，全要素生产率增长对经济增长的贡献率必须超过30%。经济增长的资本要素和劳动要素的正向作用已经不太明显，大力促进技术进步和全要素生产率增长，加强技术创新才是经济持续发展稳定的关键。

第三，注重高人力资本对增长的促进作用。劳动力因素在增长较低阶段对增长有显著的促进作用，但由于当前中国劳动力成本上升压力过大，并且劳动力增长和劳动参与率均出现拐点，各省份应更多注重人力资本投资对经济的拉动作用，形成人力资本和知识拉动型增长模式，实现增长动力机制转换。

第四，提高资本效率。中国经济增长中的重复建设和低效率的核心是由于政府主导的低价工业化模式诱致的企业低效率的风险累积。在有利的开放环境下，累积风险通常为高增长所吸收，但是由廉价劳动力和资本等自然资源价格扭曲支撑的高投资不可能持续太长时间。中国经济要完成从高速度增长向高效率增长的过渡，建立低效企业的市场出清机制将是必由之路。低效企业的市场出清机制是重要环节之一，是产业结构的深度调整。产业结构的深度调整也意味着制造业部门摆脱高投资驱动、低成本国际竞争的模式，让制造业增长方式逐步转型到高效率竞争的路径上，获得经济持续增长的根基，这其中的关键一环就是要提高资本效率。

第五，良好的制度环境能产生显著的增长动力。地方政府的努力水平虽然在短期内能显示出对增长的促进作用，但在长期却对增长动力造成损害。因此改善政府治理，使地方政府绩效目标向追求经济增长质量转变,为中国各省份在当前经济增长减缓时期挖掘新的增长动力提供良好的制度环境。

第六,构建经济带,实现区域协调发展。解决区域差距过大的问题除了上面的措施之外,更需要构建经济带,实现区域协调发展。一是政府主导型运行模式的障碍,构建经济带必须建立在市场主导基础上。二是促进要素的自由充分流动,即人、财、物的自由充分流动,具体障碍有:户籍制度对人员流动的阻滞、金融制度对民间信贷融资的壁垒以及各自为政的区域政策对物流畅通的空间壁垒。三是建立地方政府间新型合作机制,克服多年来"诸侯经济"区域政策下的利益本地化,使之有效融入"大区域"发展规划。四是要形成区域发展的新评价与激励机制,弱化"唯GDP论"的经济增长评价标准,并强化生态环保指标和社会公平指标,强调经济增长的质量与绩效。五是各级区域要成立区域政府官员综合协调委员会和专家咨询委员会,以落实政府间新型合作机制,并共同制定其区域发展规划与产业布局规划。

附录1

基于中国30个省区市的泰尔指数的公式如下:

$$T_j = \sum_{i=1}^{N} \frac{POP_i}{POP_j} \cdot \ln\left(\frac{POP_i}{POP_j} \Big/ \frac{P_i}{P_j}\right) \quad (1)$$

$j=41$,42,43分别表示东部、中部、西部地区,N是指30个省区市。POP_i是第i个省区市的人口数占全部人口数的比重,POP_j在$j=41$,42,43时分别表示东部、中部、西部地区人口数占全部人口数的比重,P_i表示第i个省区市具体指标占全部指标的比重,具体指标可以是各省区市的人均GDP、劳动生产率、TFP、资本产出率等,P_j是指东部、中部、西部地区具体指标占全部指标的比重。

区域间的泰尔指数:

$$T_1 = \sum_{j=41}^{43} POP_j \cdot \ln(POP_j / P_j) \quad (2)$$

当$j=41$,42,43时分别表示东部、中部和西部地区。

区域内的泰尔指数:

$$T_2 = \sum_{j=41}^{43} POP_j \cdot T_j \quad (3)$$

其中,当$j=41$,42,43时分别表示东部、中部、西部地区的泰尔指数。

泰尔指数为:

$$T = T_1 + T_2 \quad (4)$$

贡献率为:

$$T = T_1 + T_2 = T_1 + \sum_{j=41}^{43} POP_j \cdot T_j \quad (5)$$

对上式两边除以T,可得到

$$\frac{T_1}{T} + \sum_{j=41}^{43} POP_j \cdot \frac{T_j}{T} = 1 \quad (6)$$

$\frac{T_1}{T}$为地区间差异对总体差异的贡献率,$POP_j \cdot T_j$在$j=41$,42,43时分别为东部、中部、西部地区内部差异对总体差异的贡献率。

附录2

指标说明：

全社会劳动生产率=不变价格GDP/从业人员数；

资本产出率=不变价格GDP/不变价格固定资本存量；

投资效果系数=不变价格GDP/不变价格全社会固定资产投资完成额；

GDP_2 =第二产业增加值（现价）/国内生产总值（现价）；

GDP_3 = 第三产业增加值（现价）/国内生产总值（现价）；

城市化率=非农人口数量/总人口数量；

对外开放度=进出口总额（现价）/国内生产总值（现价）；

专利授权量=（国内发明专利申请授权量×3+国内实用新型专利申请授权量×2+国内外观设计专利申请授权量×1）/6；

地方财政教育事业费支出=不变价格的人均地方财政教育事业费支出；

地方财政科学事业费支出=不变价格的人均地方财政科学事业费支出；

地方财政卫生事业费支出=不变价格人均地方财政卫生事业费支出；

人力资本=［特殊教育毕业生数×1+（小学H）×1+（初中H）×1.7+（中等职业学校毕业生数）×3.4+（高中H）×3.4+高校毕业生数×22］/［特殊教育毕业生数+（小学H）+（初中H）+（中等职业学校毕业生数）+（高中H）+高校毕业生数］[①]；

有效劳动力比例=15～64岁人口数/年末总人口数；

市场化程度=1-国有及国有控股企业工业总产值/工业总产值；

人均可支配收入=城镇家庭人均可支配收入×城镇人口占比+农村居民家庭人均年纯收入×农村人口占比；

万人卫生机构数=卫生机构数/年底总人口数×10000；

---

① 其中，小学H=小学毕业生人数-小学升入初中的毕业生人数；初中H=初中毕业生人数-初中升入高中的毕业生人数；高中H=高中毕业生人数-高中升入大学的毕业生人数。

万人床位数=卫生机构床位数/年底总人口数×10000；

医疗条件指数=万人卫生机构数×万人床位数。

参考文献

蔡昉，都阳，2000. 中国地区经济增长的趋同与差异：对西部开发战略的启示[J]. 经济研究（10）：30-37，80.

董先安，2004. 浅释中国地区收入差距：1952—2002[J]. 经济研究（9）：48-59.

范剑勇，朱国林，2002. 中国地区差距演变及其结构分解[J]. 管理世界（7）：37-44.

贺灿飞，梁进社，2004. 中国区域经济差异的时空变化：市场化、全球化与城市化[J]. 管理世界（8）：8-17，155.

贾俊雪，郭庆旺，2007. 中国区域经济趋同与差异分析[J]. 中国人民大学学报（5）：61-68.

林毅夫，蔡昉，李周，1998. 中国经济转型时期的地区差距分析[J]. 经济研究（6）：3-10.

林毅夫，刘培林，2003. 中国的经济发展战略与地区收入差距[J]. 经济研究（3）：19-25，89.

刘夏明，魏英琪，李国平，2004. 收敛还是发散？：中国区域经济发展争论的文献综述[J]. 经济研究（7）：70-81.

马栓友，于红霞，2003. 转移支付与地区经济收敛[J]. 经济研究（3）：26-33，90.

潘文卿，2010. 中国区域经济差异与收敛[J]. 中国社会科学（1）：72-84，222-223.

彭国华，2005. 中国地区收入差距、全要素生产率及其收敛分析[J]. 经济研究：19-29.

沈坤荣，马俊，2002. 中国经济增长的"俱乐部收敛"特征及其成因研究[J]. 经济研究（1）：33-39，94-95.

覃成林，2004. 中国区域经济增长趋同与分异研究[J]. 人文地理（3）：36-40.

覃成林，张伟丽，2009. 中国区域经济增长俱乐部趋同检验及因素分析：基于CART的区域分组和待检影响因素信息[J]. 管理世界（3）：21-35.

王小鲁，樊纲，2004. 中国地区差距的变动趋势和影响因素[J]. 经济研究（1）：33-44.

王志刚，2004. 质疑中国经济增长的条件收敛性[J]. 管理世界（3）：25-30.

魏后凯，1996. 中国地区间居民收入差异及其分解[J]. 经济研究（11）：66-73.

魏后凯，1997. 中国地区经济增长及其收敛性[J]. 中国工业经济（3）：31-37.

徐现祥，李郇，2004. 中国城市经济增长的趋同分析[J]. 经济研究（5）：40-48.

许召元，李善同，2006. 近年来中国地区差距的变化趋势[J]. 经济研究（7）：106-116.

张自然，2014. TFP增长对中国城市经济增长与波动的影响：基于264个地级及地级以上城市数据[J]. 金融评论（1）：24-37，123-124.

张自然，陆明涛，2013. 全要素生产率对中国地区经济增长与波动的影响[J]. 金融评论，5（1）：7-31，123.

张自然，张平，刘霞辉，2014. 1990—2014年中国各省区市发展前景评价[M]//李扬，张平，刘霞辉，等. 经济蓝皮书（夏季号）：中国经济增长报告（2013—2014）. 北京：社会科学文献出版社.

张自然，张平，刘霞辉，等，2016. 1990—2016年中国各省区市发展前景评价[M]//李扬，张平，刘霞辉，等. 经济蓝皮书（夏季号）：中国经济增长报告(2015—2016).北京:社会科学文献出版社.

章奇,2001.中国地区经济发展差距分析[J].管理世界(1):105-110.

BARRO R J, Sala-I-Martin X, 1991. Convergence across U.S. states and regions[J]. Brookings Papers on Economic Activity, 22(1): 107-182.

CHEN J, FLEISHER B M, 1996. Regional income inequality and economic growth in China[J]. Journal of Comparative Economics, 22(2): 141-164.

FUJITA M, HU DP, 2001. Regional disparity in China 1985—1994: The effects of globalization and economic liberalization[J]. The Annals of Regional Science, 35(1): 3-37.

GALOR O, 1996. Convergence? Inferences from Theoretical Models[J]. Economic Journal, 106(437): 1056-1069.

JIAN T et al., 1996. Trends in regional inequality in China[J]. China Economic Review, 7(1): 1-21.

KAI Y T, 1996. China's regional inequality, 1952—1985[J]. Journal of Comparative Economics, 15(1): 1-21.

RAISER M, 1996. Subsidising inequality: Economic reforms, fiscal transfers and convergence across Chinese provinces[J]. The Journal of Development Studies, 34(3): 1-26.

SALA-I-MARTIN X, 1995. The classical approach to convergence analysis[J]. Economic Journal, 106(437): 1019-1036.

TOMKINS J, 2004. Convergence clubs in the regions of Greece[J]. Applied Economics Letters, 11(6): 387-391.

第八章
中国式分权下的偏向性投资

本章基于政府官员"经济政治人"假设,论证中国式分权下市场参与者的投资行为逻辑,为中国粗放型经济增长之谜提供一种解释。在垂直集中的官员治理模式下,中央政府因信息所限,难以有效约束地方官员的"重生产,轻创新"自利性投资偏好。本章运用省级面板数据对理论假说进行分析,结果表明,在中国式分权下,财政分权度越高,地方政府、企业和社会的创新性支出占生产性支出的比重越低。

一、引言

中国经济增长具有明显的粗放型增长特征（张卓元，2005；吴敬琏，2014）。从固定资产投资看（见图8-1[①]），全社会固定资产投资占GDP的比重由1980年的20.0%一路飙升到2014年的80.5%。从能源消耗看（见图8-2[②]），中国煤炭、石油和电力消耗量占全球的比重一直高于中国GDP占全球的比重。例如，2014年中国GDP占全球的9.1%，消耗全球49.8%的煤炭、12.4%的石油和24.3%的电力。从创新投入看（见图8-3[③]），虽然R&D占GDP的比重由1995年的0.6%逐步上升到2014年的2.1%，但R&D占全社会固定资产投资的比重自2002年以来呈现下降态势：由2002年的3.0%逐年下降到2010年的2.5%，2011年实现2.8%的小幅上升后又回落到2014年的2.5%。从中国创新在全球的地位看（见图8-4[④]），虽然中国GDP总量自2010年起已名列全球第二，但中国的创新排名与其经济大国的地位极不相称：中国创新投入指数2008/2009年度排在第47位，2009/2010年度下降为第67位，2014年和2015年分别排在第45位和第41位；中国综合创新指数2007年排在第29位，2009/2010年度下降为第43位，2014年和2015年均排在第29位。现实中也可以观察到，中国原始创新和集成创新能力不足，核心技术和关键技术受制于人，企业普遍缺乏世界知名品牌，以至于中国成为加工制造业的"世界工厂"。

中央政府高度重视中国经济增长模式问题，并持续强调技术创新在经济转型中的关键作用。1996年，"九五"计划明确提出"经济增长方式

---

① 全社会固定资产投资数据来自历年《中国统计年鉴》，GDP数据来自《中国统计年鉴2015》。
② 中国和全球GDP（以2005年美元不变价计算）数据来自World Bank（世界银行），http://data.worldbank.org；煤炭、石油和电力数据来自 *BP Statistical Review of World Energy*（《BP世界能源统计评论》），http://www.bp.com/statisticalreview。
③ R&D数据来自《中国科技统计年鉴2015》。
④ 根据《全球创新指数报告》（*Global Innovation Index*）整理，https://www.globalinnovationindex.org/content/page/past-reports。各年报告所选取的国家和地区数量如下：2007年为107，2008/2009年度为130，2009/2010年度为132，2011—2015年分别为125、141、142、143和141。

从粗放型向集约型转变"。2006年，"十一五"规划再次强调，"促使经济增长由主要依靠增加资源投入带动向主要依靠提高资源利用效率带动转变"。2007年，党的十七大报告指出，促使经济增长"由主要依靠增加物质资源消耗向主要依靠科技进步、劳动者素质提高、管理创新转变"。2011年，"十二五"规划强调，"坚持把科技进步和创新作为加快转变经济发展方式的重要支撑"。2012年，党的十八大报告提出"创新驱动发展战略"，指出"以科学发展为主题，以加快转变经济发展方式为主线，是关系我国发展全局的战略抉择"。2015年，国务院出台《国务院关于大力推进大众创业万众创新若干政策措施的意见》。中央政府在五年规划和重要会议上一再强调转变经济增长方式，不仅说明中央对经济增长质量和可持续性的担忧，也说明粗放型经济增长模式的转变之难。

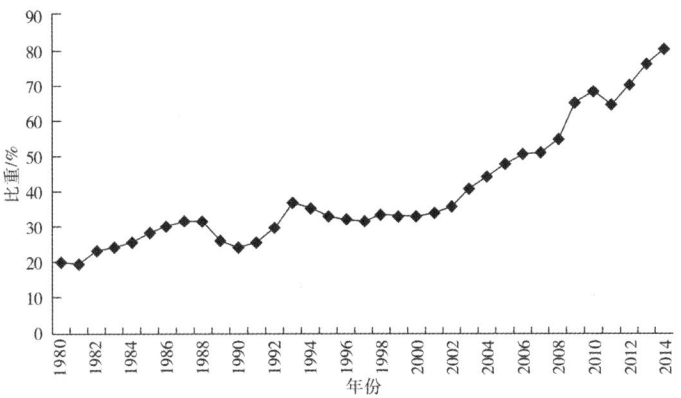

图8-1　固定资产投资占GDP的比重

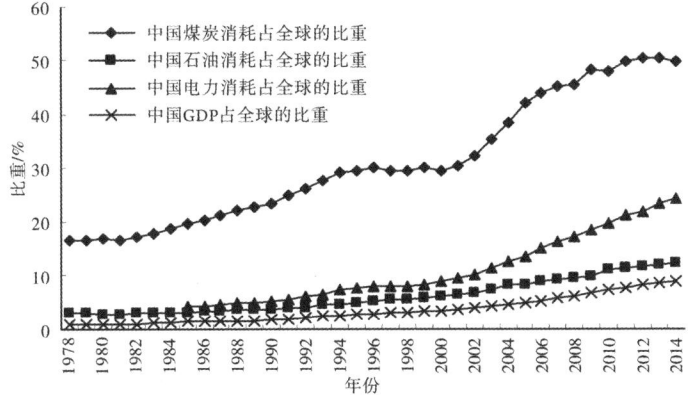

图8-2　中国能源消耗占全球的比重

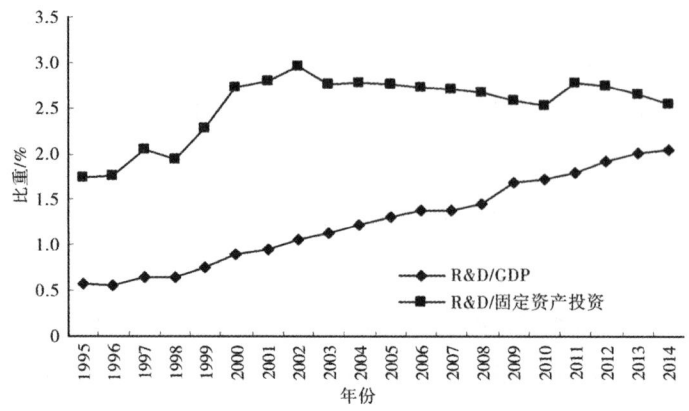

图8-3 R&D占GDP和固定资产投资的比重

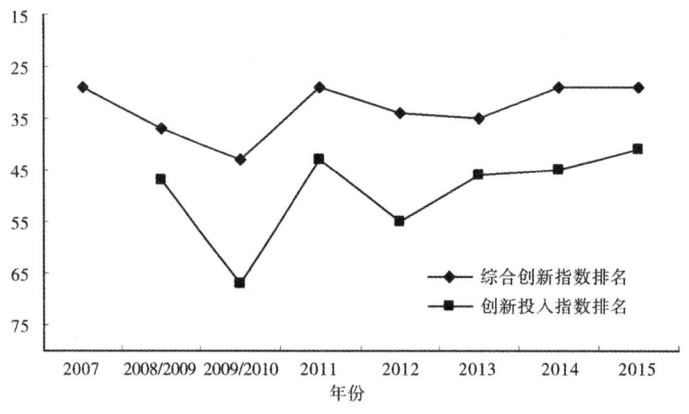

图8-4 中国创新指数在全球的排名

中国经济转型为何如此之难？这背后一定有某种支撑粗放型增长模式的激励机制和相应的制度安排。迄今为止，对此进行解读、富有影响力的经济理论有"中国特色的联邦主义"（Montinola et al., 1995; Qian et al., 1998; Jin et al., 2005）、"官员晋升锦标赛"（Li et al., 2005; 周黎安, 2004, 2007）和基于前两者的"中国式分权"（又称"政治集权下的经济分权""分权式威权制"）（王永钦 等, 2007; 傅勇 等, 2007; Xu, 2011）。"中国特色的联邦主义"主要强调地方分权对经济增长的积极效应，未涉及粗放型增长模式；现有中国式分权涉及粗放型增长模式，但在解释该模式的成因时仍沿用"官员晋升锦标赛"的分析逻辑。所以，我们重点讨论"官员晋升锦标赛"对粗放型增长模式的解释。该理论认为：在中国政治经济制度下，中央政府主要依据可测度的经济指标考核、任免地方官员；某些地方官员为得到政治晋升，围绕着GDP增长展开激烈竞争，其负面结果是，他们只关心自己任期内所在地区的短期经济绩效，从而造成以重复建设为代价的扭曲型经济增长。

"官员晋升锦标赛"对理解中国粗放型增长模式大有助益，不过，其立论基础值得商榷，且其对粗放型增长模式生成机制的解释并不完备，尚有较大改进空间。首先，它基于政府官员"政治人"假设，认为地方官员作为政治参与人最关心的是行政晋升和仕途，强调自上而下的外在政绩考核对地方官员激励和行为的影响。"政治人"假设对地方官员目标函数的刻画可能过于简化，尤其是忽略掉了地方官员的经济利益动机和经济行为的内驱力。在政治关系网络约束、晋升竞争激烈、不确定性较大的情况下，经济利益而非行政晋升可能是地方官员更看重的目标。此外，"官员晋升锦标赛"在理论逻辑和证据支撑方面尚有不足之处，地方官员能否因经济绩效突出而得到提拔仍存在较大争议（陶然 等，2012）。我们不否认"官员晋升锦标赛"在中国情景下的可能性，但同时认为不应完全依赖于该理论来解读地方官员的经济行为和粗放型增长模式。其次，在论及粗放型经济增长时，它侧重于地方政府的粗放式投资行为，未对企业乃至社会的粗放式投资行为进行明确的阐释。粗放型经济增长，不仅是政府粗放式投资的结果，更主要是作为市场微观主体的企业甚至整个社会粗放式投资的结果；因此，仅关注政府粗放式投资，只能解释粗放型经济增长的一部分。而且，市场经济中的企业以利润最大化为目标，政府粗放式投资并不必然引起企业粗放式投资，所以，要完整地理解粗放型经济增长，还需要构建政府（及其官员）行为与企业行为之间的逻辑链条。最后，在论及粗放型经济增长时，它侧重于生产规模扩张和重复建设，未对企业等市场微观主体技术创新动力不足的机制进行清晰阐释。

为全面地理解中国粗放型增长模式，本章将对已有理论和文献进行必要的拓展和深化。首先，我们提出更具包容性的政府官员"经济政治人"假设。这个假设综合政府官员的"经济人"假设（Buchanan et al., 1962）和"政治人"假设（周黎安，2004，2007），强调政府官员既有"经济人"属性也有"政治人"属性，他们追求任职期间经济利益和政治利益（行政晋升）的最大化。其次，在"经济政治人"假设的基础上，本文不再倚重"官员晋升锦标赛"理论，而是通过深入剖析中国式分权对地方官员投资偏好和行为的影响，来揭开粗放型经济增长之谜。在本文的分析框架下，我们能够逻辑一致地解释地方政府粗放式投资与企业以至社会粗放式投资并存、生产规模扩张与技术创新乏力并存的现象。本章具体思路如下。

假定地方官员面临着生产性投资和创新性投资两种投资选择，前者具有投资周期短、见效快、风险低的特征，后者具有投资周期长、见效慢、风险高的特征。为最大化任职期间的经济和政治利益，地方官员有激励偏重生产性投资、忽视创新性投资，即地方官员具有"重生产，轻创新"自利性投资偏好。这种自利性投资偏好能否影响经济运行和发展，受制于特定的政治经济制度环境。中国式分权恰好为地方官员自利性投资偏好的形成和发挥作用提供了制度条件：在垂直集中官员治理模式下，地方官员主要受到自上而下垂直方向的监督和制约，由于垂直监督拥有的信息有限、监督成本巨大，且地方政府职责具有多维度、不易量化的特性，中央政府难以有效遏制地方官员的自利性投资偏好；在经济分权体制下，地方政府及其官员掌控着巨量经济资源，拥有相对自主的经济决策权和干预市场资源配置的行政权力，形成地方政府主导型经济。结果是，地方官员的自利性投资偏好能够借助政府的"有形之手"作用于诸多市场参与者的投资行为，致使地方政府及其辖区内企业和社会都呈现"重生产，轻创新"投资偏向。据此，本章提出中国式分权导致扭曲性投资和粗放型增长的理论假说。

本章利用省级面板数据对理论假说进行实证检验。由于中国各地区面临的政治集中程度是相似的，所以各地区在中国式分权体制上的差别主要体现在经济分权程度上。根据相关文献，经济分权可用财政分权近似度量。因此，理论上由中国式分权导致的"重生产，轻创新"投资偏好，在实证上可以转化为验证财政分权对不同主体投资结构的影响。基于这一实证思路，笔者发现，在中国式分权下，地方财政分权度越高，地方政府、企业和社会的创新性支出占生产性支出的比重越低。一系列检验均表明实证结论具有稳定性，从而为理论假说提供有力的支持证据。

二、理论分析

传统政治经济理论认为，政府是大公无私的，政府基于公众利益制定公共政策。公共选择理论和现代财政联邦主义理论摒弃"仁慈政府"假设，提出政治市场中的"经济人"假设，认为政治市场和政治决策中的个体具有"经济人"特征，他们追求自身利益的最大化，而非社会福利的最大化（Buchanan et al., 1962; Brennan et al., 1980; Weingast, 2009）。周黎安（2004, 2007）则从官员晋升激励的视角提出官员"政治人"假设。为更全面地反映地方官员的行为动机，我们综合上述两种假设，提出"经济政治人"假设，强调地方官员追求任职期间经济利益和政治利益的最大化。本章以此作为理论分析的逻辑起点。

在"经济政治人"假设下，本章假定地方官员面临着生产性投资和创新性投资两种投资选择。前者的特点是投资周期短、见效快、风险低、不确定性低；相对而言，后者的特点是投资周期长、见效慢、风险高、不确定性高（Holmstrom, 1989）。创新性投资的周期长和见效慢属性意味着，地方官员任职期间很难得到其产生的收益；创新性投资的高风险和高不确定属性，意味着其容易威胁到地方官员任职期间的经济利益和政治晋升。而且，政府具有公益性，政府无法像企业对待经理那样对官员实施股权激励等长期激励方案，也无法有效地将地方官员的利益和地方经济绩效长期紧密地联系在一起，因而，地方官员没有动力致力于地方经济的长远发展，与地方官员任职期间利益不相容的长期导向的创新性投资难以进入地方官员的效用函数。此外，官僚制度在常规任务方面所具有的信息、控制和协调优势，也会促使政府官员趋向于非创新领域的投资。综上，为最大化任职期间的经济和政治利益，地方官员有动力偏向短期内能产生收益的生产性投资、漠视短期内不能产生收益的创新性投资，即地方官员具有"重生产，轻创新"自利性投资偏好。

地方官员的自利性投资偏好能否影响经济运行，受制于特定的政治经济制度环境。在政治和经济集权体制下，地方政府没有经济发展的自主权，地方官员的投资偏好也就难以作用于经济运行。在政治和经济分权体制下，地方政府拥有经济发展的自主权，与此同时，政府官员由民众选举产生，他们受到辖区内选民的直接监督和制约，要对选民和企业的偏好做出足够和有效的反应，他们因受选民选票激励而展开公共品供给竞争（Tiebout，1956；Besley，2006），这都在一定程度上抑制了地方官员的自利性投资偏好和短期投机行为。更重要的是，由于地方政府及其官员的行政权力受到选民和制度的有力约束，他们不能控制或主导市场资源配置、不能过多干预市场微观主体的正常生产经营活动，因此，即使地方官员具有自利性投资偏好，也难以影响和左右市场微观主体的投资行为。

中国式分权是政治集权和经济分权的结合体。在中国，中央政府对地方官员采取垂直集中的治理模式（即地方官员由其上级、最终由中央任命），形成地方官员对上负责而不对下负责的政治激励（Xu，2011）。在该官员治理模式下，直接承受地方政府治理后果的居民和企业不能直接影响地方官员的经济利益和政治仕途，因而就无法对地方官员的自利性投资偏好进行有效约束，即便他们是最合适的监督和评价政府服务质量的主体。在该官员治理模式下，中央政府对地方官员负有监管职责，但自上而下的垂直监督面临着如下监管难题：中央与地方政府间存在着严重的信息不对称、官僚层级过长导致的信息传输损耗和失真、上级主管单位对直接下级单位缺乏足够的监管激励（可能形成共谋）。这导致垂直监督拥有的信息有限、监督成本巨大（Oates，1972）。此外，地方政府职责具有多维度、多任务、不易量化和垄断的特性（Tirole，1994），且中国是一个广土众民的大国，各地情况千差万别，这决定了几乎不可能找到一个统一的具有充分信息量的指标来综合评价地方官员的政绩。由此不难理解，中央政府很难遏制地方官员的利己主义倾向和短期化行为。如果实际中存在着"官员晋升锦标赛"理论所称的中央政府依据GDP增长率任免地方官员，那么这会进一步加剧地方官员的努力配置扭曲，促使地方官员将精力更加集中于那些在任期内能彰显政绩的短期目标（"如果"一词意味着本章的分析不依赖于"官员晋升锦标赛"理论，即其不是形成粗放型增长模式的必要条件）。具体到本章关注的生产性投资和创新性投资上，作为"经济政治人"的地方官员，为最大化任职期间的经济和政治利益，将偏重具有投资周期短、见效快属性的生产性投资，相对忽视具有投资周期长、见效慢属性的创新性投资。我们认为，在垂直集中的官员治理模式下，中央政府因信息所限，难以有效约束地方官员的"重生产，轻创新"自利性投资偏好，这是揭示中国粗放型经济增长之谜的关键线索之一。

垂直集中的官员治理模式还不足以构成粗放型增长模式的全部条件。如果地方政府及其官员不掌握经济资源、不享有经济发展的自主权，其自利性投资偏好就难以影响政府和企业等市场参与者的投资行为，粗放型增长模式也就难以形成。中国式分权的另一重要维度——向地方经济分权，则为地方官员自利性投资偏好作用于经济运行创造条件。为提高地方经济活力，中央政府从20世纪80年代初开始就把诸多经济资源和经济管理权力下放到地方政府。经济和行政分权使得地方政府及其官员对地方经济拥有巨大的影响力和控制力：地方政府和官员掌控着巨量财政和经济资源，拥有相对自主的经济决策权，成为地方收入的"剩余索取者"（沈立人 等，1990；Qian et al.，1998；Jin et al.，2005）；地方政府在地方经济发展中往往兼"裁判员"与"运动员"角色于一身，在经济建设中具有强大的资源动员能力和行政干预能力，在市场资源配置中处于主导地位、拥有实际权威。这样，向地方的经济分权一方面为地方官员发展经济提供强力激励，另一方面也形成事实上的地方政府主导型经济而非市场主导型经济，甚至出现"地方政府公司化"现象（Oi，1992）。结果是，地方官员的"重生产，轻创新"自利性投资偏好能够借助强有力的政府"有形之手"，作用于地方政府及其辖区内企业等诸多市场参与者的投资行为。

首先，地方官员的"重生产，轻创新"自利性投资偏好能够直接作用于地方政府的投资决策。理由如下：第一，地方政府控制着财政、土地、矿藏、融资平台等巨量经济资源，拥有进行政府投资所必需的物质基础；第二，地方官员对政府投资拥有相当大程度的决策权。既有实证研究也发现，地方财政决策偏向于基本建设等生产性支出（傅勇　等，2007；尹恒　等，2011；Jia et al.，2014）。为追求短期利益和政绩，有些地方官员甚至不惜违规违法和突破道德底线，如建造一些华而不实的"形象工程"、为征用建设和工业用地而强行拆迁居民住房等。

其次，地方官员的"重生产，轻创新"自利性投资偏好能够作用于企业投资行为。在市场主导、充分竞争的环境中，企业自由选择最符合自身利益（短期和长期）的投资项目，平均意义上不会存在偏重生产而忽视创新的投资趋向。然而，在政府主导、政企不分的制度环境中，企业投资不可避免地受到地方官员投资偏好的影响。具体而言，地方官员除可以通过其掌控的巨量经济资源干预企业投资外，还能够通过以下渠道影响企业投资决策。第一，地方官员拥有多种干预市场资源配置的经济和行政权力，包括财政补贴、税收优惠、融资平台、金融管制、项目审批权、经营许可证发放权、土地资源使用权、投资限制等。凭借这些权力，地方官员能够人为设置市场进入和退出壁垒，左右企业的投资标的和方向，引导企业将资源配置到官员"中意"的生产性投资项目上。第二，地方官员能够通过产业政策的制定和实施引导企业投资行为（宋凌云　等，2012）。政府推行的各种各样的产业政策，实际上是以政府官员的判断和选择来代替市场机制（江飞涛　等，2010）。在此过程中，地方官员的投资偏好将渗透到产业政策中,致使企业投资趋近于地方官员的投资偏好。第三,地方官员能够干预地方国有企业的投资决策。地方国有企业高管通常由地方政府直接任命,这就为地方官员参与、控制国有企业的生产经营活动提供了便利条件,地方官员的投资偏好也就能够深度影响国有企业的投资决策。第四,政企关联抑制企业创新投资。当对地方官员干预经济的权力缺乏有力监督时,他们可凭借手中的权力向企业设租、寻租,而企业与政府官员建立政企关联,也能够获取额外经济资源和得到政治庇护,进而有效阻止潜在竞争者进入市场、减少创新投资。简言之,企业生产性投资倾向是对地方官员"重生产,轻创新"自利性投资偏好和政府主导型经济的理性反应。

最后,地方官员的"重生产,轻创新"自利性投资偏好能够传导到整个社会投资上。其逻辑与地方官员投资偏好传导到企业投资上的逻辑基本一致,同样是政府主导、行政权力介入社会资源配置的结果,只是把研究对象由企业扩展到包括企业、学校、研究机构、社会组织等诸多参与者在内的整个社会。

综上,垂直集中的官员治理模式难以有效约束地方官员的自利性投资偏好,地方经济分权则为地方官员的自利性投资偏好作用于经济运行提供条件,结果是地方政府、企业和整个社会的投资都呈现"重生产,轻创新"倾向,造成扭曲性投资结构和粗放型经济增长。

三、实证假说、数据与计量模型

(一)实证假说

本章以下部分为上述理论猜想提供一些经验证据。中国各地区面临的政治集中程度是相似的,即地方官员由其上级、最终由中央任命,因此各地区在中国式分权体制上的差别主要体现在经济分权程度上。理论上,经济分权包括经济决策权和管理权的下放,以及向地方的财政和非财政分权等诸多内容,但统计上难以精确衡量范畴如此广泛的地方经济分权。作为一个替代方案，既有关注中国经济分权的文献通常将研究重点放在财政分权上（Xu，2011）[①]。

同样出于数据可得性的限制，本章也以财政分权作为经济分权的近似度量。财政分权作为中央-地方关系的制度安排，从一个角度表征地方政府经济自主性的大小。这里的逻辑是，地方财政分权度越高，意味着地方官员的经济自由裁量权越大，地方官员就越有可能按照有利于自身利益的激励方向干预经济活动，越有可能借助政府的"有形之手"促使地方政府及其辖区内企业和社会的投资行为趋近于地方官员的投资偏好。换言之，在中国式分权下，财政分权度越高的地区，地方官员自利性投资偏好对该地区投资行为的影响越大。此外，不同主体的投资结构可以表现为它们各自的创新性支出占生产性支出的比重，该比重越小，意味着该主体的"重生产，轻创新"投资特征越明显[②]。如果实证上能够发现范畴较窄的财政分权对创新-生产投资比有消极影响，那么就有理由相信范畴更广的经济分权对创新-生产投资比具有更大程度的负向影响。为此，我们将中国式分权下的偏向性投资理论转化为如下三个可实证检验的假说。①政府偏向性投资假说：在中国式分权下，地方财政分权度越高，地方政府创新性支出占生产性支出的比重越低。②企业偏向性投资假说：在中国式分权下，地方财政分权度越高，企业创新性支出占生产性支出的比重越低。③社会偏向性投资假说：在中国式分权下，地方财政分权度越高，社会创新性支出占生产性支出的比重越低。

（二）数据与变量

由于省级以下（市、县）缺乏政府、企业和社会的创新投资数据，本

---

① Xu（2011）指出，中国地方经济分权远远超过财政分权的范畴，但由于统计资料匮乏，很难测算地方分权中的非财政分权部分。
② 需要注意的是，虽然理论上能够清晰界定创新性支出和生产性支出，但实践中两者可能交互影响、难以完全分离，实证研究只能相对地剥离两者。后文以创新性支出与总支出之比作为被解释变量，以检验实证结论的稳健性。

章采用省级可观察数据检验上述假说。基础数据为1994年分税制改革以来除西藏外的中国内陆30个省（自治区、直辖市）级层面的面板数据。数据来源包括《新中国六十年统计资料汇编》《中国统计年鉴》《中国财政年鉴》《中国科技统计年鉴》《中国工业经济统计年鉴》《工业统计年报》《中国劳动统计年鉴》《中国金融年鉴》，以及各省统计年鉴等数十种年鉴。为保证实证结论的可靠性，我们尽量选取多种可能的财政分权变量和投资结构变量。表8-1给出了核心变量的描述性统计、时间区间及数据来源。由于数据缺失或统计口径的不连续性，某些核心变量只截止到2006年或2008年。在稳健性检验部分，通过采用不同的被解释变量，部分样本的时间区间可扩展到2013年。下面重点介绍主要变量的测度方法和数据源。

1. 财政分权

财政分权表征中央向地方下放的经济权力。在实证文献中，财政分权通常表示为地方财政占中央财政（或国家财政）的比重（Oates，1985；Zhang et al.，1998；Jin et al.，2005；张晏 等，2005；傅勇 等，2007；Gemmell et al.，2013）。中国除预算内财政外，还有预算外财政以及中央和地方之间的财政转移。鉴于不同指标所衡量的财政分权度有所差异，本章设计出基于财政支出维度和基于财政收入维度的六个分权指标。财政收入分权指标放在稳健性检验部分，这里着重介绍基于财政支出维度的三个分权指标。它们的计算公式如下：

预算支出分权指标为 $FD_{it}^{be} = \dfrac{\text{省预算内财政支出}_{it}/\text{省人口}_{it}}{\text{中央预算内财政支出}_t/\text{全国人口}_t}$

总支出分权指标为

$$FD_{it}^{ce} = \dfrac{(\text{省预算内财政支出}_{it}+\text{省预算外财政支出}_{it})/\text{省人口}_{it}}{(\text{中央预算内财政支出}_t+\text{中央预算外财政支出}_t)/\text{全国人口}_t}$$

净支出分权指标为

$$FD_{it}^{ne} = \dfrac{(\text{省预算内财政支出}_{it}+\text{省预算外财政支出}_{it}+\text{上解中央支出}_{it}-\text{转移支付}_{it})/\text{省人口}_{it}}{(\text{中央预算内财政支出}_t+\text{中央预算外财政支出}_t)/\text{全国人口}_t}$$

上述三式中，i代表省份，t代表年份。遵循相关文献的做法，各指标均采用人均化形式，以控制人口规模对财政分权的影响。预算支出分权指标（FD^{be}）只考虑中央和地方的预算内财政支出，这是文献中衡量财政分权度的通常做法。总支出分权指标（FD^{ce}）综合考虑预算内和预算外财政支出。由于预算外支出具有相当的规模，因此涵盖预算外支出的指标能更真实地反映地方实际分权度。净支出分权指标（FD^{ne}）在预算内和预算外财政支出的基础上增补省上解中央支出并扣除中央向省的转移支付。事实上，由于转移支付被地方政府看作自有财力的一部分，从财政支出中扣除该项会低估地方的实际分权度。我们重点依据总支出分权指标来讨论回归结果。

上述指标的原始数据来自《新中国六十年统计资料汇编》、历年的《中国统计年鉴》和《中国财政年鉴》。转移支付和上解中央支出自1995年开始有完善的统计资料，因而净支出分权指标自1995年起算，其他两个分权指标自1994年起算。另外，自2011年起预算外资金纳入预算管理，预算外财政成为历史，因此总支出分权指标和净支出分权指标截至2010年。由表8-1可知，不同指标刻画的财政分权度有较大差异，这意味着采用多种指标有助于检验结论的稳健性。

表8-1 核心变量的描述性统计

符号	含义	均值	标准差	最大值	最小值	观测值	年份	数据源
FD^{be}	预算支出分权指标	4.063	2.998	18.728	1.073	597	1994—2013	a, b
FD^{ce}	总支出分权指标	4.026	2.906	19.684	1.367	507	1994—2010	a, b, c
FD^{ne}	净支出分权指标	2.650	2.686	17.831	0.580	478	1995—2010	a, b, c
FD^{br}	预算收入分权指标	1.172	1.273	8.329	0.343	597	1994—2013	a, b
FD^{cr}	总收入分权指标	1.557	1.571	9.821	0.447	507	1994—2010	a, b, c

续表

符号	含义	均值	标准差	最大值	最小值	观测值	年份	数据源
FD^{nr}	净收入分权指标	2.328	1.715	11.631	0.946	478	1995—2010	a, b, c
GIP^{st}	政府科技三项费用/基本建设支出	0.114	0.085	0.679	0.004	387	1994—2006	b, c
GIP^{ds}	政府科学事业费/基本建设支出	0.084	0.051	0.241	0.010	387	1994—2006	b, c
GIP^{ie}	政府资助企业挖潜改造支出/基本建设支出	0.513	0.453	3.222	0.009	387	1994—2006	b, c
GIP^{ei}	政府总创新支出/基本建设支出	0.711	0.533	3.589	0.048	387	1994—2006	b, c
FIP^{st}	企业科技支出/企业生产性固定资产投资	0.170	0.282	4.638	0.005	432	1994—2008	d, e, f, g
FIP^{np}	企业新产品开发支出/企业生产性固定资产投资	0.081	0.143	2.496	0.002	432	1994—2008	d, e, f, g
SIP^{st}	社会科技支出/社会生产性固定资产投资	0.052	0.041	0.248	0.011	270	2000—2008	a, b, g

续表

符号	含义	均值	标准差	最大值	最小值	观测值	年份	数据源
SIP^{rd}	社会R&D支出/社会生产性固定资产投资	0.025	0.024	0.150	0.004	270	2000—2008	a，b，g

注：a表示来源于《新中国六十年统计资料汇编》；b表示来源于《中国统计年鉴》；c表示来源于《中国财政年鉴》；d表示来源于《中国工业经济统计年鉴》；e表示来源于《中国工业统计年报》；f表示来源于各省统计年鉴；g表示来源于《中国科技统计年鉴》。

2. 地方政府创新-生产投资结构

地方政府投资结构以地方政府创新性支出占地方政府生产性支出的比重表示。根据上文对创新性投资和生产性投资的特性界定，在地方政府财政支出构成中，具有创新特性的支出包括政府科技三项费用、政府科学事业费和政府资助企业挖潜改造支出，具有生产特性的支出为基本建设支出。由此，政府投资结构可分别表示为政府科技三项费用与基本建设支出之比（GIP^{st}）、政府科学事业费与基本建设支出之比（GIP^{ds}）、政府资助企业挖潜改造支出与基本建设支出之比（GIP^{ie}）。我们还将上述三项地方政府创新性支出加总成政府总创新支出，构建一个衡量政府投资结构的综合性指标：政府总创新支出与基本建设支出之比（GIP^{ei}）。上述指标的原始数据来自历年的《中国统计年鉴》和《中国财政年鉴》。中国于2007年实行政府收支分类改革，统计年鉴不再单独列出基本建设支出、政府科技三项费用等项目，因此政府投资结构变量的时间跨度为1994—2006年。

3. 企业创新-生产投资结构

企业投资结构以各省大中型工业企业创新性支出占企业生产性支出的比重表示。企业创新性支出分别用企业科技活动经费内部支出（简称"企业科技支出"）和企业新产品开发支出表示，企业生产性支出以企业生产性固定资产投资近似表示①。企业生产性固定资产投资的测算方法如下：

企业生产性固定资产投资$_{it}$=企业总固定资产投资$_{it}$-企业创新性固定资产投资$_{it}$

=（企业总固定资产原值$_{it}$-企业总固定资产原值$_{it-1}$）-企业创新性固定资产投资$_{it}$

企业生产性固定资产投资是从企业总固定资产投资中扣除企业创新性固定资产投资后的余额。企业总固定资产投资为相邻两期的企业总固定资产原值之差（张军 等，2009；Brand et al.，2012）。企业创新性固定资产投资以企业科技支出中的固定资产购建费表示②。根据上式计算出企业生产性固定资产投资后，企业投资结构可分别表示为企业科技支出与企业生产性固定资产投资之比（FIP^{st}）、企业新产品开发支出与企业生产性固定资产投资之比（FIP^{np}）。企业科技支出、企业科技支出中的固定资产购建费、企业新产品开发支出等数据均来源于历年《中国科技统计年鉴》。企业总固定资产原值数据首先取自历年《中国工业经济统计年鉴》，缺失数据由相应年份的《中国工业统计年报》和各省统计年鉴补充③。在《中国科技统计年鉴》序列中，2009年之前年份的科技统计口径为科技活动经费内部支出，自2009年起科技统计口径为R&D经费内部支出。为保证数据口径的一致性，企业投资结构变量的时间跨度为1994—2008年。

4. 社会创新-生产投资结构

社会投资结构以社会创新性支出占社会生产性支出的比重表示。"社会"囊括所有的投资主体，包括企业、学校、研究机构、社会组织以及个

---

① 理论上，企业生产性支出应为生产性资本支出和生产工人劳动报酬之和，但没有如此细分的数据。下文的社会生产性支出同理。
② 根据《中国科技统计年鉴》，企业科技活动经费内部支出由固定资产购建费、劳务费、原材料费和其他支出四部分构成。
③ 出于工业普查或其他原因，《中国工业经济统计年鉴》缺少1995年、1996年、1998年和2004年各省大中型工业企业数据。缺失数据来源如下：一是1996年和1998年数据取自相应年份的《中国工业统计年报》。二是1995年和2004年数据取自相应年份的各省统计年鉴。三是如果1995年和2004年数据也未列示在各省统计年鉴上，那么以该省前后两年数据的均值填补。

人。社会创新性支出分别用社会科技活动经费内部支出（简称"社会科技支出"）和社会R&D经费内部支出（简称"社会R&D支出"）表示，前者涵盖的内容比后者广。社会生产性支出以社会生产性固定资产投资近似表示，其为从社会总固定资产投资中扣除社会创新性固定资产投资后的余额，社会创新性固定资产投资以社会科技支出中的固定资产购建费度量。由此，社会投资结构可分别表示为社会科技支出与社会生产性固定资产投资之比（SIP^{st}）、社会R&D支出与社会生产性固定资产投资之比（SIP^{rd}）。社会科技支出、社会科技支出中的固定资产购建费、社会R&D支出等数据来源于历年《中国科技统计年鉴》。社会总固定资产投资数据来源于《新中国六十年统计资料汇编》和《中国统计年鉴》。在《中国统计年鉴》序列中，社会科技支出及其组成部分固定资产购建费的统计年份为2000—2008年，因此社会投资结构变量的时间跨度为2000—2008年。

（三）计量模型

本文基于如下计量模型分别检验三个假说：

$$\log(GIP_{it}) = \alpha_0 + \alpha_1 \log(FD_{it}) + \alpha'_x X_{it} + \alpha'_m M_{it} + u_i + u_t + \varepsilon_{it} \quad (1)$$

$$\log(FIP_{it}) = \beta_0 + \beta_1 \log(FD_{it}) + \beta'_y Y_{it} + \beta'_m M_{it} + u_i + u_t + \phi_{it} \quad (2)$$

$$\log(SIP_{it}) = \gamma_0 + \gamma_1 \log(FD_{it}) + \gamma'_z Z_{it} + \gamma'_m M_{it} + u_i + u_t + \zeta_{it} \quad (3)$$

上述三式分别代表地方政府投资结构模型、企业投资结构模型和社会投资结构模型。GIP、FIP和SIP分别代表地方政府投资结构、企业投资结构和社会投资结构。如上文定义，它们均用创新性支出占生产性支出的比重表示，这样处理的好处是可以消除影响创新性支出和生产性支出的共同因素（如物价变动）。FD代表财政分权度，分别用预算支出分权指标、总支出分权指标和净支出分权指标表示。X、Y、Z分别代表三式的特有解释变量集，M代表三式的共同解释变量集。u_i表示不随年份变化的省份固定效应，u_t表示不随省份变化的年份固定效应。ε、ϕ、ζ为随机误差项。为明确得到财政分权与投资结构变量之间经验上的弹性系数，我们对两者均取自然对数。在估计中，如果财政分权变量的系数估计值α_1、β_1和γ_1在统计上显著为负,则表明实证结果支持假说。

式(1)至式(3)均控制其他影响投资结构的因素。因篇幅所限,这里只列出控制变量的名称及计算方法,不具体讨论引入这些控制变量的理由。式(1)控制政府规模和转移支付依赖度。政府规模表示为政府公职人员数与全社会职工数之比。转移支付依赖度表示为中央向省转移支付与省预算内财政收入之比。式(2)控制企业规模和企业价值。企业规模以企业总产值除以企业数量表示(取自然对数,企业总产值以1994年为基期,用各省各年的工业品出厂价格指数平减)。企业价值表示为企业所有者权益占企业总产值的比重。式(3)中,当以社会科技支出与社会生产性固定资产投资之比(SIP^{st})为被解释变量时,控制变量包括社会科技人员数占全社会职工数的比重和社会储蓄率;当以社会R&D支出与社会生产性固定资产投资之比(SIP^{rd})为被解释变量时,控制变量包括社会R&D人员全时当量占全社会职工数的比重和社会储蓄率。社会储蓄率用金融机构存款余额占GDP的比重表示。

除上述各个模型特有的控制变量外,式(1)至式(3)均控制影响不同主体投资结构的共同因素或外部环境,包括所有制结构、产业结构、对外开放度、省份固定效应和年份固定效应。所有制结构表示为非国有单位职工数与全社会职工数之比。产业结构表示为工业增加值占GDP的比重。对外开放度表示为进出口贸易总额占GDP的比重(取自然对数)。稳健性检验部分还进一步引入省委书记和省长的个体特征变量(如受教育程度、职业经历等),以便更好地分离出财政分权对不同主体投资结构的净效应。在模型中控制省份固定效应和年份固定效应尤为重要。中国各省份地理条件和资源禀赋差异巨大,省份特征不仅影响财政收支结构,也影响不同主体的投资结构。例如,沿海省份地理位置优越、市场竞争更为充分,这些省份的企业可能更有动力投资于创新。年份固定效应不仅捕捉技术变化,也控制宏观经济政策和经济周期对各省投资结构的影响。例如,不同年份中央政府的基建支出和科技支出规模和政策,对地方政府、企业和社会的投资趋向有重要影响。鉴于此，本文采用双向固定效应法估计上述模型。

四、实证结果

（一）地方政府偏向性投资假说检验

表8-2为地方政府投资结构模型的回归结果。该表及以下各表均只报告核心解释变量的结果。财政分权变量在表8-2所有估计结果中均显著为负。表8-2中的（1）至（3）以政府科技三项费用占基本建设支出的比重（GIP^{st}）为被解释变量，结果显示，预算支出分权指标（FD^{be}）、总支出分权指标（FD^{ce}）和净支出分权指标（FD^{ne}）每增长1%，政府科技三项支出占比分别相应下降1.67%、1.45%和1.08%。表8-2中的（4）至（6）以政府科学事业费占基本建设支出的比重（GIP^{ds}）为被解释变量，结果显示，财政分权度每增长1%，政府科学事业费占比均下降1.11%～1.67%。表8-2中的（7）至（9）以政府资助企业挖潜改造支出占基本建设支出的比重（GIP^{ie}）为被解释变量，结果显示，财政分权度每增长1%，政府资助企业挖潜改造支出占比均下降0.73%～1.48%。表8-2中的（10）至（12）以政府总创新支出占基本建设支出的比重（GIP^{ci}）为被解释变量，结果显示，财政分权度每增长1%，政府总创新支出占比均下降0.66%～1.20%。虽然不同指标所捕捉的信息有所差异，但检验结果一致显示，财政分权对政府创新-生产投资结构具有非常显著的负影响，这有力地支持了中国式分权下地方政府的"重生产，轻创新"偏向性投资假说。

表8-2 地方政府偏向性投资假说检验结果

项目	log（GIP^{st}）			log（GIP^{ds}）		
	（1）	（2）	（3）	（4）	（5）	（6）
log（FD^{be}）	−1.666*** （0.105）			−1.672*** （0.159）		

续表

项目	log(GIP^{st})			log(GIP^{ds})		
	（1）	（2）	（3）	（4）	（5）	（6）
log(FD^{ce})		-1.450*** (0.104)			-1.591*** (0.128)	
log(FD^{ne})			-1.079*** (0.098)			-1.106*** (0.081)
控制变量	Y	Y	Y	Y	Y	Y
$Adj.R^2$	0.888	0.879	0.874	0.890	0.883	0.869
观测值	358	358	358	358	358	358
项目	log(GIP^{ie})			log(GIP^{ci})		
	（7）	（8）	（9）	（10）	（11）	（12）
log(FD^{be})	-0.954*** (0.275)			-1.204*** (0.153)		
log(FD^{ce})		-0.727*** (0.351)			-0.965*** (0.178)	
log(FD^{ne})			-1.479*** (0.251)			-0.656*** (0.123)
控制变量	Y	Y	Y	Y	Y	Y
$Adj.R^2$	0.851	0.848	0.846	0.869	0.862	0.858
观测值	358	358	358	358	358	358

注：括号内数字为稳健标准误差。*、**、***分别代表参数估计值在10%、5%、1%的水平上显著。省略控制变量估计结果。本章以下各表同。

（二）企业偏向性投资假说检验

表8-3为企业投资结构模型的回归结果。表8-3中的（1）至（3）以企业科技支出与企业生产性固定资产投资之比（FIP^{st}）为被解释变量，结果

显示，FD^{be}、FD^{ce}和FD^{ne}每增长1%，企业科技支出占比分别下降0.62%、0.75%和0.58%。表8-3中的（4）至（6）以企业新产品开发支出与企业生产性固定资产投资之比（FIP^{np}）为被解释变量，结果显示，FD^{be}、FD^{ce}和FD^{ne}每增长1%，企业新产品开发支出占比分别下降1.19%、1.30%和0.83%。上述结果稳健地支持中国式分权下的企业偏向性投资假说。由中国式分权所造成的经济代价，不仅体现在地方政府投资结构的扭曲上，也体现在企业投资结构的扭曲上。

表8-3 企业偏向性投资假说检验结果

项目	log(FIP^{st})			log(FIP^{np})		
	（1）	（2）	（3）	（4）	（5）	（6）
log(FD^{be})	−0.621*** (0.247)			−1.189*** (0.304)		
log(FD^{ce})		−0.750*** (0.278)			−1.298*** (0.357)	
log(FD^{ne})			−0.578*** (0.186)			−0.833*** (0.175)
控制变量	Y	Y	Y	Y	Y	Y
$Adj.R^2$	0.513	0.515	0.502	0.617	0.619	0.595
观测值	432	432	403	432	432	403

（三）社会偏向性投资假说检验

表8-4为社会投资结构模型的估计结果。表8-4中的（1）至（3）以社会科技支出与社会生产性固定资产投资之比（SIP^{st}）为被解释变量，结果显示，FD^{be}、FD^{ce}和FD^{ne}每增长1%，社会科技支出占比分别下降0.47%、0.51%和0.16%。表8-4中的（4）至（6）以社会R&D支出与社会生产性

固定资产投资之比（SIP^{rd}）为被解释变量，结果显示，FD^{be}、FD^{ce}每增长1%，社会R&D支出占比分别下降1.70%和0.59%；FD^{ne}的估计值符合预期。这些估计结果为中国式分权下的社会偏向性投资假说提供了有力的支持证据。通过比较表8-2至表8-4的估计结果，还可以发现，财政分权对社会投资结构的负影响小于其对地方政府投资结构和企业投资结构的负影响。这在某种程度上似乎意味着，社会投资因包含较多投资主体，有助于对冲中国式分权的负面影响。

表8-4 社会偏向性投资假说检验结果

项目	log(SIP^{st})			log(SIP^{rd})		
	（1）	（2）	（3）	（4）	（5）	（6）
log(FD^{be})	−0.471*** (0.154)			−1.698*** (0.161)		
log(FD^{ce})		−0.513*** (0.143)			−0.593*** (0.173)	
log(FD^{ne})			−0.159*** (0.070)			−0.031*** (0.079)
控制变量	Y	Y	Y	Y	Y	Y
$Adj.R^2$	0.938	0.938	0.936	0.960	0.958	0.956
观测值	270	270	270	270	270	270

（四）稳健性检验

我们对上述基准回归结果进行多种稳健性检验。因篇幅所限，本章只报告稳健性检验的方法，不再列出估计结果。稳健性检验都一致地支持本章假说。

（1）基于财政收入分权指标的估计。本章构建三个财政收入分权指标：①预算收入分权指标（FD^{br}）=省人均预算内财政收入/中央人均预算内财政收入。②总收入分权指标（FD^{cr}）=省人均总财政收入/中央人均总财政收入。其中，总财政收入=预算内财政收入+预算外财政收入。③净收入分权指标（FD^{nr}）=省人均净财政收入/中央人均总财政收入。其中，净财政收入=省总财政收入+中央向省转移支付−省上解中央支出。基于财政收入分权指标的估计仍旧支持假说。

（2）税制变革的影响。1994年分税制改革以来，中央政府又实施了两项重要的税制改革：一是2002年的企业所得税分享改革，从原来的按企业隶属关系划分中央和地方所得税收入改为中央和地方按统一比例分享，2002年中央和地方五五分成，2003年调整为六四分成；二是2008年的企业所得税税率改革，将原来的内资企业税率33%、外资企业税率30%调整为统一税率25%。为反映税制变革的影响，我们设置两个时间虚拟变量D2002和D2008（2002年起，D2002=1，否则为0；2008年起，D2008=1，否则为0），然后把这两个时间虚拟变量分别与财政分权变量交互。结果表明，2008年的减税政策可以纠正财政分权对社会投资结构的负面影响。

（3）将财政分权变量滞后一期。面对上述实证结果，人们或许会产生财政分权与投资结构孰为因果的疑问。本章理论部分指出，在中国式分权下，地方政府及其官员对地方经济拥有巨大的控制力和影响力：掌握着行政审批、土地使用、贷款担保、政策优惠等重要资源，能够凭借经济和行政权力影响市场参与者的投资行为。所以，在因果关系上，我们认为是自上而下的财政分权影响企业和社会的投资倾向。对于地方政府投资结构而言，财政分权的内生性是一个需要特别注意的问题，因为地方政府自身的投资结构与财政分权可能相互影响。为克服上述可能出现的反向因果问题，本章将式（1）至式（3）中的财政分权变量滞后一期。其道理是，本期的投资结构可能会影响本期或以后若干期的财政政策和财政分权，但本期的投资结构无法影响上期的财政政策和财政分权，即投资结构对财政分权的影响在时间上具有不可逆性。估计结果显示，滞后一期财政分权对投资结构有显著负影响，这在很大程度上表明在因果关系上财政分权为因、投资结构为果。

（4）引入地方官员的个体特征变量。地方官员的个体特征也可能影响市场参与者的投资行为，所以上述回归模型或许存在遗漏变量问题。特别是，地方官员的个体特征可能同时影响财政分权和市场参与者的投资结构，这会使得上文观察到的结果并不是财政分权与投资结构之间的因果关系，而是两者因同时受地方官员的个体特征影响而形成的一种相关关系。为更精准地识别财政分权本身的影响，我们收集整理省委书记和省长的个体特征变量，在基准回归模型上引入省委书记和省长的年龄、受教育程度、是否本省籍贯、在任年数、职业经历等变量。控制地方官员异质性因素后，财政分权的估计系数仍显著为负，实证结论未变。

（5）财政分权与地方官员异地任职的交互影响。省级党政领导由中央任命，但具体任命方式仍存在一定差异，具体有：本省晋升、外省晋升、外省平调和中央调入。后三种任命方式都属于异地任职，该项人事任免制度对地方官员行为具有正、负两方面的激励效应：一方面，异地任职有助于克服地方官员的惰性、减少腐败、改善财政政策和提高政府效率；另一方面，异地任职也可能造成地方官员行为的短期化，因为地方官员往往把到另一个地方任职看成是过渡性的。所以，地方官员异地任职可能强化或弱化财政分权对不同主体投资结构的影响。为考察这种效应，我们在基准模型中引入外省晋升、外省平调和中央调入等变量与财政分权的交互项。结果表明，地方官员异地任职并没有对财政分权与投资结构之间的关系产生稳定的影响。

（6）以创新性支出占总支出的比重为被解释变量。上文被解释变量采用创新性支出占生产性支出的比重，这最契合本章的实证假说，但创新性支出和生产性支出在实际中可能难以完全分离。在本章数据中，创新性支出的界定是明确的，我们可用创新性支出占总支出的比重来校正上述被解释变量的可能偏差。在总投资一定的情况下，创新性支出与生产性支出是此消彼长的关系，如果本章假说成立，那么实证上应当能够观察到财政分权对创新性支出占总支出的比重有显著负影响。基于这一思路，我们重新设定如下投资结构变量。地方政府投资结构分别表示为政府科技三项费用、政府科学事业费、政府资助企业挖潜改造支出、政府总创新支出占政府支出的比重，此处的政府支出定义为政府总创新支出与基本建设支出之和。企业投资结构分别表示为企业科技支出、企业新产品开发支出占企业总固定资产投资的比重，时间跨度为1994—2013年。社会投资结构分别表示为社会科技支出、社会R&D支出占社会总固定资产投资的比重，其中，社会R&D支出占比的时间跨度为2000—2013年。结果表明，财政分权变量的估计系数显著为负。

（7）工具变量估计。上述回归模型仍然可能遗漏某些不可观测的变量，若这些不可观测变量与财政分权变量相关，会导致财政分权的估计值产生偏差，财政分权变量本身的测量误差也会导致估计值产生偏差。这里进一步用工具变量法来克服由遗漏变量和测量误差造成的变量内生性问题。有效的工具变量要求其与内生解释变量相关，与随机误差项不相关。我们认为，各省历史上的财政分权度可以作为合适的工具变量：一方面，财政分权具有历史连贯性，历史上的财政分权能够影响现今的财政状况；另一方面，在控制省份经济变量、省委书记和省长特征、省份固定效应和年份固定效应后，历史上的财政分权应仅通过现今的财政分权影响投资结构。鉴于以上考虑，我们收集1987—1993年各省的预算内财政支出和预算外财政支出数据（各省预算外财政支出最早可追溯到1987年），计算各省在此期间的总支出分权指标，然后用各省滞后七期总支出分权度作为工具变量。本文工具变量在截面上和时间上都有显著的变化，这是面板数据工具变量较为理想的状态。工具变量的相关性和外生性检验表明：滞后七期财政分权度与本期财政分权度高度相关，滞后七期财政分权度并不直接影响本期投资结构，而是通过本期财政分权度间接影响本期投资结构，说明该工具变量具有外生性。工具变量法估计结果表明，财政分权变量的估计值显著为负，由此进一步验证了上文结论的可靠性。

五、政策含义与启示

本章旨在分析中国式分权下地方政府、企业和社会的"重生产，轻创新"投资行为逻辑，尝试为中国粗放型经济增长之谜提供一种解释。根据本章的研究，要实现中国经济由粗放型向集约型、由生产驱动型向创新驱动型的转变，应着重推进两方面的制度建设：第一，加强对地方官员的横向监督力度，地方官员自利性投资偏好之所以能够形成，是因为中央政府因信息所限难以有效监管地方官员，而直接承受地方政府治理后果的居民又无法直接影响地方官员的利益和仕途，因而，应以恰当方式将公众的偏好和利益反映在政府施政纲领中，并充分发挥人大、政协、新闻媒体和公众的监督作用，这样才能有效抑制地方官员自利性投资偏好和短期化行为；第二，减少地方政府对经济的行政干预，地方官员自利性投资偏好之所以能够作用于地方政府及其辖区内企业和社会的投资行为，是因为向地方的经济分权造成地方政府主导型经济及地方政府"有形之手"对经济的过度干预，因而，在经济分权的同时，应通过制度建设约束地方政府干预经济的行政权力，合理界定政府与企业、政府与社会治理的边界，真正让市场在资源配置中起决定性作用。

在实证分析中，本章以财政分权近似度量经济分权，研究发现财政分权对不同主体的创新-生产投资结构有显著的负影响。该实证结论并不意味着为促进技术创新应抛弃财政分权体制，其重点应在于增加财政分权体制的合意性：在财政分权的同时，充分发挥辖区内居民和新闻媒体对地方官员的监督作用，减少地方政府对市场微观主体的干预。若能如此，分权不仅能激励地方政府致力于推动经济发展，而且能激励市场微观主体在公平竞争的市场环境中不断开拓创新。本章的分析框架也具有可拓展性。为解释中国粗放型经济增长之谜，本章把地方官员自利性投资偏好浓缩为"重生产，轻创新"投资偏好。实际上，可以把地方官员自利性投资偏好扩展为更具有一般意义的"重短期目标，轻长期目标"偏好，这样就能够分析中国的产能过剩、环境污染、教育和医疗供给不足等诸多经济和社会问题。此外，受制于创新数据的可得性，本章以省级层面数据来验证理论假说，在数据许可的情况下，采用微观层面数据应更具说服力，这或许可作为未来的研究方向。

参考文献

傅勇，张晏，2007. 中国式分权与财政支出结构偏向：为增长而竞争的代价[J]. 管理世界（3）：4-12，22.

江飞涛，李晓萍，2010. 直接干预市场与限制竞争：中国产业政策的取向与根本缺陷[J]. 中国工业经济（9）：26-36.

沈立人，戴园晨，1990. 我国"诸侯经济"的形成及其弊端和根源[J]. 经济研究（3）：12-19，67.

宋凌云，王贤彬，徐现祥，2012. 地方官员引领产业结构变动[J]. 经济学（季刊），12（1）：71-92.

陶然，苏福兵，陆曦，等，2012. 经济增长能够带来晋升吗？：对晋升锦标竞赛理论的逻辑挑战与省级实证评估[J]. 管理世界（12）：13-26.

王永钦，张晏，章元，等，2007. 中国的大国发展道路：论分权式改革的得失[J]. 经济研究（1）：4-16.

吴敬琏，2014. 中国增长模式抉择：4版[M]. 上海：上海远东出版社.

尹恒，朱虹，2011. 县级财政生产性支出偏向研究[J]. 中国社会科学（1）：88-101，222.

张军，陈诗一，JEFFERSON G H，2009. 结构改革与中国工业增长[J]. 经济研究，44（7）：4-20.

张晏，龚六堂，2005. 分税制改革、财政分权与中国经济增长[J]. 经济学（季刊）（1）：75-108.

张卓元, 2005. 深化改革, 推进粗放型经济增长方式转变[J]. 经济研究（11）: 4-9.

周黎安, 2004. 晋升博弈中政府官员的激励与合作: 兼论我国地方保护主义和重复建设问题长期存在的原因[J]. 经济研究（6）: 33-40.

周黎安, 2007. 中国地方官员的晋升锦标赛模式研究[J]. 经济研究（7）: 36-50.

BESLEY T, 2006. Principled agents? The political economy of good government[M]. Oxford: Oxford University Press.

BRAND L, BIESEBROECK J V, ZHANG Y, 2012. Creative accounting or creative destruction? Firm-level productivity growth in Chinese Manufacturing[J]. Journal of development economics, 97（2）: 339-351.

BRENNAN G, Buchanan J M, 1980. The power to tax: analytical foundations of a fiscal constitution[M]. New York: Cambridge University Press.

BUCHANAN J M, TULLOCK G, 1962. The calculus of consent: logical foundations of constitutional democracy[M]. Michigan: University of Michigan Press.

GEMMELL N, KNELLER R, SANZ I, 2013. Fiscal decentralization and economic growth: spending versus revenue decentralization[J]. Economic inquiry, 51（4）: 1915-1931.

HOLMSTROM B, 1989. Agency costs and innovation[J]. Journal of economic behavior and organization, 12（3）: 305-327.

Jia J, GUO Q, ZHANG J, 2014. Fiscal decentralization and local expenditure policy in China[J]. China economic review（28）: 107-122.

JIN H, QIAN Y, WEINGAST B R, 2005. Regional decentralization and fiscal incentives: federalism, Chinese Style[J]. Journal of public economics, 89（9-10）: 1719-1742.

Li H, Zhou L, 2005. Political turnover and economic performance: the incentive role of personnel control in China[J]. Journal of public economics, 89(9-10): 1743-1762.

MONTINOLA G, QIAN Y, WEINGAST B R, 1995. Federalism, Chinese style: the political basis for economic success in China[J]. World politics, 48(1): 50-81.

OATES W E, 1972. Fiscal federalism[M]. New York: Harcourt Brace Jovanovich.

OATES W E, 1985. Searching for Leviathan: an empirical study[J]. American economic review, 75(4): 748-757.

OI J C, 1992. Fiscal reform and the economic foundations of local state corporatism in China[J]. World politics, 45(1): 99-126.

QIAN Y, ROLAND G, 1998. Federalism and the soft budget constraint[J]. American economic review, 88(5): 1143-1162.

TIEBOUT C, 1956. A pure theory of local expenditure[J]. Journal of political economy, 64(5): 416-424.

TIROLE J, 1994. The internal organization of government[J]. Oxford economic papers, 46(1): 1-29.

WEINGAST B R, 2009. Second generation fiscal federalism: the implications of fiscal incentives[J]. Journal of urban economics, 65(3): 279-293.

XU C, 2011. The fundamental institutions of China's reforms and development[J]. Journal of economic literature, 49(4): 1076-1151.

ZHANG T, ZOU H, 1998. Fiscal decentralization, public spending, and economic growth in China[J]. Journal of public economics, 67(2): 221-240.

第九章
面向高质量发展的财政和货币政策转型

　　财政制度转型的核心是实现从工业税制向城市税制的转变,本质上是因为城市化及其伴随的土地价格上涨正在快速蚕食工业税制的增长空间。本章通过分析工业税制下税收对应于工业化和土地财政、对应于城市化的不同收入形式特征的典型事实,研究了地方政府的"炒地"行为带来的土地价格增长对于税收和公共支出的非对称性影响及其反映出来的工业税制与城市化公共需求的不匹配性。货币政策的基准锚也与中国工业化和城市化进程中从财政、生产要素、资产到金融要素的渐次市场化密切相关,面向高质量发展要求财政和货币供给体制变革,本章提供了包括税制、土地制度、政府行为、财产分配、央行改表、统一监管和稳定政策等方面的一系列变革思路。

一、中国财政体制面临的长期挑战

本章将现行中国税制概括为工业税制，将工业税制在工业化进程中的动态表现称为"工业化税收"或"工业税收"。现代国家的税收体系差别不大，各国税制特征主要通过不同税收体系下居主导地位的税收来体现。工业税制的主要特征是以工业税制为代表的产业税制和以企业为主要纳税人的财政收入结构。工业税不限于对工业征收，但工业部门的税收制度最典型。中国工业税制以（工业）企业为主要纳税人，以产品增值额为主要税基。1994年分税制改革确立了以工业增值税为主体的流转税制，在生产环节征收，中央和地方按照75∶25分享，地方支出缺口通过中央转移支付和其他方式弥补。针对服务业、建筑业征收的产业税收是营业税，在2015年服务业"营改增"启动后也转变为服务业增值税，税基变为服务业增值额。正是基于此，服务业"营改增"常被认为是工业增值税税制的扩围，"营改增"使工业税制实现了非农产业全覆盖。服务业增值税税制是制造业增值税制的简单复制，服务业的两档增值税税率为11%和5%，低于制造业的两档增值税税率17%和13%。从税制设计的初衷看，国家把主要税种放在工业上，有利于从财政收入方面激励地方政府，将更多的精力用于招商引资、促进工业增长，使中国步入工业化的"快车道"。

从定量角度看税制结构，2016年全国税收收入总额为130360.73亿元，其中增值税、消费税、营业税，加上按三者之和的固定比例征收的城市维护建设税之和为66 464.79亿元，占全国税收收入总额的比重为51%。工业增值税是典型的工业税，消费税作为以工业增值税为基础的特种行为税，征收范围限于增值税范围内。将营业税全部纳入，并不仅仅因为其符合针对产业征收和以企业为主要纳税人的条件，更现实的因素是营业税将在本轮税制改革中全部转变为服务业增值税。以增值税、消费税和营业税为代表的工业税制构成了现行税制的主体。城市维护建设税用途指向城市建设，但实际上是增值税和消费税的附加税，也属于工业税制范畴。我国主要面向法人单位征税，90%以上的税款来自企业，来自自然人的税款不到10%，个人所得税基本是由所在单位代扣代缴而非个人直接缴纳（高培勇，2015）[①]。

2011年中国城市化率超过50%后，工业比重持续下降，服务业比重不断上升。城市化持续推进带来不断上升的公共服务需求，与工业化税收增长率持续放缓之间产生的财政缺口，短期内可以依靠土地出让收入和土地金融等经营性的非税收入、非一般公共预算收入来弥补，但不可持续。挑战来自三个方面：一是工业化税收比重不断下降与城市化公共服务需求不断上升之间的矛盾；二是城市化率持续提高与土地财政、土地金融难以持续发展之间的矛盾；三是城市分化引发的区域财政收入的不均衡与全国范围内公共服务均等化目标不对称的矛盾，导致区域财政风险和全国统筹安排的矛盾加剧。

1. 工业化税收与城市化公共服务支出匹配的经验事实

财政收入结构上，1994年分税制改革确立的激励工业化的工业税制，其工业化税收随着工业占GDP比重从上升到下降的系统性变化而出现不可逆转的下降趋势。随着新常态以来经济服务化进程加快，税收体制越来越明显地表现出四个动态特征：①若不考虑规模较小和作为附加税的城市维护建设税，以工业化为基础的三大产业主体税收（增值税、营业税和消费税）占全国税收收入总额的比重从1994年的68%下降到2016年的48%；②中央财政收入占全部财政收入的比重，随着工业化税收份额的萎缩而逐步下降，2011年之后开始系统性低于50%；③地方财政收入中以土地价值为税基的收入不断提高，2016年地方税收中来自产业的增值税和营业税只占45%，而土地相关税收已经提高到26%且在快速增长；④企业所得税和个人所得税占全国税收收入总额的比重上升较快，2015年占到了29%。

[①] 如果考察税收之外的政府收入，企业中心主义的特征就更明确。一般公共预算收入的非税收入、政府性基金预算、国有资本经营预算都具有间接税性质，因此是面向企业征收的。社会保险费具有一定的直接税性质，但是企业缴纳的比例也远远超过了个人缴纳比例。例如社会保险基金预算收入中的养老保险收入基本征收比例为企业缴纳职工工资的20%，个人缴纳8%。

财政支出结构上：①财政支出从重点支持生产建设转向重点支持公共服务和民生。2007年财政支出口径的调整本身就表明了这一点，此前的财政支出体制主要面向生产建设。②公共服务支出与城市化率高度相关，且随城市化率的提高而显著上升。2007年统一口径后的公共服务支出变化趋势更加明显地呈现出了这一特点。

将一般公共预算的收支两方面进行匹配不难发现［见图9-1（a）］：①全部税收中来自作为现行税制主体的工业税制的税收收入，即工业化税收的比重不断降低。②公共服务支出的比重越来越高。

2. 城市化中的财政支出与土地收入的经验化事实

1994年分税制改革扭转了中央和地方财政分配格局。分税制改革后，中央财政收入占比达到了55%，但地方财政支出占比依然高达69.7%，这种不对称导致地方财政收入覆盖地方财政支出的比例从1993年的高位快速下降到1994年的57%。随着此后财政集权不断推进，支出下移也越来越严重。2010年以来地方财政支出占全国财政支出的比例超过了80%，2016年达到了85%，同时地方财政收入覆盖地方财政支出的比例下降到54.3%的最低点［见图9-1（b）］，地方政府收支平衡对中央财政转移支付的依赖性不断加强。受制于作为税制和分税制主体的工业化税收占比的下降，中央财政难以有更大财力进行转移支付，依靠债务平衡成为地方财政的常态。对日渐吃紧的地方财政来说，一般公共预算支出只能供"人吃马喂"，大规模城市基础设施建设、补贴工业用地、招商引资减税等发展性支出只能另觅财源。

为了促进税收增长和弥补收支缺口，地方政府在招商引资上展开激烈竞争。竞争的重要手段是建立开发区，以低价土地换取工业项目。这意味着要以放弃土地要素收入为代价，获取更多的工业化税收，保障就业和促进GDP增长。与工业化并行的城市化，在住房市场化改革中正式启动，标志性政策是1997年实行住房信贷、1998年《中华人民共和国土地管理法》修订、1999年公有住房改革以及2002年土地出让制度的确立。2002—2003

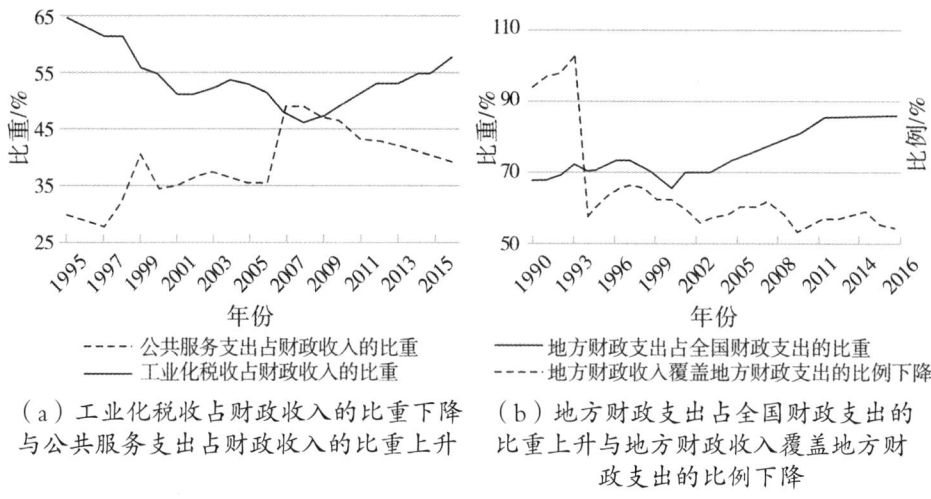

(a) 工业化税收占财政收入的比重下降与公共服务支出占财政收入的比重上升

(b) 地方财政支出占全国财政支出的比重上升与地方财政收入覆盖地方财政支出的比例下降

图9-1 中国财税体制面临的结构性矛盾

注：工业化税收为增值税、营业税、消费税和城市维护建设税之和。

年所得税分享改革等连续推进的财权上移和支出下移，加上中央对民生支出的重视、资金配套机制和项目制的大量实施，地方自由裁量的发展财力一再被压缩[①]。大量进城人口的住房需求和原本被抑制的住房需求需要释放，地方政府需要发展性财源，土地财政应运而生。面对城市化的巨大需求和《中华人民共和国预算法》对地方举债的限制，土地出让收入成为弥补公共财力不足的唯一来源。

土地收入包括三个部分：①土地和房地产相关的五大税，包括契税、土地增值税、房产税、耕地占用税、城镇土地使用税。2016年这部分收入占本级财政收入的17.2%。②土地出让收入。从2015年开始，土地出让收

---

① 1979年和1980年中央财政分别出现了170.67亿元和127.5亿元的赤字，1981—1989年中央连续9年向地方借款，其中1981年借款总额为68.41亿元，占当年中央财政支出625.65亿元的10.9%。1991年中央召开财政工作会议时，再次要求各省作出贡献（李萍，2010）。1994年和2002年的两次改革改变了中央与地方财政分配格局。1994年中央财政收入占全国财政收入的比重直接从1993年的22%上升到56%，地方财政收入的比重则从1993年的78%下降到44%。2002和2003年中央将所得税增量纳入分享（2002年中央和地方各占50%，2003年中央占60%、地方占40%），财政收入集中的力度再次加大。

支由持续盈余转为连续赤字，土地出让收入已经难以抵补同期的土地购入补偿、平整等支出。③以土地抵押贷款为核心的土地金融。

改革开放之初的土地供应是基本免费的审批制。2002年国务院各部委出台多份文件要求各类经营性用地必须招拍挂，追求价格最大化的土地出让模式正式确立。2002年土地出让价格达每公顷195万元，比2000年上涨了50%；2004—2006年维持在每公顷350万元；2007年中国经济增长率达到14.7%的同时，土地价格也达到创纪录的每公顷520万元。2008年全球金融危机爆发后经济增长率不断下降，土地价格却连年快速增长。高房价等城市化相关高成本对产业竞争力具有挤出效应，特别是中国的低成本工业（中国经济增长前沿课题组 等，2011），还导致工业化税收增长率放缓。地方政府对溢价最高的住宅用地供应比例不断上升，意味着这个时期的土地经营目标是出让收入带来的现金流最大化，属于典型的土地财政形态。

中国经济进入新常态以来，不同于以往需求正向冲击导致的"量价双涨"，土地市场表现出供给负向冲击下的"量缩价涨"，与2012年以前的土地财政形成了鲜明对比。2013年土地出让面积达到峰值37.48万公顷、土地出让收入在达到4.12万亿元的历史最高点后急剧转变。在土地出让收入维持在3万亿~4万亿元的格局下，2016年土地出让面积减少了45%。与此相伴随的是土地出让价格的快速上涨，从2013年的每公顷1167.16万元上涨到2016年的每公顷1810万元，土地市场开始表现为单纯的价格增长。2013—2016年溢价最高的住宅用地供应面积依次为13.81万公顷、10.21万公顷、8.26万公顷和7.29万公顷，占建设用地比重从2013年的25.6%下降到2016年的14.1%。控制和减少土地供给，是新时期地方政府推高土地价格的主要方式。

尽管土地出让面积和土地出让收入在2013年后没有增长，但与土地价格上涨相伴随的是土地抵押贷款和抵押面积的显著增长。全国84个重点城市的土地抵押面积从2009年的21.70万公顷增加到2015年的49.08万公顷，提高了1.26倍；土地抵押贷款规模从2009年的2.590万亿元增加到2015年的

11.33万亿元，提高了3.37倍。最快的增长出现在2013年以后（见表9-1）。

从土地出让到土地抵押的转变，是城市化发展的必然。随着城市化率不断提高，城市化增长率和土地需求增长率逐步放缓，弥补城市人口增长带来的公共服务需求上升所产生的缺口越来越依靠土地融资。在土地抵押面积和土地抵押贷款暴涨的背后，推动价格上涨的好处和风险都得到了明确体现：①在押土地平均价格和边际价格都快速增长，新增土地抵押价格增长更快。2015年土地出让价格比2012年上涨了65%，抵押土地的边际价格上涨了94%。②在押土地平均价格和边际价格都远远高于土地出让价格。考虑到60%～70%的抵押率，在押土地的价格比表9-1的数据还要高43%～67%。这就意味着，用于抵押的土地都是溢价最高的住宅用地和商服用地[①]。

表9-1 2009—2016年土地出让与土地抵押情况

年份	土地出让			土地抵押			
	收入/万亿元	面积/万公顷	价格/（万元·公顷$^{-1}$）	面积/万公顷	贷款总额/万亿元	平均价格/（万元·公顷$^{-1}$）	边际价格/（万元·公顷$^{-1}$）
2009	1.42	22.08	643.12	21.70	2.59	1191.52	1519.41
2010	2.94	29.37	1001.02	25.82	3.53	1367.16	2461.50
2011	3.35	33.51	999.70	30.08	4.80	1595.74	3031.03
2012	2.85	33.24	857.40	34.87	5.95	1706.34	2372.88

---

① 2015年新增抵押土地的边际价格已经达到每公顷4600万元，以抵押率70%计算的土地价格已经达到每公顷6578万元，接近商服用地和住宅用地价格的顶峰。根据《2015中国国土资源公报》的数据，2015年全国105个主要监测城市综合用地价格、商服用地价格、住宅用地价格和工业用地价格每公顷分别为3633万元、6729万元、5484万元和760万元，其中工业用地价格最低，综合用地价格是工业用地价格的5倍左右，商服用地和住宅用地价格约为工业用地价格的9倍和7倍，很明显商服用地和住宅用地最值钱。2015年84个重点城市的新增土地抵押价格为每公顷6578万元，已经超过了上述住宅用地价格而略低于商服用地价格。但因为84个重点城市是105个主要监测城市中价格较高的，例如北京住宅用地价格为1.667亿元，因此土地抵押边际价格与住宅用地价格并不矛盾。

续表

年份	土地出让			土地抵押			
	收入/万亿元	面积/万公顷	价格/(万元·公顷$^{-1}$)	面积/万公顷	贷款总额/万亿元	平均价格/(万元·公顷$^{-1}$)	边际价格/(万元·公顷$^{-1}$)
2013	4.12	37.48	1167.16	40.39	7.76	1921.27	3320.83
2014	4.26	27.73	1536.24	45.10	9.51	2108.65	3793.86
2015	3.25	22.49	1445.09	49.08	11.33	2308.48	4599.48
2016	3.75	20.82	1801.15	—	—	—	—

注：①土地出让数据来自各年度《中国国土资源年鉴》，2016年数据来自《2016中国国土资源公报》，土地抵押数据来自各年度《中国国土资源公报》[1]；②土地抵押平均价格等于贷款总额除以土地抵押面积，土地抵押边际价格等于新增贷款额除以新增面积。

土地出让收入直接充实了地方财政，而土地金融则更多表现为土地风险和债务风险。围绕土地进行的金融活动不仅仅包括信贷，还有土地信托、发债等。土地金融已经从政府部门扩展到了市场和全社会，但不得不面对城市化发展阶段和城市分化的约束。

3. 城市分化与公共福利支出均等化匹配

从国际城市化的一般规律看，城市化率在30%～50%之间是加速发展期。中国"遍地开花"的城市化，农村工业化和人口就地转移的县域城市化路径，导致中小城市的发展速度快于大城市，这也是"城镇化"一词的由来[2]。2011年城市化率突破50%，城市化开始向着一线、二线城市集中发展，出现城市分化。

---

[1] 土地出让收入数据主要有财政和国土两个口径：国土口径是出让合同金额，而财政口径是交易实际入库金额。由于从土地拍卖到资金缴纳有时间间隔，二者在年度数据上一般不相等。从数据内容看，国土数据与出让面积对应，可以计算土地价格，所以表9-1采用国土数据。财政数据从年度决算看较为准确，但不包括出让面积信息，也不能和国土部门的当年土地出让面积对应。

[2] 普查数据显示，1982—2010年城镇人口从6105.61万人增加到26624.55万人，城市人口从14525.31万人增加到40376.00万人。

随着城市化率的不断提高，城市分化加快。按"S"型曲线测算（陈昌兵，2013），2019年中国城市化率超过60%后，城市化增长率从城市化率30%~50%区间的3.6%和50%~60%区间的2%，进一步放缓为60%~70%区间的1.6%。新阶段中国城市化的主要驱动力量，已经不再是以往以"乡城迁移"为特征的农民进城，而是以"城城迁移"为特征的城市劳动力再配置。迁徙意愿较强、高人力资本和高生产率的农村劳动力已基本完成市场导向的城市化，剩余农村人口的迁移意愿较弱，人力资本水平和生产率偏低，进一步向城市转移较为困难，要扎实推进乡村振兴战略。随着城市圈形成和产业升级，高人力资本和高生产率的城市人口将发生以效率为导向的空间再配置，这是新阶段中国城市化的主导力量。无论从国际经验还是从东亚特色看，百万人口以上城市人口总量的增长空间，都远远超过了城市化率的提高空间（王小鲁，2010）[1]。

在城市人口总量难以大幅增长的前提下，单个城市的人口规模增长必然以其他城市的人口流出为代价，这会导致城市分化。从长期看，人口集中导致的人口密度提高和劳动力在城市间的迁移过程永远不会停止。城市化新阶段不会大批量生产新城市，而是在已有城市的基础上展开，包括2015年的291个地级市、361个县级市等已经实质性具备了城市基础的地区。位于北上广深等大城市周边、承担了城市功能拓展职能的小城镇的发展速度，将会远远超过其他很多地级市。已有城市的分化和大城市化将成为经济新阶段的主流（张自然 等，2016）[2]。城市分化发生在以下四个方面：

第一是人口流动的趋势性分化导致大城市化。城市化新阶段的人口流动的突出变化，是在城市化速度趋于平稳甚至变缓的情况下，人口持续大量流入一线、二线城市。流入百万人口以上大城市的人口持续快速增长，

---

[1] 20世纪中叶以来，世界城市人口一直向大城市集中。以美国为例，1950年以来5万~25万人的都会区人口比重保持在10%左右；25万~100万人的都会区人口比重从15%小幅上升至20%；而100万人以上的都会区人口比重则从26%激增至56%。
[2] 行政力量的整合上也显示出类似趋势。《2016中国统计年鉴》显示，2011—2015年地级市从284个增加到291个，县级市则从369个减少到361个，县更是从1456个减少到1397个。

远远超过中小城市和城镇。世界银行WDI（World Development Indicators）数据显示，2002年城镇新增人口约有1/3进入了百万人口以上大城市，2/3进入中小城市和城镇（见图9-2左）。随着进入大城市的人口比重不断上升，2014年进入大城市的人口数量正式超过中小城市。

第二是住房市场分化。在城市经济中，住房是居民财富的重要来源，也是城市空间市场预期的集中反映。在"三去一降一补"和"分城调控、因城施策"背景下，以北上广深为代表的一线城市住房供不应求和房价快速上涨，与三线、四线城市住房供给持续过剩之间形成分化。在2014—2016年的房价上涨中，70个大中城市二手房和新房价格同比涨幅的标准差都呈现出明显的放大（见图9-2右）。虽然后期住房调控加码导致住房价格涨幅标准差重新缩小，但房价基数显示百城新房价离差到2016年11月依然在持续扩大①。

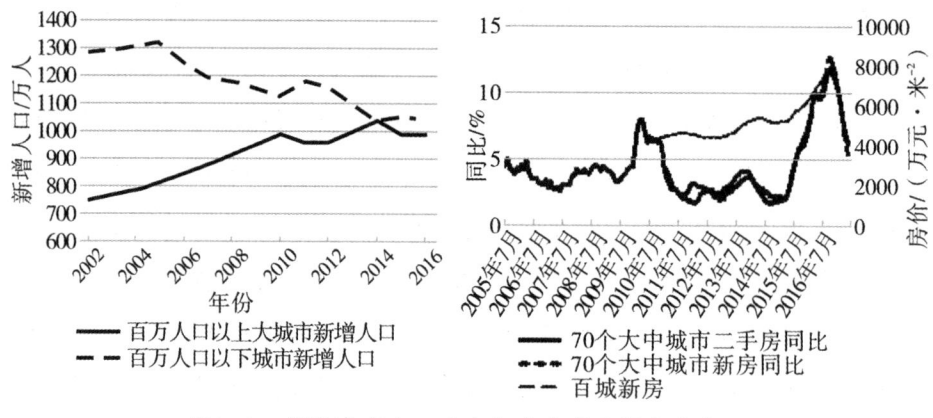

图9-2 新增城市人口流向和房地产市场分化状况

注：人口数据依据世界银行WDI数据计算得出；房地产采用月度数据标准差，数据都来自Wind，70个大中城市新房和二手房采用同比数据，百城新房价采用基数。

第三是土地市场分化。2012年之前的土地价格呈现的是全国性上涨趋

---

① 与新房价格相比，二手房市场被认为较少受到政府定价政策干预。Fang et al.（2015）用抵押贷款数据估计的房价走势显示出一定程度的住房市场分化。

势，2013年后一线、二线城市土地价格飞速上涨，总价和单价双高的"地王"频现。从土地用途看，分化主要发生在住宅用地和商服用地，工业用地价格相对扁平化，差别不大①。从一线、二线、三线城市的差别看，2008—2013年住宅用地价格的变异系数一直在0.88以内，各类城市之间的差别比较稳定，从2014年开始变异系数超过1，2016年在不断加码的市场调控下略微缩小到0.94，远远超过了前期0.88的稳定值。

第四是区域分化。区域分化是人口、住房和土地分化的综合结果，省级层面的城市化路径差别越来越大：①以北京和上海为代表的直辖市城市化率已经接近90%，城市化已经基本完成，呈现出高水平稳定的特征。②以东北三省为代表的人口流出地区，在计划经济时期依靠国有制已经具备了较好的城市基础但后续乏力，城市化率可能会降到70%以下，呈现出中等水平稳定的特征。③北上广三大经济区中心城市周边省份的城市化正在快速推进，但模式和速度受到了中心城市规模控制政策的影响。④中部地区、西北地区和西南地区的城市化率正处在50%附近的加速区间，目前是全国城市化推进较快的地区。

在城市分化和区域分化的同时，全国范围内公共服务支出均等化的步伐快速推进。我们根据各省公共服务支出均等化计算得出以下几个结论：①不论按变异系数还是泰尔指数测算，全国范围内公共服务支出均等化程度都明显提高。变异系数从2007年的0.6960下降到了2015年的0.4649；同期泰尔指数从0.1602下降到了0.0353（见表9-2），下降都十分明显，意味着中国省级公共服务支出均等化取得了重要进展。②东部地区、中部地区、西部地区组内差异也明显缩小，中部地区差异最小，西部地区差异缩小最快。③东部地区、中部地区、西部地区组间收入差异也在持续缩小。公共服务支出均等化来源于人均财政支出区域均等化，主要得益于中央财

---

① 在2014年全国105个主要监测城市中，商服用地最高组均值为36097元/米²，最低组均值仅为2213元/米²；住宅用地最高组均值为37789元/米²，最低组均值仅为1409元/米²（徐思超，2017）。

政转移支付,与地区财力基本不相关。落后地区财政支出结构的优化完全依赖于中央财政转移支付,这是区域协调和平衡发展的关键,也是未来中央与地方事权重新调整的重要依据。

表9-2 地区之间公共服务支出的差异

年份	变异系数（全国）	泰尔指数（东部地区）	泰尔指数（中部地区）	泰尔指数（西部地区）	泰尔指数（跨区域）	泰尔指数（全国）
2007	0.6960	0.1967	0.0183	0.0985	0.0298	0.1602
2008	0.6376	0.1779	0.0119	0.0676	0.0216	0.1250
2009	0.5781	0.1319	0.0147	0.0368	0.0063	0.0727
2010	0.5151	0.1173	0.0085	0.0368	0.0077	0.0664
2011	0.4896	0.0897	0.0063	0.0233	0.0064	0.0489
2012	0.4555	0.0733	0.0062	0.0210	0.0067	0.0430
2013	0.4471	0.0664	0.0056	0.0191	0.0054	0.0381
2014	0.4621	0.0595	0.0058	0.0174	0.0064	0.0365
2015	0.4649	0.0601	0.0058	0.0190	0.0050	0.0353

注：①数据由陆江源博士测算,原始数据来自Wind。②全部采用人均变量,公共服务支出包括教育、科学技术、医疗卫生与计划生育、文化体育和传媒、城乡社区事务、住房保障支出、社会保障和就业。

二、经济发展新阶段的货币模式转变

改革开放以来,我国货币供给与经济增长阶段性变化有着很强的同步性特征,每一个发展阶段都会赋予货币供给不同的特性、演进逻辑和政策性含义。随着经济发展阶段发生新变化,货币供给体系也要随之改变,货币供给体制和政策需要与经济发展阶段转换相匹配。

现实的冲击已经到来。2013年我国发生了"钱荒",2015年出现了"股灾",2015年8月11日汇率市场化改革引起汇率贬值波动。2016年初股市实行熔断机制、房价大涨,2016年末债券市场出现"小债灾",金融降杠杆政策呼之欲出。2017年二季度重新实行严厉的金融分业监管和财政督查制度。以通道业务驱动的金融创新和地方产业基金、政府购买服务形成的建设-移交(BT)项目和部分政府和社会资本合作(PPP)项目等地方融资安排同样被叫停。当前的宏观管理体制,如央行货币供给体系、财政分税制等,沿用的是1994年分税制改革以来的宏观管理框架,新的经济发展要求新的宏观管理架构的设立。

1. 我国经济增长与货币供给的理论与经验事实

以往的研究基于增长与资本形成框架分析货币供给,指出"在其他条件都不变的情况下,压低企业借款利率或增加货币(信贷)供给增长率,可以促进经济增长",并指出了其推动资本形成-增长的边界性特征(张平 等,2011)。国外对货币供给的研究中最著名的是麦金农(1988)基于后发国家事实提出的金融深化理论,即货币供给通过信贷中介推动一国的资本形成,从而推动经济增长。后发国家资本稀缺,资本形成是推动经济增长的根本,其原理非常简单,即中央银行进行货币供给—银行信贷(信用创造)—企业(非银行机构)货币需求—投资(资本形成),投资带动经济增长。这里银行作为信贷中介是资本形成的关键,因此用M2/GDP来衡量金融深化。

改革开放以来,我国先以财政创造货币,通过信贷推动资本形成,货币供给增长的同时,价格大幅波动,直到货币供给模式转变后才抑制了价格大幅度上涨。货币供给模式的转变缘于1994年人民币并轨和1995年商业银行体制建立。其后,货币供给从财政创造货币转向以出口导向为基础资产的银行货币供给。1995年后,M2/GDP提高到了1倍以上,到2016年已经达到了2.08倍,信贷供给大幅度提升,资本形成迅速,物价相对平稳,经济高速增长(见图9-3)。

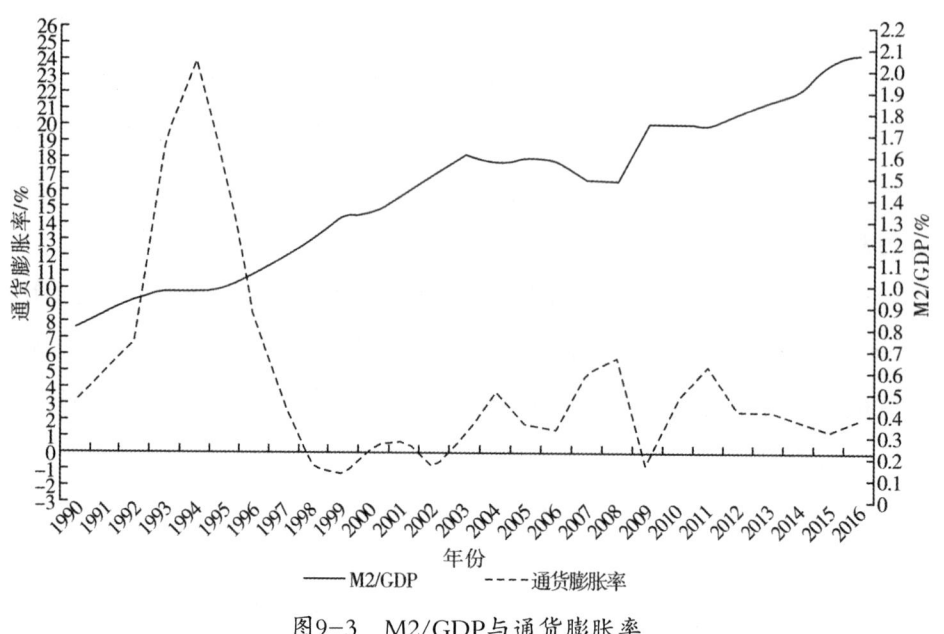

图9-3 M2/GDP与通货膨胀率

资料来源：《2016中国统计年鉴》。

我国快速增长的M2没有引起通货膨胀，有悖于货币理论中的中性原理，即货币供给过多引起通货膨胀。这就是1995年后，M2大幅度提高过程中未发生大的通货膨胀，即中国的"货币迷失"问题。对此存在较多的理论解释，但本质上只有结合我国经济增长和体制改革，才能更好地解释这一问题。如计划商品的市场化改革（易纲，2004），全面解释我国的信用创造（李斌 等，2014）等。国际上，Bernanke（2005）讨论了中国的"过度储蓄"，从另一个角度解释了"货币迷失"问题。中国以信贷中介加快资本积累为货币政策目标，利用比较优势推动出口，推动经济高速增长，而货币的稳定化目标相应要求较低。

发达国家货币模型框架原本将货币看待为中性，关心的是M/P，目标是分析货币供给与物价的关联。该模型框架引入托宾的资产变量、金融结构等，分析了新因素对利率和资本的影响，但仍以货币供需对宏观波动的影响为主，而不是增长。增长是稳定化宏观目标的副产品。美国货币政策目标以泰勒规则为加权，但其本质仍是以稳定为主。2008年全球金融危机爆发以来，美联储主导的货币政策更具有工具性特征。为了解决债券市场的流动性问题，美联储采用量化宽松政策，同时承诺量化宽松货币退出，这种货币释放是一个解决金融市场信息不对称问题的中性工具。扭转交易则是通过改变利率曲线，修复资产负债表。

我国的货币供给沿着后发国家的路径推进，核心是通过信贷中介来加快资本形成，加速增长，当然也有波动，基本目标是"又快又好"。2008年全球金融危机爆发，政府加大力度出台反危机措施，并积极推动了金融监管的适度放松，允许银行提供更为广泛的金融服务，银行理财等多种表外业务、信托公司非标融资和通道等金融服务得到发展，资本形成依然保持高速增长。随着2012年我国经济逐步进入新常态，资本-产出效率下降，资本外流、资产价格波动加剧。货币供给推动资本形成促增长的政策目标失去了效率，经济发展阶段也内生地要求货币供给机制改变。

我国有着明确的资本形成目标，但在不同的发展阶段，货币供给和决定货币供给的因素是不断变化的，因此要基于不同的发展阶段来分析货币供给机制的变化。

第一阶段，财政赤字货币化。1978—1994年，我国改革开放从农村土地承包改革启动，到发展乡镇企业，再到1992年邓小平南方谈话后的沿海开放，微观主体激活，对外贸易逐步展开，很多计划控制的商品逐步由市场定价了，到1994年实行价格双轨制（即计划价格和市场价格统一），从而产生了大量的货币需求。用简单的公式表述为：货币需求=正常货币需求+额外需求；额外需求=（市场价格-计划价格）×计划内商品市场化速度。计划产品逐步市场化过程中产生了额外货币需求。这一时期，货币供给的方式仍按照原有的体系，通过财政创造货币，中国人民银行及四大国有商业银行都是财政支出的出纳，没有独立的银行体系，银行贷款一直大于银行存款，需要财政弥补。财政赤字货币化导致了价格波动巨大。

改革开放后，随着经济发展，我国居民在银行中已经有了大量的存款，这与1978年居民储蓄只有不到300亿元相比发生了天翻地覆的变化，为银行商业化转型奠定了基础。1995年《中华人民共和国商业银行法》通过并施行后，我国的银行和财政体系分离，现代银行体系正式建立。

第二阶段，劳动力要素货币化。1995年后，我国货币供给与经济发展阶段相互配合，这一阶段就是农村剩余劳动力从无价变有价，劳动力要素货币化进程开启。我国通过劳动力比较优势获得了巨大的贸易盈余和外商直接投资（FDI），双顺差推动了央行外汇资产增加，货币供给增长速度加快，货币供给与需求上升不断相互促进。这一阶段有两大标志：第一个标志是以商业银行法为起点，我国货币供给摆脱了财政出纳的架构，央行和商业银行具有了独立性特征，货币供给正常化；第二个标志是1994年人民币汇率并轨，并与1992年以来沿海对外开放相互配合，1995年我国从长期逆差国转变为持续顺差国，外汇盈余持续增长，FDI加快流入。

货币供给的方式已经从一般商品市场化转为农村剩余劳动力从无价变有价的劳动力要素货币化。这一过程通过出口和FDI构成了货币化的循环扩张机制。按照二元经济结构理论，农村是一个非货币化的部门，其剩余劳动力是无价的，他们已经不能增加农业产出，反而要消耗农村粮食。如果有一个工业化（货币化）部门吸收农村剩余劳动力，就会推动农村剩余劳动力的货币化转换。国际货币基金组织经济学家Borpujari（1977）认为货币化部门对非货币化部门的贸易需求启动了非货币化部门的货币化进程。

从我国的实践看，工业特别是外向型工业部门发展对农业部门的劳动力产生了极大需求，我国的贸易条件已经从工业农业交换贸易条件拓展到了国际贸易条件。我国通过比较优势实施了出口导向战略，使农村剩余劳动力持续转移。这种贸易条件推动的无价的农村剩余劳动力从农村部门转到有价的工业部门，本质上是劳动力要素货币化进程。

市场化和国际化的发展，使得我国大量"无价"的农村剩余劳动力转移到出口部门，通过比较优势创造大量外汇盈余，外汇盈余转为央行外汇资产，从而形成央行发行的基础货币，增加信贷。农村剩余劳动力获得货币报酬，盈利企业获得收益并扩大投资，使得劳动者和投资者的货币需求增加，形成经济体内在的循环。这一阶段称为"劳动力要素货币化进程的货币释放"。这一进程是我国最为重要的经济增长与货币供给体制形成的历程，体现在央行资产负债表上的资产项目中的国外资产迅速增加，外汇资产占央行资产和M2的比重持续增加（见图9-4），M2/GDP显著提高。出口导向型经济发展与货币供需架构一直是我国货币化进程的主导因素。这一货币释放没有引起通货膨胀，根本原因就是出口导向。

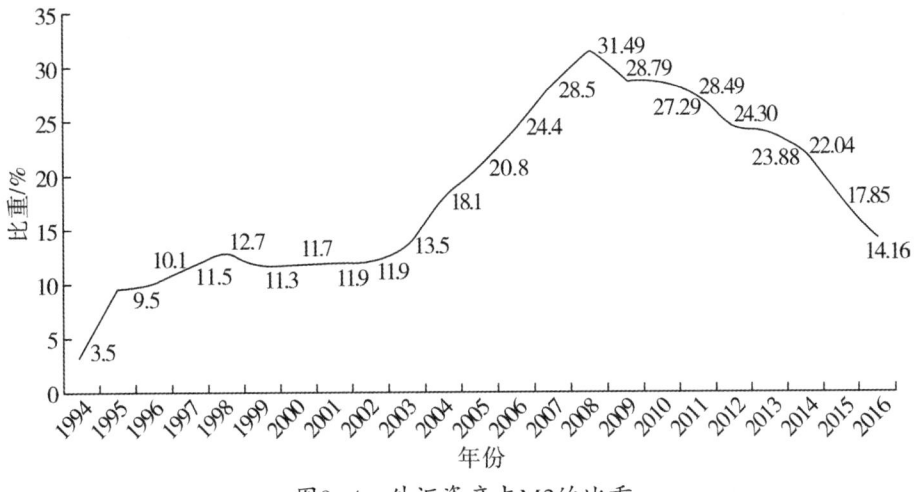

图9-4　外汇资产占M2的比重

资料来源：《2016中国统计年鉴》。

第三阶段，土地等资产货币化。1997年亚洲金融危机后，政府启动了居民住房消费的货币化工作，允许居民按揭贷款买房，1999年全面启动公房改革。2002年国土资源部颁布《招标拍卖挂牌出让国有土地使用权规定》，明确规定商业、旅游、娱乐和商品住宅等各类经营性用地必须通过招拍挂方式出让，正式启动了以房地产作为抵押物进行贷款的新阶段。

我国土地从划拨转向21世纪的招拍挂的市场化行为，使土地、住房、自然资源等资产从无偿划拨变为可定价、可抵押的标准资产。以土地为代表的资产货币化提高了土地的货币需求，并参与了信用创造。土地等资产交易不仅产生需求货币，而且具有抵押性质，还具有杠杆特性，这是信用创造的根本。2003年土地市场化改革推动了新的货币需求产生，也是这一阶段货币供给增长的主导因素。

土地等资产货币化对货币需求的影响是巨大的，体现在土地从无偿划拨变为有价出让，房屋从无价公房变为有价商品房。房地产具有抵押特性，其信用创造能力比一般商品、劳动力要素高，房地产促进货币需求也影响货币供给。从表9-3中可以看出，房地产开发贷款和个人贷款余额占M2的比重持续上升，而且其增长速度高于M2的增长速度（这里未包含其他非标和土地购入款等项目）。从2003年启动土地市场化到2016年，房地产开发贷款和个人贷款余额已经占到M2的15%。

表9-3 房地产开发贷款和个人贷款余额占M2的比重

年份	房地产开发贷款和个人贷款余额/亿元	M2/亿元	贷款余额占M2的比重/%
2004	23800.0	254107.0	9
2005	28191.0	296755.7	10
2006	36800.0	245577.9	11
2007	48000.0	403442.2	12
2008	49100.0	475166.6	10
2009	72878.0	610224.5	12
2010	93325.8	725851.8	13
2011	106280.0	851590.9	12
2012	113630.0	974148.8	12
2013	136000.0	1106525.0	12
2014	152000.0	1228374.8	12

续表

年份	房地产开发贷款和个人贷款余额/亿元	M2/亿元	贷款余额占M2的比重/%
2015	185000.0	1392278.1	13
2016	238000.0	1550066.7	15

资料来源：Wind。

第四阶段，金融创新（影子银行）的货币信用创造。这一阶段是金融脱媒阶段，即通过同业、资管通道和金融产品管制放松等手段，形成了表外业务，进行脱媒活动，推动金融系统进行信用创造。2008年全球金融危机爆发后，我国政府推出了反危机的"四万亿"刺激政策，推动了国内基础设施的大发展，带动了地方政府投资与城市化扩张。很多货币需求是原有信贷难以满足的，脱媒活动呼之欲出。2009年，信托公司启动了脱媒活动，银行通过信托的非标业务为地方政府和房地产企业提供融资。2010年，政府提出了社会融资的新货币目标，将信托贷款、票据、债券等项目纳入社会融资体系，以银行理财、同业、买入返售、信托非标为代表的金融脱媒活动获得较快发展。货币需求来自房地产和基础设施的双扩张。到2012年我国的城市化率突破50%，城市化带来的巨大融资需求推动了金融创新活动的开展。刘轶等（2016）计算了银行同业对货币供给的额外影响，认为2010—2015年银行同业业务，特别是买入返售业务额外增加了10%的货币供给。大量的银行资金通过多个渠道进入经济体系，银行也享受到了城市化带来的收益。

2013年"钱荒"后，政府加大了对买入返售业务和非标业务的监管力度，2014年实行了更为全面的金融产品管制放松手段。保监会、银监会、证监会积极出台资管产品创新政策，放开了更多金融交叉业务，如基金子公司、保险资产管理公司都可以参与通道业务。保险资产管理公司推出万能险这样的准理财产品，私募基金和互联网融资等全面兴起，股票、债券、货币市场交易火爆，波动加大，我国影子银行体系确立，初步形成了以通道驱动的金融结构。这直接表现为金融机构间的交易是进行监管套利，而非优化资源配置的金融服务。

2015年8月11日开始我国对汇率市场定价机制进行改革，汇率波动开始加大，且外汇资产持续下降，同期政府推进了债务置换和国内货币资产创造，减缓了外汇资产下降导致的央行资产缩表速度。这里包括了央行创设国内资产，如中期借贷便利（MLF）和抵押补充贷款（PSL）等，也包括了进行地方债务置换，尝试公债货币化。公债货币化是央行货币释放的一个重要渠道，是国家为了弥补债务，让央行发行货币进行购买，发达国家主要是靠公债货币化调整央行资产和基础货币（邓小兰 等，2015）。从以出口导向推动外汇资产上升为主导的货币供给，到土地信用创造货币需求驱动的货币供给，最后通过脱媒进行金融创新，但原有的外汇资产和房地产需求带动作用会逐步减弱，而脱媒对优化资源配置帮助不大，因此新的阶段孕育了新的货币创造机制。

2. 新时代货币供给机制的三大转变

2012年，我国经济增速逐步放缓，经济增长结构性减速，以货币供给驱动资本形成推动GDP增长的目标越来越难以实现（刘金权 等，2017）。货币供给推动经济增长，经济增长带来新货币需求的正循环模式难以持续。劳动力要素货币化进程实质上在2008年达到高峰，外汇资产占M2的比重达到31.5%，而后不断下降，2015年外汇资产绝对额下降。2012年城市化率突破50%后，土地转让收入逐步下降，而以土地作为抵押的面积扩大，其金融属性更为凸显。资本形成中的长期货币需求和货币供给的关键性要素的作用逐步减弱，2013年金融创新推动力度加大，金融机构交易开始迅速攀升，与之相对应的货币乘数和信用杠杆率亦快速提升。以2015年"8·11"汇改和加入特别提款权（SDR）为契机的汇率改革，意味着新开放格局下利率国际传导机制也在形成。因此，在新阶段，在货币供给、信用创造和利率国际传导机制方面确实发生了根本性的变化，需要重新理解新常态下的货币供给机制的三大转变。

从央行负债表上看：基础货币（MB，即资产负债表中的储备货币）=国外净资产（NFA）变动+国内净资产（NDA）变动；M2=MB×货币乘数，货币乘数隐含了利率传导机制。货币受到供给量影响，同时其价格相对于后发国家不仅仅受到本国货币政策的影响，也受到美国等储备货币国家货币政策的影响。上述有关央行资产的变动、金融结构对货币乘数和信用杠杆率的影响，以及对利率国际传导机制的影响构成了新时代货币供给机制的三大转变。从当前看，其转变方向为：第一，货币当局资产负债表中资产项目下的外汇资产下降，反映出我国外向型经济推动的货币释放逐步正常化，难以推动基础货币的供给；第二，货币信用创造机制发生了根本性变化，从信贷中介转向金融结构的复杂金融体系，提高了货币乘数和信用杠杆率，当然通过传统监管方式仍然可以回到信贷主导轨道上，但会导致金融的超预期收缩和巨大的金融摩擦；第三，汇率和利率波动具有国际联动的特性，我国10年期国债长期受到美国10年期国债的影响。2015年汇率中间价改革、加入SDR和沪深与香港资本市场接通后，我国的资本流动性提高，美国等储备货币国家利率和汇率对我国的影响加大，特别是近年来美联储持续加息透过货币流动渠道直接引发了国内债券市场的异常波动。美国的加息周期和缩表周期已经在推动我国资金成本持续上升，当然这里有监管原因，但无疑美国的加息周期和缩表周期对中国经济产生了很大的影响。我国已经加强了资本管制和对汇率市场化定价机制进行了修改，希望能降低国际冲击对我国经济的影响。

（1）货币供给将从外汇资产推动逐步转向国内金融"便利"资产创设，"脱实向虚"特征明显。央行资产负债表中外汇资产对应的是我国实体经济出口和国外投资的财富累积，属于长期资产。国内资产近年来主要是通过"对其他存款性公司债权"这一项目创设资产，这一部分资产来源于央行大量创设的金融"便利"资产，主要是为了保持金融市场交易的流动性。常备借贷便利（SLF）、中期借贷便利（MLF）、临时流动性便利

（TLF）、抵押补充贷款（PSL）等金融资产属于短期维持流动性的金融资产，其作用为保持金融机构间交易平稳，与实体经济无直接关联。由于央行创设的国内部门金融资产交易期过短，因此只适合用于短期维护经济稳定，无法成为长期货币供给的基础。

1994年汇率并轨后，我国进入了一个双顺差的阶段，到2012年人民币双顺差才结束。从央行资产负债表的结构性变化（见表9-4）中可以看出，2013年外汇资产占央行资产的比重高达83%，再次创历史新高。但2014年出现了季度性贸易逆差，外汇资产占央行资产的比重下降。2015年人民币汇率市场化改革实施后，人民币贬值和大规模流出，2015年初外汇资产绝对额下降，直接引起了央行资产负债表收缩，央行开始增加国内资产的创设。2016年外汇资产占央行资产的比重持续下降，央行靠对其他存款性公司债权将创设资产提升了2.15倍，即从2.7万亿元提高到了8.5万亿元的水平，一举将对其他存款性公司债权占央行资产的比重提升到了25%，对冲外汇资产占比下降，推动了央行资产的扩张。央行的货币供给已经从外汇资产推动逐步转向国内资产的创设和发行了，货币机制发生了根本性变化（肖崎 等，2016）。

表9-4 央行资产负债表的结构性变化

年份	2009	2010	2011	2012	2013	2014	2015	2016
外汇资产占央行资产的比重/%	77	80	83	80	83	80	78	64
对其他存款性公司债权占央行资产的比重/%	3	4	4	6	4	7	8	25
央行资产增长率/%	10	14	8	5	8	7	−6	8
对其他存款性公司债权增长率/%	−13	32	8	63	−21	90	7	218

资料来源：《2016中国统计年鉴》和中国人民银行网站。

央行资产负债表变化的背后是我国经济进入新常态后的三个变化表现：第一个是以比较优势推动的出口导向战略结束，国际贸易盈余占GDP的比重和对经济增长的拉动都低于3%，而依靠剩余劳动力压低工资推动的出口品比较优势已经不存在，相对应的国内教育、研发和医疗等服务质量较低，服务逆差不断扩大，以贸易推动的外汇盈余提升已经结束；第二个是汇率升值预期转变为贬值预期，资本流入已经变为资本流出，特别是大量投机性资本流出，导致外汇资产下降过快，资本单向流入的时代结束；第三个是国内的资产回报率低于国外的资产回报率，长期投资者外流，贸易与资本项下双顺差结束。这些都意味着持续依靠外汇占款推动的货币创造机制必须转化为创设国内资产的需要，从而进行新的货币释放，但当前央行创设国内资产本质上都是为金融机构短期限用的资产，本身更多为金融机构交易使用，很难直接进入实体经济中的居民和企业层面。因此，从货币供给的性质看就有很强的"脱实向虚"的特征，而且这些流动性创设资产难以为我国提供长期的货币供给。

（2）我国货币供给传递或信用创造中介从"信贷中介"转向了以通道业务驱动的"金融结构"中介。这一货币供给传递或信用创造中介的转变源于我国近年来的金融创新。2008年全球金融危机后，我国全面推进反危机政策，包括"四万亿"财政刺激政策，配套了银行贷款、开启了地方融资、发展了信托业等系列融资政策，投入到基础设施建设和城市化中，以信托发展带动银行同业业务的大发展。2013年后以在"通道"驱动下的金融资管产品创新推动影子银行发展，通道业务和同业业务的核心都是进行监管套利，主要将表内业务转变为表外业务，形成影子银行的影子部分。信贷中介模式就是金融与实体的直接交易，而我国的影子银行结构则多出了金融结构交易和新创设信用工具，表现为金融信贷中介复杂化。金融信贷中介复杂化与实体经济需求多样化相关，但金融机构间交易越来越多，推动了2016年金融业增加值占GDP的比重高达8.4%，居全球第一。这意味着金融业已经自我循环发展了，离实体经济越来越远了。金融结构正从银行信贷转向以通道业务驱动的"金融结构"转变,金融机构交易扩张明显高于金融业与实体经济的扩张。结果是,一方面推高了资金成本,另一方面金融杠杆上升迅速,从而更多资源被金融部门占用,以制造业为代表的实体经济资金成本被推高。

从社会融资结构上看,我国自21世纪以来信贷占社会融资的比重开始在90%,而后持续下降到70%～80%,2010年降低到60%,2013年最低降到54%,而后开始回升,但都低于70%。M2是最好的信贷中介指标,通过信贷形成资本,资本推动经济增长。但随着金融创新活动的开展,银行的完全信用创造的时期逐步让位于"金融结构"的信用创造。

我国的金融创新提高了信用创造能力,提升了整体金融杠杆。金融杠杆有较多定义,本章沿用M2/GDP作为金融杠杆,2016年金融杠杆水平已经达到了2.08%。有的学者(殷剑峰 等,2013)用信用总量与GDP之比来衡量金融杠杆,这样能比较好地反映金融结构的变化。贷款加国债、非金融企业债券、对其他存款性公司债权、对其他金融机构债权的总和构成信用总量。2012年信用总量占GDP的比重为1.94%,已经高于M2/GDP(1.4%)。

近年来金融创新推动了货币乘数的上升。货币乘数在2015年9月创下金融危机后的新高(4.86),而后不断上升到2017年第一季度的5.29(见图9-5),基础货币增长不快,M2增长主要靠货币乘数上升。金融结构产生变化,特别是银行与非银行金融机构间的交易,实质上构成了信用的创造,对货币供给乘数有着正贡献。2014年后,银行理财、委外、非标和金融机构通道业务等相互往来和交易更为频繁。这与金融产品的创新密不可分,推动了金融交易快速增长。但这种金融结构不是配置性结构,而是以"通道"为基础的,通过相互的通道业务进行监管套利。

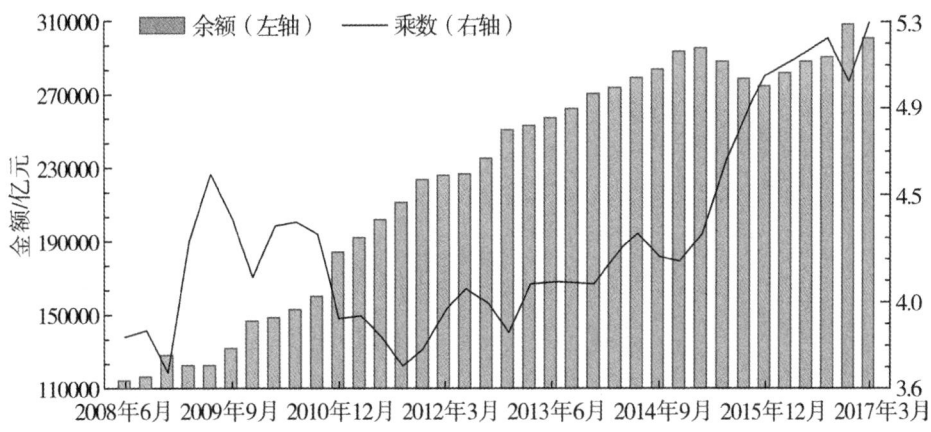

图9-5 基础货币余额与货币乘数

资料来源：Wind数据库。

从信用的运用方看：第一，制造业的投资收益率持续下降，金融机构积极投资到城市化土地和基础设施建设的抵押融资的活动中获取高利润，为了逃避监管，开拓同业以及通道等业务；第二，期限错配提高收益率，推动了金融资源向着长期限配置，提高资金运用的久期和杠杆，如政府担保下的地方政府投资的基础设施等；第三，以通道业务驱动下的金融活动，由于高杠杆的使用，经常出现流动性问题，银行间市场利率波动较大；第四，资产全球配置越来越多，国内资金进行海外投资获取收益，这种国际资产的配置性需求推动了资本外流。2012年经济增长减速后，生产价格指数（PPI）持续下降，原有的实体经济雪上加霜，金融加快了"脱实向虚"和对外投资的步伐。

政府希望通过金融创新来推动资源配置转型，但实践结果是没有形成新的资源配置机制，使得金融杠杆和金融市场产生巨大波动。自2017年3月以来，金融降杠杆，金融业再次进入分业严监管状态。从2017年3月开始银监会连续针对"三违反"（违反金融法律、监管规则和内部规章）、"三套利"（监管套利、空转套利、关联套利）和不当行为发出监管函。

另外，证监会作出了"全面禁止通道业务"的规定，保监会叫停了具有理财性质的万能险等，金融体系朝着原有格局回归。

（3）开放下的汇率-利率传递机制正在形成。由于经济发展阶段发生了根本性变化，我国金融开放步伐也在加快，特别是以2016年加入国际货币基金组织（IMF）的SDR为契机，开始尝试汇率市场定价和资本项目开放。2015年8月11日启动的汇率市场决定中间价的机制改革，经过一篮子货币加强、填入逆调节因子等，一方面尝试市场定价，另一方面保持央行干预。在资本项目下，推出了沪港通、深港通等项目，加强了对企业海外投资的管制，金融体系稳步开放。我国的利率与美国保持了长期的联动均衡。

我国为新兴市场国家，汇率稳定受到储备货币国利率政策的影响，利率应保持对储备货币国的优势，否则会导致资金流向储备货币国，导致币值不稳定。我国受美国利率等宏观政策的影响最为明显，而且这一传递也有着稳定性特征。美联储的加息已经对我国的市场利率走势有了直接冲击：首先表现为10年期国债的跟随性质，而后是上海银行间拆借利率上升，特别是3个月以上期限的利率持续上升。美联储的加息和缩表预期会不断调整，而我国资金成本上升已经是不争的事实了。

三、面向高质量发展的财政体制和货币供给体制改革

1. 财政体制改革

城市化增长速度放缓和城市分化的加剧，加之工业税制的缺陷，将促使地方财政风险显现。城市化新阶段的稳定发展，必须对税制作出新的顶层设计，以适应深度城市化和工业转型升级的需要。未来财政体制选择至关重要。

第一，探索向自然人征税。从财政制度的演进看，城市化的重要特征就是市民纳税与公共服务享受相匹配，这才能保证人民群众对美好生活追求中的公共服务诉求与个体税收贡献基本匹配，是面向城市化新阶段的最优财税制度改革或根本性变革。在工业化和城市化快速发展的阶段，工业

税收和扩张城市获得的土地财政基本可以兼顾发展和提供公共服务。随着工业份额到达峰值后开始下降、城市化进入稳定阶段，土地财政和产业税收产生的现金流，不足以支撑日益增长的公共服务需要，还会破坏个人所享受的公共福利与纳税成本之间的关系，造成居民产生"财政幻觉"，甚至形成对公共福利的过度需求，违背了福利增长的"量力而行"原则。设计个人纳税与公共服务匹配，是重要的财政体制改革方向。当前征税体系主要针对企业法人，纳税服务也主要针对企业，没有向个人征收的法律体系和人员配置。应该逐步从法律层面修订，逐步从企业法人征税体制向个人征税体制过渡。

第二，消费环节征税，减少间接税税收过于集中在生产环节造成的财政激励扭曲，是面向城市化新阶段的次优，但在规模上更重要的还是财税制度改革。城市是消费的中心，城市化率不断提高和城市经济的到来使得消费驱动成为可能（Glaeser et al.，2001）。这就要通过调整税基，让消费者分担部分企业的消费税。在不改变间接税税制格局的前提下，适当降低生产环节征税、增加部分消费环节征收，可以使增值税更透明、更稳定（高菲，2015）。征税环节的改变，可以降低企业税负，并改变由税收集中在生产环节而造成的地方政府行为模式扭曲（付敏杰 等，2015）。

第三，降低财税制度成本，提高工业竞争力，保住30%的工业份额底线。保证公共部门的稳健运行，这意味着公共收入的增长和结构必须与经济发展的长期趋势一致。从发展目标看，2050年工业强国的目标还有几十年才能实现；从财政收入结构看，工业税制的主体地位不能坍塌。近年来服务业比重的快速上升是建立在工业比重下降的基础上的，难以持续。在开放型世界经济新体制下，保持工业份额必须依靠不断提高工业国际竞争力，除了完善研发加计扣除政策以鼓励创新外，以工业增值税税率下调的方式平衡工业和服务业税负，为工业企业降低财税等制度性成本远比补贴大企业更加重要。决不能因为追求所谓"土地价值最大化"，而将整个社会的资金都吸引到土地上来。

第四，建立全国统一市场，优化要素流动和配置功能。建立统一的土地市场和劳动力市场，推进要素流动和优化配置。中国城市化的基本矛盾，是土地公有制的两种实现形式，即国家所有制和集体所有制之间的矛盾，土地财政、城中村、违章建筑等皆由此而来。而劳动力市场则因社保体系分割导致了劳动力流动的障碍。土地、劳动力等要素市场呈现出制度性、区域性分割特征。土地金融和地方社会福利最大化分割了土地、劳动力要素市场，导致区域经济失衡。应积极推动市场统一，特别是提高统筹等级，推动劳动力要素流动，进而进行土地市场立法等体制改革，抑制房地产泡沫。

第五，防范分配结构的租金化和财富陷阱的形成。从政府收入结构看，以土地出让收入为代表的地租收入快速增长，使得政府和居民收入分配结构都呈现出明显的租金化倾向，既损害治理能力，也妨碍创新发展。受土地经营而导致的土地价格上涨等因素的影响，税收在政府收入中的比重连年下降。在政府收入法制化程度最高的"一般公共预算"中，税收比重已经从1995年的98.25%下降到2015年的82.04%；地方财政收入的税收比重从1994年的94.88%下降到2015年的75.49%。居民收入分配也有类似特征，20世纪80年代以后美国收入分配差距拉大，是因为医生、律师、金融家等高人力资本在最富有的10%的群体中占据了很大比重。高人力资本代表了知识要素参与分配的结果，体现了以"知识租金型"的收入分配结构特征，收入分配差距的拉大很大程度上是因为创新使得新技术研发成功，尤其是科技革命、互联网和现代金融（Kaplan et al., 2010; Aghion et al., 2016）。目前中国的收入分配差距与美国相近，但房地产等资源性行业的高人力资本在各种富豪排行榜上始终占据25%的份额，中产阶层持有的财产有60%是房产。与美国的"知识租金型"分配结构相比，我国的收入分配具有以地租为代表的"资源租金型"结构特征，分配结构并不体现创新和技术进步。当前重塑中等收入群体的关键，是让引领创新发展和具有更高生产率和财富创造力的知识要素以市场化的方式参与收入分配，让知识工人成为社会的中流砥柱。

2. 货币供给转变

依据货币供给与经济阶段性匹配的分析看，我国货币供给及其相应的金融体系直接面临三大转变。

第一，央行基础货币供给的基础资产发生了根本性变化，从长期的外汇资产转向了为金融机构流动性服务的短期资产，意味着"脱实向虚"从基础货币供给就有了根源性特征，需要重新建立新的长期货币供给的央行基础资产。现实中，有部门和学者就提出了"央行改表"的议题，即大幅度通过财政部创设国债的方式加快替代央行中的国外部门资产，同时增加国债短期限发行，增加流动性货币工具，转向成熟经济体的央行负债表。在成熟经济体央行负债表中，国内资产占主要部分，其中国债一般占资产负债表的60%，国外资产占20%以下。而在我国的央行资产中，国外资产占60%以上，国内资产中多为央行创设的流动资产，因此开启公债货币化是改表的关键。我国的国债和地方债等公债都与庞大的长期基础设施资产相匹配，因此创设公债资产可以为货币供给的长期资产打下基础。当然，这方面的探索需要央行与财政部的协调，财政部成为创设资产方，这更需要配合财政体制的深化改革和立法体系的完善，才能有效地根治国内公债"软预算"的痼疾，否则公债货币化会加速提高政府负债水平和通货膨胀。

第二，金融体系复杂化后，监管相对落后、相对统一的监管体制需要明确。2017年，证监会、保监会、银监会均加大自我监管力度，外管局严格资本流出的窗口指导，人民银行推进对广义信贷类资产的考核，即MPA考核。如今，这些做法在短期内进行调控和整顿是有一定意义的，但从根本上看会酝酿更大的风险。货币供给可以短期回归传统银行信贷，但这与经济的复杂性已经不匹配了，根本上是需要建立与优化配置资源相适应的新监管体制，因此应当扩大金融监管的范围，而不是完全以纵向分业划分，才能逐步引导和形成以配置资源为导向的金融结构。

第三，金融开放下的独立货币政策目标要从"信贷中介"促资本形成、刺激经济增长的政策目标转向稳定经济体系、优化资源配置的政策目标，减缓金融和经济的波动。宏观政策目标要逐步从赶超经济阶段、刺激经济增长"又快又好"的目标向"稳中求进"的成熟经济阶段的稳定化政策目标转变。货币政策目标包含了阶段转换过程中直接赋予它的使命：其一，从增长目标逐步转向"稳中求进"的宏观稳定化目标，真正实现央行以稳定币值为导向的目标，而不是积极参与资本形成促增长的目标，特别是在开放条件下，大国独立的货币政策必须基于稳定目标才能应对外部风险的冲击；其二，应对外部冲击，降低外汇资产对货币发行的波动影响，有步骤地将国外净资产置换为国内净资产，保持国内净资产特别是国债的比重，增加央行操作工具的抵押物，才能应对外部冲击。

货币供给体系调整直接依赖于财政体系调整，依赖于新常态发展阶段下的整体宏观管理体系和政策目标转型，而不是单一货币或财政体系的改革。当前财政与金融面临困境是因为新的宏观管理框架没有确立起来。2015年地方债置换已经开始了央行负债表调整、公债货币化的探索。公债货币化对于现有的金融结构进行调整、降低金融风险是有益的。但在现有的财政问题下，公债货币化只能浅尝辄止，因为涉及地方政府财政"窘境"和政府"软预算"问题。地方政府的财政问题难以解决，支出主要靠土地财政，当土地财政失去货币供给能力后，金融负债是解决政府支出和发展的唯一选择，这样再不断地以债务置换的方式进行公债货币化，无疑对于经济没有更多的优化价值，反而导致地方政府"逆向选择"。

我国在新常态下重新设计财政金融体制已经不是一个简单的单项问题，应当重新设立适应新常态的财政金融体制。系统性宏观管理框架改革首先要从财政入手，财政税收和公共服务支出体系的改革要符合城市化达到60%水平后的安排，即征税体制要从向企业征收转向向个人征收，间接税转向直接税，稳定城市税收，才能稳定地方公共服务支出，预算和债务安排是可以按理性预期的。在稳定税收安排后才能积极调整央行负债表，真正开启公债货币化进程，同时配合监管体制改革，优化金融资源。我国已经明确了"稳中求进"的宏观稳定化政策目标,但需要新的宏观管理框架来保证目标的实现。

参考文献

陈昌兵,2013. 城市化率多重"S"型增长曲线估计及预测[M]//张自然,袁富华,张平,等. 中国经济增长报告2012—2013. 北京:社会科学文献出版社.

邓小兰,李铮,2015. 公债货币化对货币供应量的影响研究:基于国际面板数据的实证分析[J]. 经济科学(4):18-29.

付敏杰,2014. 市场化改革进程中的财政政策周期特征转变[J]. 财贸经济(10):17-31.

高菲,2015. 流转税对中国地方政府行为的影响:基于生产环节征税的视角[D]. 北京:中央财经大学.

高培勇,2015. 论完善税收制度的新阶段[J]. 经济研究(2):4-15.

黄少安,陈斌开,刘姿彤,2012. "租税替代"、财政收入与政府的房地产政策[J]. 经济研究(8):93-106,160.

李斌,伍戈,2014. 信用创造、货币供求与经济结构[M]. 北京:中国金融出版社.

李萍,2010. 财政体制简明图解[M]. 北京:中国财经出版社.

李扬,张晓晶,常欣,等,2015. 中国国家资产负债表2015:杠杆调整与风险管理[M]. 北京:中国社会科学出版社.

刘金权,张都,2017. 广义货币增长效应失灵的结构性解释[J]. 财经科学(1):24-36.

刘轶,林恋,罗春蓉,2016. 银行同业业务与"额外"货币供给创造[J]. 金融理论与实践(9):12-17.

麦金农,1988. 经济发展中的货币与资本[M]. 卢聪,译. 上海:上海人民出版社.

王小鲁, 2010. 中国城市化路径与城市规模的经济学分析[J]. 经济研究 (10): 20-32.

坦齐, 舒克内希特, 2005. 20世纪的公共支出[M]. 胡家勇, 译. 北京: 商务印书馆.

肖崎, 王迪, 2016. 外汇占款下降对我国货币供给机制的影响研究[J]. 世界经济研究 (8): 15-22, 135.

徐思超, 2017. 中国城市土地市场分化研究[D]. 北京: 中国农业大学.

易纲, 2004. 中国的货币化进程[M]. 北京: 商务印书馆.

殷剑峰, 王增武, 2013. 影子银行与银行的影子: 中国理财产品市场发展与评价 (2010—2013)[M]. 北京: 社科文献出版社.

张平, 刘霞辉, 王宏淼, 2011. 金融发展与经济增长: 从动员性扩张向市场配置的转变[M]//中国经济增长前沿Ⅱ. 北京: 中国社会科学出版社.

张自然, 张平, 刘霞辉, 2016. 中国城市化模式、演进机制和可持续发展研究[M]. 北京: 中国社会科学出版社.

中国经济增长前沿课题组, 张平, 刘霞辉, 等, 2011. 城市化、财政扩张与经济增长[J]. 经济研究 (11): 4-20.

BERNANKE B S, 2005. The global saving glut and the U.S. current account deficit[EB/OL]. http://www.federalreserve.gov/boarddocs/ speeches /2005 / 200503102 /default.htm.

BORPUJARI J G, 1977. Production and monetization in the subsistence sector with some implications for financial programming [J].IMF mimeo graph.

GLAESER E, KOLKO J, SAIZ A, 2001. Consumer city[J]. Journal of economic geography (1): 27-50.

KAPLAN, STEVEN N, RAUH J, 2010. Wall street and main street: what contributes to the rise in the highest incomes? [J]. Review of financial studies, 23 (3): 1004-1050.

MERTON R K, 1968. Social theory and social structure[M]. New York: The Free Press.

MIRRLEES J A, 2009. Welfare, incentives and taxation[M]. Oxford: Oxford University Press.

MUSGRAVE R A, MUSGRAVE P B, 1988. Public finance in theory and practice[M]. New York: McGraw-Hill Book Company.

OATES W E, 2008. On the theory and practice of fiscal decentralization [M]// AUERBACH A J, D N Shaviro [eds.] Institutional foundations of public finance: economic and legal perspectives. Cambridge: Harvard University Press.

THOMAS P, EMMANUEL S, 2003. Income inequality in the United States, 1913—1998[J]. Quarterly journal of economics, 118（1）: 1-39.

ROSTOW W W, 1960. The stages of economic growth[M]. Cambridge: Cambridge University Press.

WAGNER A, 1958. Three extracts on public finance[M]// R A Musgrave and A.T.Peacock, MacMillan: 119-136.

第十章
"一带一路"倡议下的中国对外投资新模式

在全球经济缓慢复苏的今天,中国对外投资面临着挑战与机遇并存的局面。传统的基于跨国公司的对外投资模式已经难以满足世界经济增长的需要,因此,全球对外投资亟须寻找新的动力。自2013年习近平主席提出"一带一路"倡议以来,中国的"一带一路"建设已经取得了长足进步,逐渐形成了中国倡导的对外投资新模式,这种模式追求投资国与被投资国互利共赢,是一种"开发优先"的合作模式。

一、引言

2013年，习近平主席提出了"一带一路"倡议。经过这些年的发展，中国的"一带一路"建设取得了长足进步。根据2017年商务部的统计，当年中国与"一带一路"沿线国家的贸易额达到了7.4万亿元，占中国贸易总额的27%，较2013年的25%有所提升。新签承包工程合同约1 443亿美元，维持两位数的增长。随着2018年中美贸易摩擦不断升级，中国将继续推进"一带一路"建设：继续加强与有关国家的战略和规划对接；通过双边、诸边等协定进一步提高贸易投资便利化水平；继续完善公共服务体系，更新发布国家具体的投资指南；指导企业有效防范和化解风险。

随着"一带一路"建设的蓬勃发展，中国的对外投资也迎来了新的发展阶段。根据商务部对外投资和经济合作司的统计，2017年中国对全球174个国家和地区进行了投资，涉及6236家企业，非金融类对外直接投资累计额度高达1 200.8亿美元。从流量来看，中国的对外投资仅仅落后于美国，排世界第二位；从存量来看，2016年中国的累计投资排名已经上升到世界第六位，与美国的差距进一步缩小，与英国、德国、日本等国的规模几乎相当。中国对外投资的质量也得到了提升，行业结构更加优化，这与中国倡导的开拓海外市场密不可分。2017年中国对外直接投资主要流向装备制造业，占当年对外直接投资总额的56.7%。加大对海外制造业的投资，意味着中国商品、中国服务、中国技术、中国标准开始了"走出去"的步伐，中国企业可以更好地获得国外的资源和技术，更好地提升自身实力，在未来激烈的全球竞争中占据有利地位，为实现"中国制造2025"保驾护航。

本章从传统的对外投资模式入手进行研究，分析了旧模式的不可持续性，并基于中国"一带一路"的探索，对"一带一路"倡议下的新型对外直接投资模式进行了理论和实践两个层面的分析。最后，基于中国的经验和实践对这种投资模式的后续影响展开了讨论。

二、传统的对外投资模式

对外投资是社会经济发展的必然产物，实质是生产资源的国际配置，随着社会生产力的发展产生了国际分工，对外投资也就应运而生。对外投资经历了长期的发展，从历史上看，对外投资模式可以概括为三种：殖民地模式、美国模式和日本模式。

1. 殖民地模式

殖民地模式是近代资本主义国家以坚船利炮为武器打开殖民地的国门，然后在殖民地进行掠夺性的投资。这个阶段的对外投资主要出现在资本主义发展较早的国家，其中以英国最为突出。资本输出是为了获取高于国内的垄断利润，当然这是以对殖民地处于垄断地位为前提的。这种资本输出模式的性质是宗主国与殖民地的剥削与被剥削的经济关系和压迫与被压迫的政治关系。宗主国对殖民地的资本输出，虽在一定程度上促进了殖民地的发展，但归根结底是阻碍了殖民地生产力的发展。

2. 美国模式

随着第二次世界大战的结束，美国模式取代殖民地模式成为新的对外投资模式。美国以跨国公司为载体，利用自身的垄断优势（主要是技术优势），对欧洲和亚洲地区进行投资。这种对外投资的实质是美国在全球范围内进行资源配置，从而获取超额利润，最终利润回流到母国。美国还出现过一种特殊的带有援助性质的模式，以"马歇尔计划"为代表。"二战"后美国为了平衡美欧之间的贸易逆差，也为了解决美国国内过剩产能问题，通过对欧投资来扶持欧洲经济重建，拉动双方经济的增长。以美国模式为代表的资本输出，其目的不只是获取高额垄断利润，更重要的是缓和资本主义国家之间日趋尖锐的经济危机和政治危机。

3. 日本模式

日本模式以"黑字环流"为代表。20世纪70年代后，日本对外贸易出现巨额顺差，并且数额持续扩大，导致日本对外贸易摩擦增多。1986—1992年，为了缓解国际对日本的抵制情绪，日本开始进行对外投资。按照

"黑字环流"计划,日本依托贸易顺差积累的外汇储备向亚洲其他国家放贷,通过回购日本的机械设备促进日本产业转型升级,形成区域产业转移群落,这种投资遵循了跨国公司全球价值链的发展逻辑,本质上是一种政府推动下的区域产业分工。"黑字环流"计划自实施以来,日本在日元国际化、削减贸易顺差、促进资本循环和改善对外经贸关系方面取得了一定的进展。

三、传统模式的不可持续性

20世纪90年代以来,经济全球化的风潮呼啸而来,发达国家与发展中国家都被卷入其中。世界被划分成"中心"和"外围"两个部分。"中心"的特征是生产结构同质性和多样化,"外围"的特征则是生产结构异质性和专业化。"中心"与"外围"作为相互联系、互为条件的两极,构成了一个统一的、动态的全球经济体系。

1. "中心－外围"模式本身的缺陷

发达国家主导下的对外投资普遍具有汲取性质,并逐渐形成了以"中心－外围"为特征的"汲取收入模式"。工业技术进步是"中心－外围"理论的起源和运转的动力,它主导了19世纪以来的国际分工。实现了技术进步的发达国家成为世界经济体系的"中心",而处于落后地位的发展中国家则沦为"外围"。"中心"和"外围"的形成是技术进步带来的生产力和生产关系变革的必然结果,天然地具有不平等性。发展中国家作为"外围"国家,发展的同时面临着整体且大量的利润外移。因此,在这种条件下的对外投资其实就是为了在全球范围内进行更大规模的套利和汲取收益,并将利润转移到跨国公司所在的发达国家,这导致国家间贫富差距拉大。这种模式不具备共享和持续的特质。传统模式下的对外投资以跨国公司为载体,在全球范围内进行价值链构建,这在一定程度上有着积极推动经济增长的意义。但是,这种不平等的投资模式天生就不具备包容性,这也是其不可持续的根本原因。

2. 当前经济形式的变化

当前的国内外环境也在客观上要求对外投资模式进行转变。从大环境来看，全球经济正从深度调整中缓慢复苏，经受住金融危机洗礼的部分经济体抗风险能力得到提升，经济增长的新动能逐渐显现，国际政策环境在逐步改善。但由于受到国际政治、国家安全和保护主义的影响，全球经济增长水平低于预期，未来走势的不确定性因素较多，国际市场需求疲软、投资不足的局面没有得到根本性的改变。从中国自身情况来看，中国正处于全面建成小康社会的关键时期，面临着经济结构调整下的增长减速，产业转型升级迫在眉睫。

四、"一带一路"倡议的探索

2013年，习近平主席提出"一带一路"倡议，经过数年的发展，全球已经有100多个国家和国际组织积极支持和参与"一带一路"建设。

"一带一路"倡议提出至今主要取得了以下五点成就：第一，领导人与政府启动，形成了顶层设计，形成了共同开发、分享、包容的愿景；第二，滚动形成了包含70多个国家的合作体系，并形成了包含多个大型区域的合作模式或合作组织，如东欧的"16+1"模式，上合组织、亚太经合组织等；第三，形成了多个金融服务体系，中国人民银行与几十个国家签订了货币互换协议，金额高达数万亿美元；第四，2014—2016年，中国对"一带一路"沿线国家投资累计超过500亿美元，占中国对外直接投资的12%，为这些国家创造了近11亿美元的税收和18万个就业岗位；第五，中国与"一带一路"沿线国家的双边贸易大幅增长，2017年"一带一路"沿线国家出口贸易额占中国出口贸易总额的28%，"一带一路"沿线国家进口贸易额占中国进口贸易总额的26%。2017年"一带一路"建设取得阶段性成果，具体情况见表10-1。2014—2017年，一批"一带一路"投资项目落地，其中十大投资项目见表10-3。

深化供给侧结构性改革

表10-1　2017年"一带一路"建设阶段性成果

内容	成果
贸易投资合作继续深化	1.当年我国与"一带一路"沿线国家贸易额7.4万亿元人民币，同比增长17.8%，增速高于全国外贸增速3.6%。其中出口4.3万亿元人民币，增长12.1%，进口3.1万亿元人民币，增长26.8% 2.2017年中国企业对"一带一路"沿线国家直接投资144亿美元，与"一带一路"沿线国家新签承包工程合同额1 443亿美元，同比增长14.5%
重大项目推进	1.东非铁路网起始段肯尼亚蒙内铁路竣工通车 2.中老铁路首条隧道全线贯通 3.中泰铁路一期工程开工建设 4.匈塞铁路、卡拉奇高速公路开工建设 5.中国-白俄罗斯工业园 6.中埃·泰达苏伊士经贸合作区推进建设
自贸区建设	1.与格鲁吉亚、马尔代夫签署自贸协定 2.与摩尔多瓦、毛里求斯正式启动自贸协定谈判 3.推动《区域全面经济伙伴关系协定》（RCEP）谈判取得积极进展
对外援助效应提升	1.启动"共筑援助之桥　畅通一带一路"行动 2.推动改善民生的援助项目建设，开办南南合作与发展学院

资料来源：商务部。

表10-2　"一带一路"建设十大投资项目

并购方	行业	时间	标的	国家
万科、厚朴投资、高瓴资本、SMG东方、中银	金融	2017-07-14	普洛斯	新加坡

续表

并购方	行业	时间	标的	国家
私人投资者、加拿大养老投资协会、中投、全球基础设施伙伴公司	金融	2017-10-25	Nre Operations Pte Ltd	新加坡
泛海控股、巨人网络、弘毅投资、云锋基金、巨人香港、鼎晖	综合	2016-07-31	Playtika Ltd	以色列
沙隆达	原材料	2016-09-13	Adama Agricultural Solutions Ltd	以色列
上海电力	公用事业	2016-10-30	K-Electric Ltd	巴基斯坦
中广核	公用事业	2015-11-23	Edra Global Energy Bhd	马来西亚
振华石油	能源	2017-04-25	Natural gas fields Bangladesh	孟加拉国
中石油	能源	2017-02-19	Abu Dhabi Co for Onshore Petroleum Operations Ltd	阿联酋
中国移动、中芯国际、长电科技、国开金融	通信	2014-11-06	STATS ChipPAC Ltd	新加坡
河钢集团	原材料	2017-01-27	US Steel's Slovak uni	斯洛伐克

资料来源：Bloomberg，中金公司研究部。

五、"一带一路"倡议下的新模式

"一带一路"倡议的重点在于促进区域合作，沿线国家经济发展速度相对较慢，尤其是工业和基建发展进程较为滞后，工业增加值占GDP的比重和资本形成总额占GDP的比重都比较低，增长动力不足。中国作为倡议国，率先承担起了一个大国的责任，通过与有关国家合作提供区域性公共产品，特别是基础设施类公共产品，来实现区域互联互通，满足区域间合作的实际需要。自美国次贷危机以来，受金融危机的拖累，发达经济体自顾不暇，全球公共产品供给严重不足。通过中国在"一带一路"沿线国家和地区的主导，该区域的公共产品供给得到了改善，有力推进了各国经济发展，并形成一个以中国为中心节点的合作网络体系。

1. 中国模式的特点

基于"一带一路"倡议，中国式的对外投资是一种前所未有的新模式。首先，中国模式以基础设施这一公共产品作为对外投资的接入口，实现了区域内的互联互通，直接提供区域性公共产品，因此具有普惠性。其次，中国模式强调共享发展理念，本质上是建构一个区域性合作价值网络，形成共生体。因此，这种合作具有包容性和可持续性。再次，中国模式强调投资的多功能化，公共产品投资既带有固定资产投资的特点又有着推动对外贸易和国际经济合作的功能；公共产品建设具有不动产投资的功能，既具有经济建设的性质又具有民生工程建设的性质。最后，中国模式强调多方参与，通过运用多边投资机制替代单边投资机制，各种投资条件是经过多边磨合而形成的，反映着多边各方的共识和权益，更具有国际共识和国际规则方面的代表性。

2. 中国模式的内涵

对于中国模式，我们可以把它总结为基础设施接入和合作价值网络的合体。新模式下的对外投资以基础设施建设和更具包容性的合作条款接入，打消了被投资国的顾虑，它与原有的发达国家主导下的全球价值网络完全不同。中国模式通过提供区域性公共产品，着眼于未来规模性区域市场受益，具有区域专用性，有别于追求套利的跨国公司；通过建设区域基础设施，联通各国区域边缘，具有极强的包容性，这有助于帮助后发国家解决贫困问题；通过互联互通形成区域性自由贸易区，这一合作的特性是参与者的平等性。在新平台下，以往的纵向切割被打破，横向的合作网络平台建立。基于基础设施建设的多元参与网络合作，具有多元参与性和分享性。中国模式提出的分享理念是合作价值网络的根本诉求。

3. 中国模式的典型代表

中国倡导下的合作价值网络的典型之一是区域合作生态开发区建设。2016年中国在"一带一路"沿线国家开设了56个园区。中国引领的区域合作生态开发区模式，在"一带一路"沿线国家和地区已经生根发芽。这种开发区模式寻求中国企业和当地企业的共同发展。基于中国的开发区模式，双方企业进行了广泛的区域开发合作，不仅涉及柬埔寨、越南、印度尼西亚等东南亚国家，而且覆盖巴基斯坦等南亚国家，还包括了赞比亚、尼日利亚、埃及等非洲国家，以及俄罗斯、匈牙利等欧洲国家。对外投资对国际贸易的辐射作用也开始显现，有力地促进了中国和被投资国的双向贸易快速增长。随着园区的发展，中国新的跨国区域合作价值模式是未来探索跨国区域合作的新思路。

六、新模式下的实践

中国在"一带一路"沿线国家进行的投资遵循开发优先的原则。回顾改革开放40多年来中国发展的历史经验，我们可以发现，落后地区的开发核心是先提供必要的基础设施，这是中国发展的一个重要准则。只有实现了区域内的互联互通，接下来才能引来人流、物流和资本流。"想致富先修路"这个经验非常适合后发国家和地区的发展。因此，中国在"一带一路"倡议中提出的基础设施互联互通的开发优先理念，立即受到了"一带一路"沿线国家的积极响应。通过探索实践，中国模式引领了新的全球战略发展。以基础设施建设作为跨国区域合作的接入点，这是一般国际资本所不选择的但对被投资国又具有战略性意义的模式。

首先,通过提供区域性公共产品,有效地保障了区域性公共产品的供给,也就是前文提到的基础设施建设,以此作为区域连接的基础,实现了互联互通和共享发展。中国制造、中国建造以及中国储蓄为"一带一路"区域性公共产品供给提供了可行性。其次,中国金融服务体系也推动了政府投资建造,尽管俱乐部产品要收费,但是中国的这种投资具有长期投资性,收费降低,使得俱乐部产品具有了准公共产品性质。再次,区域性公共产品的供给具有强大的外部性、外溢性和跨代收益性,特别是整体一致化行动与补短板从整体上提升了区域合作质量,扩大了区域合作规模,也弥补了无人愿意提供区域性公共产品的缺陷。最后,由于中国跨区域嵌入了公共产品并直接使得被投资国受益,因此很多国家迅速从犹豫不决到果断加入区域合作。

2015年,中国对"一带一路"沿线的50个国家进行了直接投资,当年投资流量189.3亿美元,同比增长38.6%,是对全球投资增幅的2倍。目前,中国已经完成了中巴、中蒙俄、新亚欧大陆桥、中国–中亚–西亚、孟中印缅、中国–中南半岛六大走廊项目。这些项目涉及管线、公路和铁路等,投资金额最多的高达4 000亿美元。亚投行也开始了跨国基础设施筹资和投资,主要集中在高速公路、电站、电网等项目。

七、新模式对中国的影响

在"一带一路"倡议下,中国对外直接投资得到了迅速发展。从流量来看,2015年中国对外直接投资实现了历史性突破,当年的投资金额仅次于美国,首次位列全球第二位,达到1456.7亿美元,占全球直接投资的比重接近10%。2015年中国对外直接投资首次超过了外商来华直接投资,这也标志着中国第一次成为资本净输出国。

长期来看,中国对外直接投资的增长前景乐观。从人均收入来看,"一带一路"沿线国家人均收入与中国相近,但增速略低,有广泛的共同合作空间。中国经济正处于转型升级期，未来企业"走出去"的诉求会持续增长。在"一带一路"倡议下，借助多边合作机制，众多中国企业将有望从单兵作战变为兵团出海，这有助于形成效率较高、成本较低的群体效应。这样不仅有利于相互形成外部经济以促进内部经济效率的提高，而且在互联互通机制的推进下，也有利于相互协调、相互推进市场开拓。多边合作机制也将大大缓解被投资国对中国企业的抵触情绪，随着被投资国被纳入投资者范畴之内，容易形成利益共同体。

值得注意的是，中国经济面临着进一步的增长转型需求，应该通过对外投资进行新的定位发展，提升基于互联网的现代服务贸易水平，以便于未来更好地推动区域要素配置的优化。并且，在世界经济版图持续变化和全球增长动力转换的重要时期，中国需要创新发展方式，挖掘增长动能，对外投资将在"一带一路"建设和推动供给侧结构性改革中发挥更大的作用。

第十一章
供给侧结构性改革与创新升级：厦门案例

以"三去一降一补"为特征的供给侧结构性改革的顺利推进能够为企业减负，降低企业税负和各类成本，使企业能轻装上阵从而加快创新升级步伐，其中降低企业融资成本能打通企业创新的"任督二脉"，因此融资成本不仅关乎上市公司的税前利润，还直接影响上市公司的创新投入和企业转型升级。本章结合厦门调研现实，研究厦门如何通过供给侧结构性改革降低企业融资成本从而促进企业创新升级。通过使用2008年和2015年上市公司年报数据，横向和纵向比较了厦门上市公司成本、税费负担和运行效益变化情况，研究发现厦门上市公司经营面临成本高、税负重、利润薄的困境。为分析缘由，我们从差异化融资成本视角切入，深入探讨了影响厦门上市公司创新升级"融资难、融资贵"的制度因素。为此，首先使用指数分解方法对不同行业、不同所有制上市公司的创新能力进行了分解，结果发现国有企业创新能力较弱而民营企业创新能力较强。然后比较分析了各类所有制上市企业不同的融资成本，发现较高的融资成本阻碍了民营企业的创新，国企较低的融资成本却使得产能过剩、负债率高企等问题丛生，这是厦门经济转型升级的难点和重点。最后从改革体制机制角度提出了厦门降低企业融资成本和促进企业创新升级的治本之策。

一、引言

随着厦门经济从高速增长转向中高速增长，依靠加杠杆、扩产能的传统扩张模式正变得难以为继，经济增长正从规模供给阶段转向价值创造阶段。在此新旧增长动能转换期，厦门经济的增长更多依赖于创新驱动。随着"互联网+"等新经济、新业态的不断崛起，厦门传统行业加速转型，一大批创新型中小企业应运而生，为经济注入了新活力。这不仅能够挖掘经济进入新常态后居民的多样化需求、定制化需求，充分利用长尾市场来创造企业价值，也带动了商业模式创新、科技进步等。然而，企业转型和成长过程中通常面临着融资难、融资贵的问题，企业融资问题成为决定企业成长甚至生存的重要因素。根据联合国欧洲经济委员会的研究，新经济企业从萌芽期到初创期的发展过程中资金支持通常依赖于自有资金，现金流较为紧张，很大一部分企业会落入"死亡之谷"（valley of death），而成熟企业转型过程中若资本市场不发达也将极大影响其创新转型的步伐（见图11-1）。虽然近年来厦门出台政策鼓励企业上市，倡导大力发展多层次资本市场体系来解决影响企业融资难、融资贵的深层次矛盾，但融资渠道仍然较窄、融资体系不完备，融资手段还无法摆脱间接融资的影响，融资成本高企成为促进经济增长和技术创新的"拦路虎"。我们发现，2008年金融危机以来全国规模以上工业企业财务费用占营业收入的比重稳步上升，2015年企业融资成本占营业收入的比重达到1.2%，大型企业和小型企业融资成本都在不断上升，重工业的重资产特性也使得其融资费用远远高于轻工业（见图11-2）。

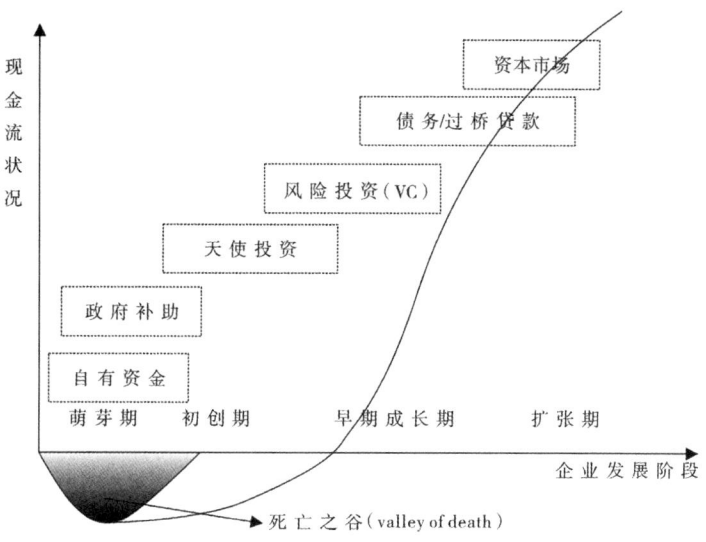

图11-1 企业成长与融资约束

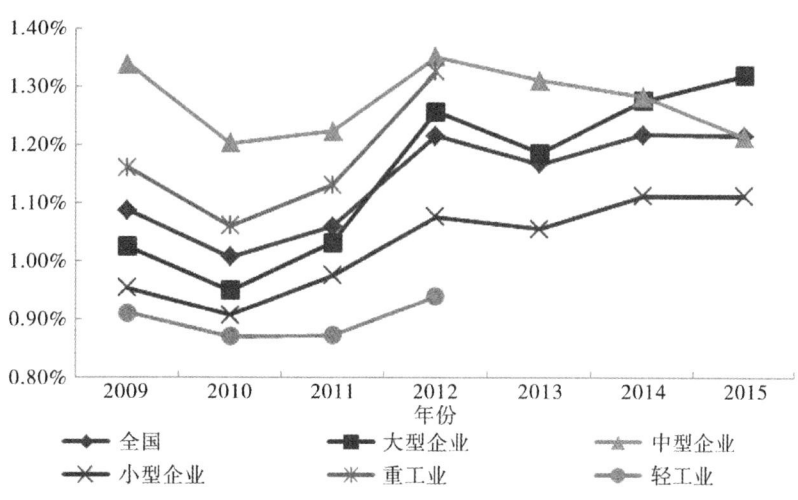

图11-2 不同类型企业融资成本比较

降低企业融资成本涉及一系列制度设计,《国务院关于印发降低实体经济成本工作方案的通知》提出了有效降低企业融资成本的六大举措:一是保持流动性合理充裕,二是提高直接融资比重,三是降低贷款中间环节成本,四是扩大长期低成本资金规模,五是稳妥试行市场化债权转股权,六是加大不良资产处置力度。这六大措施从厦门地方角度而言,很多涉及国家政策行为,而且在调研中我们发现厦门出台的政策层面的降融资成本方案,已用至国家政策最大允许范围,实际可操作力度不大。为此,本文不同于以往分析融资成本的文献,本文主要使用上市公司微观数据来考察地区融资成本变化,比较分析厦门和国内一线城市、计划单列市融资成本变化趋势,从对厦门上市公司的成本变化、收益增长与创新能力分析中得出厦门经济转型的难点。我们通过指数分解方法和大量翔实的数据资料,对厦门上市公司成本变化、收益增长与创新能力进行横向和纵向比较分析,发现各类所有制企业具有不同的创新能力,从而让我们进一步思考融资成本在促进企业创新和转型升级中的作用,通过比较各类所有制企业融资成本差异就可以得知2008年金融危机以来厦门及其他地区上市公司创新升级难点,比较得出各地经济转型的得失,为未来厦门经济转型升级提供参考。

本章结构安排如下:第一部分为引言。第二部分为厦门上市公司上市成本费用与创值能力分析。将融资成本和其他成本,如人工成本、中间成本、税费及企业运行绩效指标共同纳入扩展的杜邦分析体系,分析各项成本和收益的变化趋势,获取厦门和其他地区上市公司成本变化与成长绩效,并解释了国有企业低成本融资安排所产生的"虹吸效应"对资源错配和民营企业创新发展的抑制。第三部分为厦门上市公司创新能力分解与评估。我们主要使用指数分解方法来分析不同行业上市公司的创新能力,发现各类所有制上市公司创新能力存在明显差异,即国有企业相比民营企业创新能力较弱。第四部分为融资成本对创新升级的影响分析。由于融资成本是毛利和净利润的重要组成部分,融资成本较低将会极大促进企业进行技术创新,融资成本较高将会挤压企业利润空间导致创新能力不足,为此,我们比较了各类所有制上市公司的融资成本差异,研究了差异化的融资成本对厦门企业创新升级的负面作用。第五部分为政策建议。我们根据研究结论并结合厦门地方实际,提出操作性较强的政策建议。

二、厦门上市公司上市成本费用与创值能力分析

通过窥探上市公司的运营绩效来考察宏观经济基本面情况，能够更加深刻地把握厦门经济的微观基础和增长质量。上市公司运营能力体现在多方面，既可以从收入或利润增长的角度分析，也可以从成本降低、风险控制等视角来探讨，此外还体现在公司产品特征、经营策略、管理战略、治理成效，甚至社会责任等方面。通过使用扩展的杜邦分析体系纵向比较上市公司净资产收益率变化，从微观角度把握上市公司成本变化对净资产收益率的影响，并在地区间横向比较这种影响差异。

1.上市公司运营成本与绩效对比

为了对比分析，本文不仅对厦门上市公司运营成本和绩效进行了分析，也分析了京津沪等直辖市和对标的深圳、宁波、大连、青岛等计划单列市的成本绩效变化，观察厦门上市公司总体成本变化情况和经济转型规律。表11-1中有根据杜邦公式计算的净资产收益率、劳动生产率、投入资本回报率等效率指标和人工成本、所得税税率、期间费用率及融资成本率等成本类指标。具体而言：人工成本为历年上市公司应付职工薪酬与在职职工总数之比。所得税率表征企业税费变化，用上市公司所得税与利润总额之比来衡量。利润总额即营业利润加营业外收入再减去营业外支出所得的税前利润总额，这样得出的所得税率能更好地反映企业的税负。税费率为上市公司应付税费与营业收入之比。目前应付税费按会计准则包括企业依法缴纳的增值税、消费税、营业税、企业所得税、资源税、土地增值税、城市维护建设税、房产税、土地使用税、车船税、教育费附加、矿产资源补偿费等税费，以及在上缴国家之前，由企业代收代缴的个人所得税等。上述应缴税费可以部分表征上市公司的经营成本。不同于财务分析上的期间成本，这里的期间运营成本仅仅为销售费用与管理费用之和，其与营业收入之比为上市公司期间费用率。融资成本率为财务费用与有息负债

之比。毛利率为毛利与营业收入之比，其中毛利为营业收入与营业成本之差。投入资本回报率反映上市公司资本投入带来的利润增长，其中投入资本为上市公司所有者权益与有息负债之差[①]。劳动生产率用营业收入与员工人数之比来衡量。

中国证监会在2001年发布的《公开发行证券的公司信息披露规范问答第1号——非经常性损益》中特别指出，注册会计师应单独对非经常性损益项目予以充分关注，对公司在财务报告附注中披露的非经常性损益的真实性、准确性与完整性进行核实。随着2007年新会计准则的颁布与实施，2008年中国证监会重新对非经常性损益的范围进行了界定，由原来包含的14项扩大到21项，这对规范上市公司经常性损益及非经常性损益指明了方向。众所周知，价值创造能力一方面说明上市公司具有盈利能力，另一方面更要强调其持续性。随着经济增长率下降及国家大力推动供给侧结构性改革，部分产能过剩行业持续亏损，为了防止ST（被进行退市风险警示的股票）或退市，一些企业可能通过非经常性损益对净利润进行调整，以使财务报表达到正常上市要求。这些非经常性损益来源通常有处置资产、关联交易、债务重组、企业重组、资产置换以及其他营业外收入与营业外支出，显然这些利得或损失具有偶然性和不确定性，无法构成上市公司正常经营收入来源和持续经营的价值基础，因此很多不能持续经营的上市公司可能具有净利润，但无法为股东持续创造价值。因此，计算净资产收益率时是否扣除非经常性损益就显得特别重要，我们分别使用未扣除经常性损益的净利润和扣除非经常性损益的净利润来计算上市公司的净资产收益率。

通过表11-1的计算结果，我们可以概括出如下典型化事实。首先从成本端看，厦门上市公司成本费用率较高，不仅高于国内平均水平，也高于北京、上海、天津、深圳、宁波、青岛和大连等国内先进城市，具体表现在：

---

① 投入资本=所有者权益-少数股东权益+负债-无息流动负债-无息非流动负债。

第一，厦门人工成本快速上涨。随着中国老龄化程度的加深，人口红利窗口期基本结束，劳动力规模在接近顶峰后逐步下降。随着劳动力数量下降，人工成本加速上升，从全国平均水平看，2008年上市公司平均人工薪资为6240元，而到了2015年人工成本上升至16175元，增长超过了2倍。分地区看，2008—2015年厦门上市公司人工成本高于全国平均水平，增长速度也高于全国平均水平，在8个城市中居于上游水平，说明人工成本上升较快是厦门上市公司成本费用增长的主要因素之一。

第二，厦门是企业融资成本较高的城市之一。由表11-1可知，除厦门和大连外，2015年全国平均水平和其他城市都不同程度地实现了融资成本的下降，所以从微观角度而言，厦门上市公司融资成本在过去几年是上升的。值得说明的是，厦门市2015年上市公司融资成本率达到6.15%，在这8个城市中处于最高水平，成为融资最贵的城市。

第三，厦门上市公司期间费用率处于较低水平。除厦门、大连和深圳外，其他地区上市公司的期间费用率都上升了。

第四，厦门上市公司税负较重。2015年厦门上市公司所得税税率为28.37%，仅次于大连的28.44%，国内平均所得税税率为22.56%。而从税费率看，2015年厦门上市公司税费率虽然低于北京的43.55%，但高于全国平均水平约6个百分点。因此，从综合税负看，厦门企业的税收负担较重，严重影响了上市公司利润增长与企业的创新投入，后续增长将会比较乏力。那么从收益端而言，却呈现另外一番景象。

第五，厦门上市公司毛利率处于极低水平。2015年厦门上市公司毛利率只有9.95%，不仅低于全国平均水平，也是8个城市中毛利率唯一为个位数的城市，宁波、青岛、深圳等城市的毛利率都在20%以上。根据财务报表核算知识，毛利到净利润的扣减过程中的"三费"支出，即财务费用、管理费用和销售费用，将会占据很大比例，因此毛利率若低于计算得出的融资成本与期间运营成本之和，则上市公司的经营绩效不佳。例如，2015年厦门上市公司的毛利率为9.95%，扣除融资成本和期间运营成本后为负数，厦门上市公司净利润状况堪忧。

第六，净资产收益率和投入资本回报率自2008年金融危机以来都在不断下降，若扣除非经常性损益，上市公司净资产收益率下降更为明显，上市公司收益率已经低于融资成本。2015年全国平均扣除非经常性损益后的净资产收益率约为7.2%，上海、深圳、青岛和宁波均高于全国平均水平，而厦门、大连、天津和北京均低于全国平均水平。

第七，厦门上市公司杠杆率较高。虽然自2008年以来厦门上市公司杠杆率缓慢下降，但2015年杠杆率仍高于全国平均水平，债务负担较重并且产业结构重资产特征明显。概而言之，厦门的成本（包括人工成本、税费、融资成本、运营成本）不仅高于全国平均水平也高于其他部分先进城市，毛利率、投入资本回报率和净资产收益率却表现平平甚至低于全国平均水平。因此，在成本费用不断上涨的过程中，要实现收益增长和效率提高必须依赖于创新投入和资源配置效率的提高，那么阻碍厦门创新投入和收益增长的根源是什么？下文我们将从融资成本这一视角切入，分析不同所有制上市企业由于融资成本差异化安排致使国有企业强大的"虹吸效应"而带来资源错配和民营企业创新投入不足的问题。

表11-1 各地区上市公司成本与收益比较

年份	人工成本/元	所得税税率	税费率	期间费用率	融资成本率	净资产收益率	毛利率	投入资本回报率	劳动生产率	净资产收益率	资产负债率	总资产收益率	资产周转率
							全国						
2015	16175	0.2256	0.2859	0.0941	0.0597	0.0478	0.1954	0.0440	0.0147	0.0724	0.5988	0.0290	0.6090
2014	14256	0.2149	0.2450	0.0856	0.0557	0.0691	0.1870	0.0549	0.0149	0.0921	0.6048	0.0364	0.7137
2013	12946	0.2134	0.2149	0.0823	0.0494	0.0763	0.1833	0.0598	0.0143	0.1012	0.6068	0.0398	0.7647
2012	11581	0.2184	0.2125	0.0798	0.0591	0.0756	0.1839	0.0592	0.0130	0.0986	0.5997	0.0395	0.7874
2011	10742	0.2066	0.2303	0.0769	0.0524	0.0972	0.1908	0.0738	0.0120	0.1215	0.5912	0.0497	0.8298
2010	9375	0.1952	0.1902	0.0786	0.0531	0.1059	0.2019	0.0812	0.0095	0.1302	0.5805	0.0546	0.8053
2009	7524	0.2021	0.1698	0.0856	0.0525	0.0856	0.2075	0.0673	0.0069	0.1085	0.5790	0.0457	0.7255
2008	6240	0.2010	0.1805	0.0791	0.0677	0.0782	0.1839	0.0641	0.0065	0.1013	0.5642	0.0441	0.8439

续表

北京

年份	人工成本/元	所得税税率	税费率	期间费用率	融资成本率	净资产收益率	毛利率	投入资本回报率	劳动生产率	净资产收益率	资产负债率	总资产收益率	资产周转率
2015	14873	0.2430	0.4355	0.0708	0.0542	0.0432	0.1969	0.0398	0.0235	0.0648	0.6140	0.0250	0.6705
2014	12819	0.2429	0.3581	0.0586	0.0481	0.0732	0.1760	0.0540	0.0266	0.0915	0.6289	0.0340	0.8364
2013	11785	0.2207	0.3508	0.0573	0.0426	0.0897	0.1766	0.0668	0.0258	0.1130	0.6269	0.0422	0.8996
2012	12014	0.2283	0.3559	0.0559	0.0513	0.0924	0.1813	0.0662	0.0241	0.1103	0.6213	0.0418	0.9387
2011	11940	0.2194	0.4295	0.0560	0.0431	0.1141	0.1930	0.0800	0.0220	0.1325	0.6128	0.0513	0.9750
2010	11705	0.2146	0.3039	0.0600	0.0422	0.1216	0.2070	0.0890	0.0176	0.1397	0.5893	0.0574	0.9374
2009	9365	0.2147	0.2448	0.0677	0.0453	0.1056	0.2234	0.0771	0.0128	0.1202	0.5766	0.0509	0.8059
2008	8342	0.1945	0.2111	0.0642	0.0557	0.0936	0.1826	0.0712	0.0119	0.1091	0.5567	0.0484	0.9407

续表

年份	人工成本/元	所得税税率	税费率	期间费用率	融资成本率	净资产收益率	毛利率	投入资本回报率	劳动生产率	净资产收益率	资产负债率	总资产收益率	资产周转率
						大连							
2015	10546	0.2844	0.1460	0.0689	0.0511	0.0444	0.1821	0.0301	0.0166	0.0632	0.6460	0.0224	0.4761
2014	8762	0.2258	0.0905	0.0795	0.0554	0.0631	0.2361	0.0490	0.0104	0.0989	0.6471	0.0349	0.3723
2013	7808	0.1842	−0.171	0.0746	0.0457	0.0791	0.2354	0.0521	0.0109	0.1165	0.6720	0.0382	0.3984
2012	7758	0.1852	−0.172	0.0778	0.0584	0.0702	0.2228	0.0480	0.0100	0.1041	0.6714	0.0342	0.4041
2011	7899	0.1892	−0.093	0.0812	0.0459	0.0608	0.1955	0.0478	0.0094	0.1136	0.6891	0.0353	0.4134
2010	5677	0.1781	−0.060	0.0795	0.0416	0.0689	0.2083	0.0463	0.0070	0.1013	0.6652	0.0339	0.4005
2009	3995	0.1576	−0.063	0.0986	0.0312	0.0823	0.2175	0.0501	0.0049	0.1041	0.6343	0.0381	0.4245
2008	4028	0.1484	0.0016	0.1042	0.0397	0.0543	0.1839	0.0398	0.0043	0.0784	0.6094	0.0306	0.4636

续表

宁波

年份	人工成本/元	所得税税率	税费率	期间费用率	融资成本率	净资产收益率	毛利率	投入资本回报率	劳动生产率	净资产收益率	资产负债率	总资产收益率	资产周转率
2015	40897	0.1999	0.2363	0.1066	0.0424	0.0701	0.2245	0.0624	0.0100	0.1054	0.5742	0.0449	0.4874
2014	33740	0.1954	0.2475	0.1025	0.0471	0.0693	0.2263	0.0643	0.0091	0.1044	0.5660	0.0453	0.5267
2013	28923	0.2242	0.2216	0.1013	0.0497	0.0814	0.2292	0.0567	0.0083	0.0931	0.5755	0.0395	0.5328
2012	19992	0.2239	0.1805	0.1088	0.0595	0.0664	0.2310	0.0537	0.0071	0.0849	0.5629	0.0371	0.4995
2011	15451	0.2059	0.1968	0.1015	0.0646	0.0942	0.2396	0.0753	0.0067	0.1191	0.5620	0.0522	0.5255
2010	11823	0.1911	0.2478	0.0881	0.0603	0.0879	0.2223	0.0793	0.0054	0.1294	0.5620	0.0567	0.5091
2009	10164	0.1899	0.1492	0.0935	0.0490	0.0990	0.2373	0.0979	0.0043	0.1568	0.5751	0.0666	0.5060
2008	10404	0.2185	0.1750	0.0907	0.0847	0.0851	0.2063	0.0785	0.0042	0.1257	0.5894	0.0516	0.6200

续表

年份	人工成本/元	所得税税率	税费率	期间费用率	融资成本率	净资产收益率	毛利率	投入资本回报率	劳动生产率	净资产收益率	资产负债率	总资产收益率	资产周转率
							青岛						
2015	15801	0.1765	0.1390	0.1989	0.0169	0.0906	0.2733	0.1011	0.0108	0.1268	0.5047	0.0628	0.9996
2014	14230	0.1808	0.1412	0.1810	−0.002	0.1152	0.2671	0.1162	0.0109	0.1537	0.5377	0.0711	1.0511
2013	13586	0.1790	0.1377	0.1719	−0.016	0.1262	0.2526	0.1249	0.0105	0.1691	0.5656	0.0734	1.1751
2012	14888	0.1916	0.1323	0.1701	−0.014	0.1254	0.2513	0.1254	0.0095	0.1671	0.5724	0.0715	1.2435
2011	12996	0.1941	0.1622	0.1622	−0.0540	0.1427	0.2439	0.1312	0.0090	0.1790	0.5763	0.0758	1.3687
2010	9488	0.2176	0.1845	0.1665	−0.0310	0.1286	0.2393	0.1276	0.0074	0.1701	0.5622	0.0744	1.4519
2009	6595	0.1983	0.1416	0.1829	−0.0570	0.1107	0.2631	0.1067	0.0052	0.1397	0.5081	0.0688	1.3761
2008	3220	0.2665	0.1016	0.1695	0.2318	0.0648	0.2343	0.0622	0.0046	0.0852	0.5265	0.0403	1.6060

续表

厦门

年份	人工成本/元	所得税税率	税费率	期间费用率	融资成本率	净资产收益率	毛利率	投入资本回报率	劳动生产率	净资产收益率	资产负债率	总资产收益率	资产周转率
2015	23563	0.2837	0.3488	0.0504	0.0615	0.0324	0.0995	0.0415	0.0293	0.0698	0.6460	0.0247	1.2568
2014	20809	0.2470	0.2953	0.0476	0.0481	0.0633	0.0997	0.0586	0.0264	0.1068	0.6608	0.0362	1.2852
2013	19968	0.2441	0.2302	0.0502	0.0249	0.0681	0.1004	0.0630	0.0229	0.1241	0.6865	0.0389	1.3220
2012	15690	0.2174	0.1560	0.0494	0.0551	0.0830	0.1026	0.0679	0.0199	0.1286	0.6583	0.0439	1.4333
2011	15797	0.2290	0.1963	0.0480	0.0398	0.1228	0.1073	0.0881	0.0196	0.1762	0.6716	0.0579	1.5831
2010	12732	0.2059	0.1878	0.0508	0.0221	0.1285	0.1265	0.0828	0.0131	0.1720	0.6979	0.0520	1.3762
2009	9013	0.1890	0.2124	0.0552	0.0286	0.0855	0.1465	0.0910	0.0088	0.1865	0.6993	0.0561	1.2760
2008	6793	0.2934	0.1334	0.0622	0.0548	0.0159	0.1014	0.0298	0.0077	0.0554	0.6674	0.0184	1.5243

续表

年份	人工成本/元	所得税税率	税费率	期间费用率	融资成本率	净资产收益率	毛利率	投入资本回报率	劳动生产率	净资产收益率	资产负债率	总资产收益率	资产周转率
							上海						
2015	27444	0.2037	0.2770	0.1000	0.0549	0.0511	0.1652	0.0583	0.0218	0.0888	0.6240	0.0334	0.6361
2014	24362	0.1783	0.1936	0.1049	0.0561	0.0574	0.1675	0.0686	0.0192	0.0962	0.5716	0.0412	0.7586
2013	20999	0.2025	0.1867	0.1021	0.0373	0.0539	0.1628	0.0627	0.0186	0.0882	0.5734	0.0376	0.8156
2012	17756	0.1901	0.1794	0.1009	0.0501	0.0524	0.1626	0.0657	0.0168	0.0911	0.5606	0.0400	0.8027
2011	17210	0.1839	0.1343	0.0966	0.0324	0.0618	0.1705	0.0735	0.0156	0.1003	0.5563	0.0445	0.8117
2010	14475	0.1628	0.1481	0.0976	0.0463	0.0787	0.1837	0.0830	0.0126	0.1120	0.5607	0.0492	0.7563
2009	11943	0.1768	0.1108	0.1037	0.0421	0.0448	0.1689	0.0569	0.0088	0.0768	0.5506	0.0345	0.6335
2008	10387	0.2562	0.3852	0.0932	0.0621	0.0258	0.1632	0.0618	0.0089	0.0806	0.5399	0.0371	0.7291

续表

深圳

年份	人工成本/元	所得税税率	税费率	期间费用率	融资成本率	净资产收益率	毛利率	投入资本回报率	劳动生产率	净资产收益率	资产负债率	总资产收益率	资产周转率
2015	19801	0.2153	0.2364	0.0977	0.0554	0.0684	0.2313	0.0637	0.0102	0.1021	0.6378	0.0370	0.5031
2014	16409	0.2332	0.2521	0.0996	0.0565	0.0772	0.2312	0.0662	0.0090	0.1080	0.6472	0.0381	0.5431
2013	15588	0.2358	0.1743	0.1015	0.0554	0.0778	0.2344	0.0738	0.0079	0.1179	0.6481	0.0415	0.5358
2012	13839	0.2527	0.2092	0.1073	0.0576	0.0716	0.2430	0.0622	0.0068	0.1011	0.6435	0.0361	0.5355
2011	12049	0.2223	0.1452	0.1087	0.0616	0.0936	0.2473	0.0711	0.0058	0.1149	0.6211	0.0435	0.5742
2010	10948	0.1950	0.1262	0.1042	0.0646	0.1044	0.2448	0.0820	0.0048	0.1293	0.5966	0.0522	0.5988
2009	8044	0.1944	0.1416	0.1154	0.0706	0.0873	0.2656	0.0764	0.0034	0.1181	0.5834	0.0492	0.5678
2008	5488	0.1752	0.0847	0.1125	0.0658	0.0813	0.2507	0.0625	0.0029	0.1018	0.5738	0.0434	0.6242

续表

年份	人工成本/元	所得税税率	税费率	期间费用率	融资成本率	净资产收益率	毛利率	投入资本回报率	劳动生产率	净资产收益率	资产负债率	总资产收益率	资产周转率
							天津						
2015	30803	0.1778	0.2001	0.0857	0.0487	0.0164	0.1492	0.0343	0.0198	0.0616	0.5599	0.0271	0.4869
2014	33348	0.1349	0.1692	0.0696	0.0479	0.0650	0.1533	0.0524	0.0239	0.0942	0.5724	0.0403	0.6294
2013	37191	0.1805	0.0632	0.0684	0.0368	0.0335	0.1271	0.0530	0.0217	0.1047	0.6195	0.0398	0.6200
2012	38458	0.4487	0.0791	0.0687	0.0420	0.0042	0.1125	0.0136	0.0197	0.0274	0.6303	0.0101	0.6079
2011	41052	0.6603	0.2448	0.0700	0.0289	−0.012	0.0975	0.0062	0.0174	0.0116	0.6042	0.0046	0.5909
2010	40998	0.1576	0.0765	0.0722	0.0468	0.0868	0.1975	0.0659	0.0134	0.1118	0.5607	0.0491	0.5067
2009	34195	0.6964	0.5688	0.0816	0.0435	−0.038	0.1227	0.0039	0.0108	0.0070	0.5811	0.0029	0.4529
2008	26551	0.1749	0.0700	0.0572	0.0548	0.1761	0.2358	0.0939	0.0143	0.1500	0.5291	0.0706	0.6769

注：净资产收益率a与净资产收益率b计算公式中的分母都为当年所有者权益，前者分子为净利润，后者分子为扣除非经常性损益后的净利润。

资料来源：Wind资讯。

2. "虹吸效应"的资源错配效应分析——基于不同所有制上市公司的观察

从上文经验分析中,我们发现厦门在过去几年中融资成本、人工成本、税费率、运营成本都呈上升趋势,成本水平不仅高于全国平均水平,而且在与其他七个城市的对比中表现也非常"显眼",进而造成厦门上市公司的创值能力和创新能力不仅低于国内其他七个先进城市,还低于全国平均水平。那么究竟是什么原因造成厦门上市公司创值能力和创新能力低下?我们尝试从不同所有制企业融资成本差异视角进行解释。从所有制融资便利获得差异视角出发,制度性因素造成的不同所有制企业间融资成本差异对我国企业生存与创新发展至关重要,这在国内外研究中已经获得证实。我国民营企业受到融资歧视,与国有企业的融资能力相比,差异已经达到了令人震惊的程度,严重阻碍了R&D资金的合理配置。然而,作为受到融资偏爱的一方:首先,国有企业具有优先获得银行信贷且具有较低利率的先天优势;其次,国有企业与政府和其他国有企业之间更为密切的联系以及彼此之间的信用背书所具有的信息对称优势使得国有企业在获取资金上更加便利,地方政府有很强的动机通过干预银行的信贷决策给国有企业提供贷款支持就是表现之一。虽然国有企业在融资成本方面有便利优势,但却没转化为较强的创新和转型能力,国有企业与民营企业在研发动力和效率方面的差异也为很多文献所证实,国有企业研发效率低下饱受诟病。

显然,不同所有制企业间存在的融资能力差异将会对上市公司的行为产生重要影响,国有企业可能由于低融资成本产生的资源错配效应,挤压民营企业创新研发投入,因此民营企业转型升级困难,而国有企业却能在得到大量贷款后进行规模扩张,造成无效投资和产能过剩,严重影响了地区产出质量和创新进度,使得上市公司利润下降和产业转型停滞。

表11-2 2015年不同地区不同所有制企业融资成本率

所有制类型	北京	上海	天津	深圳	厦门	宁波	青岛	大连
地方国有企业	0.0406	0.0965	0.0403	0.0788	0.0581	0.0263	0.0247	0.0855
公众企业	−0.1351	0.0165	—	0.0247	−0.0492	0.0660	—	0.0015
集体企业	0.1791	0.0568	—	—	0.0508	—	0.0518	—
民营企业	0.0629	0.0860	0.2591	0.0665	0.0814	0.0470	0.0903	0.0506
其他企业	−0.0835	0.2293	0.0086	—	—	—	—	0.0276
外资企业	0.0577	0.0511	0.0941	0.0509	0.0237	0.2456	—	—
中央国有企业	0.0545	0.0639	0.0447	0.1034	0.0268	0.0546	0.0757	0.0476

资料来源：Wind金融资讯。

那么国有企业和民营企业的融资费用差异是否较为明显？我们根据2015年上市公司年报中披露的财务费用和有息负债数据计算了不同地区不同所有制上市公司的融资成本。Wind数据库中公众企业代表着股权分散、没有实际控制人的企业，我们也可以将其归类为民营企业，不过这类企业数量稀少，构不成民营企业主体。其中的两个现象引人注目：第一，总体而言，民营企业的融资成本处于较高水平，一般高于地方国有企业或中央国有企业的融资成本，深圳可能由于民营经济发达以及资本市场建设完善，民营企业和公众企业的融资成本率低于国有企业；第二，虽然2015年厦门上市公司融资成本率达到6.2%，但厦门中央国有企业和地方国有企业的融资成本率分别为2.7%和5.8%，显著低于平均水平，而民营企业融资成本率却达到8.1%，一低一高的显著差异反映了国有企业和民营企业有着不同的融资安排。因此，这也就能够部分解释厦门上市公司较差的创值效率和较弱的创新能力——国有企业低融资成本产生的资源错配效应导致了传统产业产能过剩、经营效率下降以及创新能力较强的民营企业面临高融资成本所致的产业升级困难问题。

为了分析国有企业低融资成本产生的资源错配效应，我们这里简单建立一个两部门模型进行分析。假定市场中存在由不同部门生产的两种产品，分别由国有企业部门x和民营企业部门y进行生产，为了处理方便，假设每个部门产品生产只由劳动力构成，两个部门的劳动力总和为U，消费者的效用表示为CES生产函数：

$$U(x, y) = (\alpha x^\rho + \beta y^\rho)^{1/\rho}$$

民营企业部门的生产函数y和国有企业部门的生产函数x分别为：

$$y = A_y L_y; \quad x = A_x L_x$$

两个部门的劳动力总和为经济中就业人口总和，其中u为失业率，换言之，除去失业人口外其他劳动力都在两个部门实现了就业。

$$L_x + L_y = (1-u)L$$

国有企业部门和民营企业部门都是完全竞争市场，但融资成本扭曲导致两个部门的最优解存在不同，具体体现在：两个部门融资成本存在显著差异。国有企业由于受政府隐性担保，在规避风险情况下获得银行等部门的贷款不仅数量可观而且利率优惠，而民营企业往往需要付出较高的利率来获得融资，这就使得民营企业部门的融资成本率τ_y显著大于国有企业部门的融资成本率τ_x。现实中，国有企业部门用人由于受劳动法、最低工资等法律制度限制，报酬中除包括基本工资、绩效工资及养老保险、工伤保险、生育保险等五险一金外，还通常附带养老、教育等一系列隐性福利，而民营企业部门人力资本储备较低，劳动力水平较低，实际工资水平低于国有企业部门。在厂商利润最大化条件下，可以得出每个部门的工资等于每个部门工人的边际产出：

$$P_y(1-\tau_y)A_y = W_y = W_x(1-\mu)$$

$$P_x(1-\tau_x)A_x = W_x$$

在消费者端，同样使用拉格朗日乘数法可以得出消费者的最优化条件为：

$$\frac{U_y}{U_x} = \frac{P_y}{P_x}$$

$$W_y = W_x(1-\mu)$$

将上述各个条件进行合并整理，推导出两个部门资源配置的最优条件为：

$$\frac{L_x}{L_y} = \left[\frac{\alpha}{\beta} \times \frac{1-\tau_x}{1-\tau_y} \times (1-\mu)\right]^{\frac{1}{1-\rho}} \left[\frac{A_x}{A_y}\right]^{\frac{\rho}{1-\rho}}$$

根据上述最优条件，我们可以得出如下结论：融资成本的不同，造成经济过度向国有企业部门集中，国有企业利用自己的低融资成本优势造成了经济资源错配。在现行的融资体制下，民营企业因企业规模和信用能力方面的劣势而面临融资的"硬约束"，即民营企业在正常的金融体系中往往面临极其高昂的融资成本，甚至在付出高昂代价的情况下依然无法获得所需要的资金。虽然融资歧视给国有企业带来的低融资成本优势对于其加强研发使得产品内部的技术层级具有一定的提升效果，但国有企业在低融资成本优势下的低效率和短视行为将会对其在低融资成本优势下的产品结构升级产生抵消作用，为此我们必须对这种国有企业的低成本融资优势带来的创新能力进行评价，比较分析国有企业和民营企业的创新能力，并研究较高的融资成本和不同融资待遇对民营企业和整体经济转型升级的影响。

三、厦门上市公司创新能力分解与评估

上文我们对厦门上市公司成本变化和效率进行了横向对比和纵向比较，结果发现虽然厦门上市公司在金融危机后降成本方面取得了一些成绩，但厦门上市公司成本费用率仍显著高于全国平均水平和部分国内其他先进城市上市公司水平，进而导致资产回报率不仅低于全国平均水平，也低于国内其他先进城市上市公司水平。此外，我们通过分析不同所有制企业融资成本，发现厦门国有企业过低的融资成本可能会对民营企业产生

"虹吸效应",从而挤压民营企业创新和发展的空间。因此,虽然国有企业以低成本融资的优势可能扩大研发投资,但国有企业的短期行为却可能使得研发效率大打折扣,加剧产能过剩和阻碍民营企业创新升级。那么,在成本大幅上升的情形下,厦门哪些行业的上市公司通过创新实现了成本费用的下降,使企业的经营效益不断提高?进一步比较不同所有制企业的营业成本率变化,在国有企业经营绩效普遍不佳和民营企业经营乏善可陈的情况下,通过融资成本变化视角发现造成上述困境的原因。民营企业过高的融资成本影响了企业创新和升级,而国有企业较低的融资成本更可能造成资源错配和产能过剩,从而得出未来需要给民营企业营造更加公平的市场环境和提供更加公平的融资安排的结论,助力民营企业技术创新,同时消除国有企业的"软约束"弊病。

如何衡量企业的技术进步?一般而言,企业技术进步可以提高营业收入或者降低成本,从而实现利润的上升。随着互联网技术的发展,使用机器人代替劳动力或依据长尾理论可以实现企业运营成本、原材料成本、物流成本,以及监管成本、代理成本等隐性成本的降低,因此在上文分析各地企业成本费用上升的背景下,我们使用由于互联网技术应用所致成本费用率下降来表示企业的技术进步,具有一定的合理性和科学性。我们用营业成本与营业收入之比来衡量上市公司的营业成本率,若该比率下降,说明企业运用技术进步实现成本下降的能力较强;若该比率上升,说明企业没有很好地通过技术进步实现成本费用的下降。我们首先使用一种指数分解方法对营业成本率变化所带来的产业结构变迁效应和技术进步效应进行分解,比较分析厦门和其他七市2008年全球金融危机以来不同产业不同所有制上市公司的创新能力。

(一)创新能力分解方法介绍

我们使用上市公司利润表中的营业收入和营业成本原始数据来实现营业成本率的分解,并用营业成本率来反映上市公司的创新能力,这种创新能力的增强依赖于产业结构优化带来的资源配置效率的提高和技术的进步。我们设定i地区j行业t时期的营业收入为Y_{it}^j，则i地区的营业收入为所有j行业的加总$Y_{it}=\sum_{j=1}^{j}Y_{it}^j$，定义$i$地区$j$行业$t$时期的营业成本为$fc_{it}^j$，$i$地区加总营业成本为$fc_{it}=\sum_{j=1}^{j}fc_{it}^j$，所以$i$地区$t$时期的营业成本率为$f_{it}=fc_{it}/Y_{it}$。为简便起见，将全国视为一个特殊的"地区"A，则$f_{At}^j$和$Y_{At}^j$分别为全国$j$行业$t$时期的营业成本和营业收入，全国$t$时期加总的营业成本和营业收入为$f_{At}$和$Y_{At}$。

首先，我们构造产业结构调整指数。j行业在i地区工业总产值中的占比为$S_{it}^j=Y_{it}^j/Y_{it}$。然后，考虑到融资成本因行业不同而存在差异，选定j行业在基期（$t=0$）全国平均营业成本指数$f_{A0}^j=fc_{A0}^j/Y_{A0}^j$为基准权重。最后，我们定义$i$地区的产业结构调整指数如下：

$$str_{it}=\sum_{j=1}^{j}(s_{it}^j \times f_{A0}^j)=\frac{\sum_{j=1}^{j}(fc_{A0}^j Y_{it}^j/Y_{A0}^j)}{Y_{it}}$$

该方法实际上相当于对地区各行业比重以基期各行业的全国平均营业成本指数为权重进行加总，str值越低，表明地区通过产业结构调整实现了营业成本指数的降低，表明该地区上市公司的成本控制能力得到提升，成本控制能力在中国目前企业各项成本上升的情形下能够得到提升主要是由于行业采用了新技术、新工艺、新管理，上市公司的资源配置效率和创新能力得到提升，从而实现产业结构向着成本降低、利润增加的方向转变。反之，若str值越高，则表明该地区产业结构在不断恶化，营业成本率高的产业越来越多，相应地，该地区行业亏损的概率也在增大。

其次，我们构造技术进步指数。从动态发展的角度来看，我们可以将各个行业在基期时全国平均营业成本率fc_{A0}^j视为一个基准，而一个地区各个行业内技术进步指数则可以由该基准值与一个地区在t时期的行业营业收入的乘积，即fc的理论值$\overline{fc_{it}^j}$（即$\overline{fc_{it}^j}=f_{A0}^j \times Y_{it}^j$）来表示。进一步，我们可以通过加总一个地区各个行业的营业成本理论值得到一个地区各个行业的理论营业成本为$\overline{fc_{it}}=\sum_{j=1}^{j}\overline{fc_{it}^j}$，将一个地区实际营业成本与该理论值之比定义为一个地区的产业技术进步指数：

$$H_{it} = \frac{fc_{it}}{\overline{fc_{it}}} = \frac{fc_{it}}{\sum_{j=1}^{j}(fc_{A0}^j Y_{it}^j / Y_{A0}^j)}$$

H值越低，表明该地区的技术越先进。如果该指数小于1，则表明该地区现实产业层级的实际营业成本大于参考的产业层级的营业成本，即该地区的现实产业技术进步要高于参考水平。由于技术进步指数所应用的产业参考系为基年的全国平均产业水平，因此它体现了相关地区的产业技术进步相对于基年全国平均产业技术层级的升级程度。郭红燕、韩立岩，张宇、蒋殿春均曾用类似的方法作为产业内技术进步的衡量指标。这种技术进步指数可进一步细分为两个方面：一是地区相对技术超越指数，地区科技进步所导致的区域内平均产业内技术进步指数上升，譬如产业技术进步使得吸收消化成本的能力提高，有效应对了营业成本不断上升带来的冲击，实现了该地区技术的相对超越；二是行业总体技术进步指数，表示在保持地区自身产业结构不变的情况下，全国总体营业成本下降对该地区营业成本下降的影响程度。将上述技术进步指数进一步分解：

$$H_{it} = \frac{fc_{it}}{\sum_{j=1}^{j}(fc_{At}^j Y_{it}^j / Y_{At}^j)} = \frac{\sum_{j=1}^{j}(fc_{At}^j Y_{it}^j / Y_{At}^j)}{\sum_{j=1}^{j}(fc_{A0}^j Y_{it}^j / Y_{A0}^j)}$$

其中 $RN = \dfrac{fc_{it}}{\sum_{j=1}^{j}(fc_{At}^j Y_{it}^j / Y_{At}^j)}$，$WN = \dfrac{\sum_{j=1}^{j}(fc_{At}^j Y_{it}^j / Y_{At}^j)}{\sum_{j=1}^{j}(fc_{A0}^j Y_{it}^j / Y_{A0}^j)}$。$RN$代表了$i$地区的产业技术进步与同时期全国平均水平相比的先进程度。若其小于1，则意味着该地区的产业技术进步高于全国同期平均水平；若其大于1，则表明该地区的产业技术进步低于全国同期平均水平。WN则代表在保持地区的产值与结构均不变的情况下，由全国技术参考系本身的变化导致的产业技术进步的变化。$WN>1$表明行业总体的技术进步速度在放缓，行业无法吸收消化不断高升的营业成本；$WN<1$表明行业总体的技术进步步伐在加快，行业能够吸收不断高企的营业成本而使得行业利润率保持在较高水平。

将上述两个公式相乘可以得到地区营业成本的分解指数：

第十一章 供给侧结构性改革与创新升级：厦门案例

$$f_{it} = \frac{fc_{it}}{Y_{it}} = str_{it} \times H_{it} = str_{it} \times RN_{it} \times WN_{it}$$

上式意味着i地区在t时期的营业成本率下降源于两个方面：一是产业结构调整带来的资源配置效率的提高；二是地区产业技术进步步伐的加快，可以进一步理解为地区相对全国基准的技术进步的深化和全国整体产业链技术升级步伐的加快。

（二）厦门上市公司创新能力分解分析

使用上述指数分解方法，并使用2008年和2015年八个地区的上市公司营业成本和营业收入数据对营业成本率进行了分解，详见表11-3。其中营业成本率就是营业成本和营业收入的比值，目的是先对各地上市公司整体创新能力有一个直观的认识。

表11-3 2008年和2015年不同地区营业成本率分解

地区	营业成本率		产业结构调整指数		技术进步指数		地区相对技术超越指数		行业总体技术进步指数	
	2008年	2015年	2008年	2015年	2008年	2015年	2008年	2015年	2008年	2015年
北京	0.817	0.803	0.809	0.820	1.011	0.979	1.011	0.991	1.000	0.988
大连	0.817	0.819	0.854	0.861	0.957	0.952	0.957	0.992	1.000	0.959
宁波	0.795	0.777	0.818	0.817	0.972	0.950	0.972	0.958	1.000	0.992
青岛	0.766	0.727	0.832	0.833	0.920	0.872	0.920	0.906	1.000	0.962
厦门	0.899	0.901	0.854	0.848	1.053	1.062	1.053	1.045	1.000	1.017
上海	0.837	0.835	0.805	0.796	1.039	1.048	1.039	1.056	1.000	0.993

续表

地区	营业成本率		产业结构调整指数		技术进步指数		地区相对技术超越指数		行业总体技术进步指数	
	2008年	2015年	2008年	2015年	2008年	2015年	2008年	2015年	2008年	2015年
深圳	0.749	0.769	0.801	0.781	0.935	0.984	0.935	0.977	1.000	1.007
天津	0.764	0.851	0.791	0.814	0.966	1.046	0.966	1.046	1.000	1.000

表11-3列示了2008年和2015年不同地区的总体营业成本率。我们发现，深圳、青岛、宁波、北京的上市公司创新能力居于前列，通过创新实现了成本费用的下降。而厦门2015年营业成本占营业收入的比重达到90.1%，根据利润表核算常识可知，厦门上市公司的创值能力极弱。营业成本率可以进一步分解为产业结构调整指数与技术进步指数的乘积，从中可以发现成本费用下降是产业结构调整所致还是技术进步所为。从产业结构调整指数看，总体而言，指数越小代表结构越优，因此深圳仍然是中国产业结构优化升级的代表。从趋势看，从2008年到2015年，深圳、上海、宁波、厦门产业的结构调整指数下降了，说明通过产业结构调整提高了资源配置效率，带动上市公司的运营效率不断上升。而北京、天津、大连和青岛的产业结构调整指数明显上升，说明上述地区没能通过产业结构调整实现创新能力的提高。从技术进步指数看，厦门、上海两地的技术进步指数从2008年以来实现了不断上升并且大于1，说明技术进步尚无法消化成本快速上升的负面影响。北京、大连、青岛、宁波、深圳五地2015年技术进步指数小于1，说明这些地区在一定程度上通过技术进步实现了本地营业成本率上升且低于全国基准水平（毛利率上升且高于全国基准水平），技术创新能力较强。那么是何种因素导致这些地区上市公司有着迥异的创

新能力呢？我们发现2015年天津、厦门两地相对技术超越指数和行业总体技术进步指数都大于1，表明这两个地区相对全国基准的技术进步并没有深化和相对全国整体产业链技术升级步伐放慢。深圳的技术进步指数小于1主要得益于地区相对技术超越指数的上升，上海技术进步速度放缓主要是由于地区技术进步落后于全国基准技术进步水平，北京、大连、青岛和宁波四地的地区相对技术超越指数和行业总体技术进步指数都小于1，说明上述地区上市公司的技术进步不仅得益于地区技术进步，也缘于全国行业总体技术进步所带来的成本费用降低。上述结论和表11-1中关于成本和收益的比较分析基本一致。上述指数加总了各个行业的营业成本率，那么若能将行业单列则可以看出各个地区不同行业营业成本率变化，从中也能发现各地区不同行业经营绩效和创新能力。表11-4列示了2008年和2015年八地不同行业的营业成本率变化情况，列示了信息传输、软件和信息技术服务业（除金融业上市公司）、制造业、建筑业、采矿业和农林牧渔业等国标行业分类，统计年鉴中通常也按此标准对行业进行分类。从制造业大类看，除大连外，其他七个地区的制造业营业成本率2008年以来都有所下降，服务业发展较为充分的北京和上海的制造业营业成本率都在80%左右，说明制造业利润空间已经不大。公共服务类上市公司，如电力、热力、燃气及水生产和供应业，水利、环境和公共设施管理业以及文化、体育和娱乐类等管制较多、竞争性较差的上市公司经营绩效普遍位居各地前茅，毛利率普遍在30%以上①。生产性服务业中教育，科学研究和技术服务业，信息传输、软件和信息技术服务业等行业上市公司普遍表现良好，住宿和餐饮业等刚性需求服务行业也表现不俗，而交通运输、仓储和邮政业、租赁和商务服务业以及批发和零售业等行业上市公司表现一般。因此，虽然总体而言各地服务业上市公司规模在不断壮大，但服务业内部分化较大，生产性服务业上市公司表现优异，而一般性服务业企业利润空间

---

① 营业成本率=营业成本/营业收入，毛利率=1-营业成本/营业收入，因此1减去营业成本率为该行业的毛利率。

却在不断缩小,制造业在成本费用上升的背景下也实现了毛利率上升,但空间有限。所以,从市场表现也能发现未来经济转型和生产率提高的关键主要体现在科教文卫以及信息技术等现代服务业上市公司创新能力的不断增强。

从Wind数据库中我们还发现科教文卫以及信息技术等现代服务业上市公司通常为民营企业,国有企业主要集中在制造业,建筑业,房地产业与电力、热力、燃气及水生产和供应业等行业。因此,我们比较各地区不同所有制上市公司的营业成本率,更能验证民营企业的毛利率和创新能力是否显著大于国有企业。

表11-4 2008年和2015年不同地区不同行业营业成本率变化

行业	地区	2008年	2015年
采矿业	北京	0.782	0.769
电力、热力、燃气及水生产和供应业	北京	0.864	0.638
房地产业	北京	0.599	0.633
建筑业	北京	0.887	0.874
交通运输、仓储和邮政业	北京	0.915	0.772
教育	北京	—	0.427
科学研究和技术服务业	北京	0.774	0.755
农、林、牧、渔业	北京	0.846	0.925
批发和零售业	北京	0.915	0.882
水利、环境和公共设施管理业	北京	0.649	0.635
文化、体育和娱乐业	北京	0.621	0.700
信息传输、软件和信息技术服务业	北京	0.610	0.634
制造业	北京	0.836	0.805
住宿和餐饮业	北京	0.509	0.315

续表

行业	地区	2008年	2015年
综合	北京	0.603	0.577
租赁和商务服务业	北京	0.775	0.788
采矿业	上海	0.689	0.835
电力、热力、燃气及水生产和供应业	上海	0.934	0.845
房地产业	上海	0.690	0.806
建筑业	上海	0.930	0.900
交通运输、仓储和邮政业	上海	0.841	0.818
教育	上海	0.823	0.605
科学研究和技术服务业	上海	0.781	0.808
农、林、牧、渔业	上海	0.598	0.773
批发和零售业	上海	0.890	0.884
水利、环境和公共设施管理业	上海	0.790	0.645
文化、体育和娱乐业	上海	0.737	0.646
信息传输、软件和信息技术服务业	上海	0.640	0.753
制造业	上海	0.877	0.849
住宿和餐饮业	上海	0.313	0.089
综合	上海	0.468	0.690
租赁和商务服务业	上海	0.869	0.894
采矿业	天津	0.711	0.767
电力、热力、燃气及水生产和供应业	天津	0.581	0.702
房地产业	天津	0.689	0.685
建筑业	天津	—	—
交通运输、仓储和邮政业	天津	0.776	0.928

深化供给侧结构性改革

续表

行业	地区	2008年	2015年
教育	天津	—	—
科学研究和技术服务业	天津	0.414	0.619
农、林、牧、渔业	天津	—	—
批发和零售业	天津	0.845	0.937
水利、环境和公共设施管理业	天津	—	—
文化、体育和娱乐业	天津	—	—
信息传输、软件和信息技术服务业	天津	—	—
制造业	天津	0.768	0.698
住宿和餐饮业	天津	—	—
综合	天津	0.749	0.902
租赁和商务服务业	天津	—	—
采矿业	深圳	—	—
电力、热力、燃气及水生产和供应业	深圳	0.826	0.719
房地产业	深圳	0.599	0.691
建筑业	深圳	0.860	0.810
交通运输、仓储和邮政业	深圳	0.670	0.763
教育	深圳	—	—
科学研究和技术服务业	深圳	0.319	0.459
农、林、牧、渔业	深圳	—	—
批发和零售业	深圳	0.834	0.897
水利、环境和公共设施管理业	深圳	0.525	0.469
文化、体育和娱乐业	深圳	—	—
信息传输、软件和信息技术服务业	深圳	0.675	0.691

续表

行业	地区	2008年	2015年
制造业	深圳	0.781	0.776
住宿和餐饮业	深圳	0.218	0.219
综合	深圳	0.632	0.666
租赁和商务服务业	深圳	0.837	0.946
采矿业	厦门	0.776	0.921
电力、热力、燃气及水生产和供应业	厦门	—	—
房地产业	厦门		
建筑业	厦门		
交通运输、仓储和邮政业	厦门	0.816	0.890
教育	厦门	0.724	0.359
科学研究和技术服务业	厦门	0.712	0.596
农、林、牧、渔业	厦门	—	—
批发和零售业	厦门	0.932	0.919
水利、环境和公共设施管理业	厦门	—	—
文化、体育和娱乐业	厦门		
信息传输、软件和信息技术服务业	厦门	0.448	0.325
制造业	厦门	0.849	0.787
住宿和餐饮业	厦门	—	
综合	厦门	0.000	0.774
租赁和商务服务业	厦门	0.953	0.962
采矿业	宁波	—	—
电力、热力、燃气及水生产和供应业	宁波	0.920	0.870
房地产业	宁波	0.656	0.668

续表

行业	地区	2008年	2015年
建筑业	宁波	0.894	0.899
交通运输、仓储和邮政业	宁波	0.485	0.753
教育	宁波	—	—
科学研究和技术服务业	宁波	—	0.772
农、林、牧、渔业	宁波	—	—
批发和零售业	宁波	0.863	0.818
水利、环境和公共设施管理业	宁波	—	—
文化、体育和娱乐业	宁波	—	—
信息传输、软件和信息技术服务业	宁波	—	—
制造业	宁波	0.831	0.743
住宿和餐饮业	宁波	—	—
综合	宁波	—	—
租赁和商务服务业	宁波	0.875	0.874
采矿业	青岛	—	—
电力、热力、燃气及水生产和供应业	青岛	—	—
房地产业	青岛	—	—
建筑业	青岛	—	—
交通运输、仓储和邮政业	青岛	—	—
教育	青岛	—	—
科学研究和技术服务业	青岛	—	—
农、林、牧、渔业	青岛	—	—
批发和零售业	青岛	—	—
水利、环境和公共设施管理业	青岛	—	—

续表

行业	地区	2008年	2015年
文化、体育和娱乐业	青岛	0.846	0.627
信息传输、软件和信息技术服务业	青岛	0.342	0.412
制造业	青岛	0.764	0.731
住宿和餐饮业	青岛	—	—
综合	青岛	—	—
租赁和商务服务业	青岛	—	—
采矿业	大连	—	—
电力、热力、燃气及水生产和供应业	大连	0.887	0.688
房地产业	大连	0.579	0.783
建筑业	大连	—	—
交通运输、仓储和邮政业	大连	0.636	0.865
教育	大连	—	—
科学研究和技术服务业	大连	0.778	0.784
农、林、牧、渔业	大连	—	—
批发和零售业	大连	0.819	0.872
水利、环境和公共设施管理业	大连	0.524	0.452
文化、体育和娱乐业	大连	—	—
信息传输、软件和信息技术服务业	大连	0.819	0.312
制造业	大连	0.770	0.799
住宿和餐饮业	大连	—	—
综合	大连	0.799	0.884
租赁和商务服务业	大连	—	—

根据Wind数据库中对上市公司属性这一指标对各地上市企业的所有制进行划分，其中公众企业也可视为没有实际控制人、股权极为分散的民营企业，中央国有企业的大股东或实际控制人为国务院国资委、中央国家机关或中央国有企事业单位，地方国有企业的大股东或实际控制人为地方国资委、地方各级政府部门或地方国有企事业单位，外资企业又分为中外合资企业和外商独资企业。由表11-5可知，各地民营企业或公众企业的营业成本率显著低于各地中央国有企业或地方国有企业，国有企业毛利率普遍低于20%，例如厦门地方国有企业毛利率不足10%，若扣除财务费用、销售费用和管理费用等期间费用后，基本上处于亏损状态。而民营企业毛利率普遍在18%以上，北京、天津等地甚至达到30%~40%，显然民营企业的成本费用控制能力、创新能力显著高于国有企业。

表11-5 2008年和2015年不同所有制上市公司营业成本率对比

企业	北京 2008年	北京 2015年	上海 2008年	上海 2015年	天津 2008年	天津 2015年	深圳 2008年	深圳 2015年	厦门 2008年	厦门 2015年	宁波 2008年	宁波 2015年	青岛 2008年	青岛 2015年	大连 2008年	大连 2015年
地方国有企业	0.788	0.735	0.843	0.859	0.738	0.787	0.758	0.778	0.912	0.919	0.572	0.754	0.743	0.733	0.809	0.821
公众企业	0.748	0.690	0.659	0.831	—	—	0.714	0.719	0.516	0.713	0.916	0.883	—	—	0.806	0.785
集体企业	—	0.734	—	0.831	—	—	—	—	0.693	0.598	—	—	0.769	0.720	—	—
民营企业	0.647	0.673	0.766	0.734	0.660	0.609	0.768	0.810	0.816	0.777	0.807	0.764	0.812	0.732	0.772	0.892
其他企业	0.803	0.757	0.842	0.793	1.050	0.806	—	—	—	—	—	—	—	—	0.579	0.783
外资企业	0.629	0.578	0.847	0.746	—	0.518	0.600	0.591	—	0.629	0.776	0.769	—	—	—	—
中央国有企业	0.821	0.811	0.841	0.820	0.772	0.907	0.795	0.773	0.724	0.359	0.875	0.874	1.095	0.726	0.860	0.716

四、融资成本对创新升级的影响分析

上文我们根据营业成本率这一指标对厦门上市公司的创新能力进行了分解与评估,结果发现厦门上市公司在朝着结构优化方向发展,但由于技术创新能力较差致使上市公司利润空间缩小,使得厦门上市企业整体运行情况不佳,净资产收益率、毛利率、劳动生产率以及投入资本回报率与全国平均和其他先进城市相比都处于劣势地位。我们还进一步比较了厦门不同所有制上市公司的营业成本率变化,地方国有企业毛利率已经低于10%,而民营企业毛利率保持在25%以上,创新能力高低一目了然。从利润表结构可知,从毛利润到净利润中间还有销售费用、管理费用和财务费用以及营业外收支等一系列费用,若这些中间环节费用率较高也势必影响民营企业的创新投入。由于营业外收支具有偶然性或与经营活动无关暂不列入讨论范围,那么降低三个期间费用对于企业净利润就有重要的影响。本部分主要研究厦门不同所有制上市企业的融资成本差异,我们发现国有企业较低的融资成本和民营企业较高的融资成本不仅加剧了第二部分所述的资源错配、产能过剩,同时还压制了民营企业创新投入,造成产能过剩和创新匮乏并存的局面。

表11-6中的所有制改革指数依据第三部分所述的指数分解方法中的产业结构调整指数计算得出,只不过这里不再按产业分类而是按照所有制分类,由于该指数固定了基期全国平均融资成本率,若指数从2008年到2015年实现了上升,那么就说明国有企业占比增大(通常国有企业规模远大于民营企业)。因此,相比2008年,2015年除宁波外,其他地区国有企业规模都不同程度地扩大,总体呈现"国进民退"的现象。从融资成本率看,2015年厦门的融资成本率高达6.15%,比其他城市的融资成本率都高,融资成本率较低的城市有青岛和宁波。与2008年相比,2015年北京、宁波、青岛、上海、深圳和天津等地的融资成本率都下降了,厦门和大连的融资成本率却增加了。2015年北京、大连、厦门、上海和天津的融资成本率已经高于扣除非经常性损益后的ROE,企业的融资成本率高出自身的利润

率，企业经营大致呈成本高、融资贵、利润薄的状态，企业利润已经无法覆盖债务增长。

表11-6 2008年和2015年不同地区不同所有制上市企业的融资成本率分解

地区	融资成本率		所有制改革指数	
	2008年	2015年	2008年	2015年
北京	0.0557	0.0543	0.0534	0.0564
大连	0.0408	0.0514	0.0547	0.0629
宁波	0.0865	0.0424	0.1015	0.0987
青岛	0.2318	0.0169	−0.0019	0.2159
厦门	0.0548	0.0615	0.0842	0.0861
上海	0.0620	0.0549	0.0565	0.0673
深圳	0.0658	0.0554	0.0813	0.0832
天津	0.0548	0.0487	0.0648	0.0747

民营企业毛利率虽然保持在较高水平，但融资成本较高将会挤压创新投入的空间。表11-7列示了不同地区不同所有制上市企业的融资成本率，与毛利率发展趋势形成鲜明对比，民营企业或公众企业的融资成本率普遍高于中央国有企业或地方国有企业。以厦门为例，2015年地方国有企业、中央国有企业和民营企业的融资成本率分别约为5.81%、2.68%和8.14%，民营企业融资难、融资贵问题可见一斑。因此对民营企业而言，尽管具有较高的创新意愿，但由于融资成本过高，对其总体的研发活动会产生明显的抑制作用。国有企业比较低的成本获得资金，无形中降低了产品成本，国有企业依靠政府福利所获得的收益，会在一定程度上替代和挤出社会创新活动，这会导致社会企业创新动力不足，且资金使用效率较低，规模扩张并没有带来效率改善，而是产能过剩、负债率攀升。显然，融资成本差异过大会导致厦门上市公司整体研发动力不足和创新能力低下。与此形成

对比的是，深圳在为民营企业降低融资成本方面所作的努力，使得民营企业融资成本与国有企业融资成本基本一致甚至偏低，推动产业结构调整升级，产业结构明显优化，现代服务业与先进制造业不断融合发展，实现了第二产业和第三产业良性互动，现代服务业和高端服务业呈现领跑全国的态势。表11-8还列示了不同行业上市企业的融资成本率作为参考，在此不详细论述。

表11-7　2008年和2015年不同地区不同所有制上市企业融资成本率变化

企业	地区	2008年	2015年
地方国有企业	北京	0.0591	0.0406
公众企业	北京	−0.1607	−0.1351
集体企业	北京	—	0.1791
民营企业	北京	0.7479	0.0629
其他企业	北京	−0.0345	−0.0835
外资企业	北京	0.0191	0.0577
中央国有企业	北京	0.0549	0.0545
地方国有企业	上海	0.1502	0.0965
公众企业	上海	0.3765	0.0165
集体企业	上海	—	0.0568
民营企业	上海	0.1637	0.0860
其他企业	上海	0.0847	0.2293
外资企业	上海	0.5590	0.0511
中央国有企业	上海	0.0360	0.0639
地方国有企业	天津	0.0583	0.0403
公众企业	天津	—	—

续表

企业	地区	2008年	2015年
集体企业	天津	—	—
民营企业	天津	0.1639	0.2591
其他企业	天津	0.0652	0.0086
外资企业	天津	—	0.0941
中央国有企业	天津	0.0490	0.0447
地方国有企业	深圳	0.0703	0.0788
公众企业	深圳	0.0596	0.0247
集体企业	深圳	—	—
民营企业	深圳	0.1013	0.0665
其他企业	深圳	—	—
外资企业	深圳	0.0481	0.0509
中央国有企业	深圳	0.0427	0.1034
地方国有企业	厦门	0.0413	0.0581
公众企业	厦门	−0.3257	−0.0492
集体企业	厦门	−0.0307	0.0508
民营企业	厦门	0.3195	0.0814
其他企业	厦门	—	—
外资企业	厦门	—	0.0237
中央国有企业	厦门	0.0125	0.0268
地方国有企业	宁波	0.0691	0.0263
公众企业	宁波	0.1460	0.0660
集体企业	宁波	—	—
民营企业	宁波	0.0855	0.0470

续表

企业	地区	2008年	2015年
其他企业	宁波	—	—
外资企业	宁波	0.0716	0.2456
中央国有企业	宁波	−0.0173	0.0546
地方国有企业	青岛	0.1758	0.0247
公众企业	青岛	—	—
集体企业	青岛	−0.0822	0.0518
民营企业	青岛	0.0593	0.0903
其他企业	青岛	—	—
外资企业	青岛	—	—
中央国有企业	青岛	0.0998	0.0757
地方国有企业	大连	0.0564	0.0855
公众企业	大连	0.7238	0.0015
集体企业	大连	—	—
民营企业	大连	0.0978	0.0506
其他企业	大连	0.0316	0.0276
外资企业	大连	—	—
中央国有企业	大连	0.0327	0.0476

表11-8 2008年和2015年各地不同行业上市企业融资成本率比较

行业	地区	2008年	2015年
采矿业	北京	0.0473	0.0512
电力、热力、燃气及水生产和供应业	北京	0.0405	0.0461
房地产业	北京	0.0201	0.0202

续表

行业	地区	2008年	2015年
建筑业	北京	0.1275	0.0538
交通运输、仓储和邮政业	北京	0.0067	0.1255
教育	北京	—	−0.0110
科学研究和技术服务业	北京	−0.0028	−0.0582
农、林、牧、渔业	北京	−0.0017	−0.0025
批发和零售业	北京	0.0292	1.2571
水利、环境和公共设施管理业	北京	−0.0229	−0.0345
文化、体育和娱乐业	北京	0.0655	−0.0028
信息传输、软件和信息技术服务业	北京	−0.0366	−0.0216
制造业	北京	0.0954	0.0947
住宿和餐饮业	北京	−0.1987	0.1548
综合	北京	−11.9605	−1.1651
租赁和商务服务业	北京	−0.5681	−0.0498
采矿业	上海	0.1644	0.0654
电力、热力、燃气及水生产和供应业	上海	0.0640	0.0672
房地产业	上海	0.0723	0.0225
建筑业	上海	−0.1244	−2.1599
交通运输、仓储和邮政业	上海	0.0324	0.0797
教育	上海	0.1026	−0.0425
科学研究和技术服务业	上海	0.0071	0.0039
农、林、牧、渔业	上海	0.2700	0.0878
批发和零售业	上海	0.1227	0.1059
水利、环境和公共设施管理业	上海	—	—

续表

行业	地区	2008年	2015年
文化、体育和娱乐业	上海	−0.0241	0.1539
信息传输、软件和信息技术服务业	上海	0.1051	0.0696
制造业	上海	0.0548	0.0769
住宿和餐饮业	上海	0.0238	0.0178
综合	上海	0.0921	0.1046
租赁和商务服务业	上海	0.0131	0.0055
采矿业	天津	0.0207	0.0214
电力、热力、燃气及水生产和供应业	天津	0.0786	0.1769
房地产业	天津	0.0273	0.0132
建筑业	天津	—	—
交通运输、仓储和邮政业	天津	0.2231	0.0528
教育	天津	—	—
科学研究和技术服务业	天津	0.0025	0.0107
农、林、牧、渔业	天津	—	—
批发和零售业	天津	0.1055	0.0548
水利、环境和公共设施管理业	天津	—	—
文化、体育和娱乐业	天津	—	—
信息传输、软件和信息技术服务业	天津	—	—
制造业	天津	0.1013	0.1452
住宿和餐饮业	天津	—	—
综合	天津	0.0490	0.0892
租赁和商务服务业	天津	—	—
采矿业	深圳	—	—

续表

行业	地区	2008年	2015年
电力、热力、燃气及水生产和供应业	深圳	0.0640	0.0556
房地产业	深圳	0.0382	0.0369
建筑业	深圳	0.0745	0.1091
交通运输、仓储和邮政业	深圳	0.0322	−0.1869
教育	深圳	—	—
科学研究和技术服务业	深圳	−3.1740	−0.0037
农、林、牧、渔业	深圳	—	—
批发和零售业	深圳	0.7790	−0.4827
水利、环境和公共设施管理业	深圳	0.0479	0.0401
文化、体育和娱乐业	深圳	—	—
信息传输、软件和信息技术服务业	深圳	−0.0219	0.0237
制造业	深圳	0.0915	0.0580
住宿和餐饮业	深圳	0.1571	−0.0154
综合	深圳	0.0589	0.0570
租赁和商务服务业	深圳	0.3351	0.0508
采矿业	厦门	0.0819	0.0841
电力、热力、燃气及水生产和供应业	厦门	—	—
房地产业	厦门	—	—
建筑业	厦门	—	—
交通运输、仓储和邮政业	厦门	−0.3220	0.0366
教育	厦门	0.0125	0.0268
科学研究和技术服务业	厦门	0.1364	−0.0182
农、林、牧、渔业	厦门	—	—

续表

行业	地区	2008年	2015年
批发和零售业	厦门	0.0372	0.0618
水利、环境和公共设施管理业	厦门	—	—
文化、体育和娱乐业	厦门	—	—
信息传输、软件和信息技术服务业	厦门	−0.0216	0.0176
制造业	厦门	0.0730	0.0322
住宿和餐饮业	厦门	—	—
综合	厦门	−0.0026	−0.3776
租赁和商务服务业	厦门	0.0683	0.0819
采矿业	宁波	—	—
电力、热力、燃气及水生产和供应业	宁波	−0.9913	0.0058
房地产业	宁波	0.0641	0.0252
建筑业	宁波	0.1001	0.0551
交通运输、仓储和邮政业	宁波	0.0687	0.0503
教育	宁波	—	—
科学研究和技术服务业	宁波	—	0.0053
农、林、牧、渔业	宁波	—	—
批发和零售业	宁波	−0.2363	0.0539
水利、环境和公共设施管理业	宁波	—	—
文化、体育和娱乐业	宁波	—	—
信息传输、软件和信息技术服务业	宁波	—	—
制造业	宁波	0.1087	0.0949
住宿和餐饮业	宁波	—	—
综合	宁波	—	—

续表

行业	地区	2008年	2015年
租赁和商务服务业	宁波	−0.0173	0.0546
采矿业	青岛	—	—
电力、热力、燃气及水生产和供应业	青岛	—	—
房地产业	青岛	—	—
建筑业	青岛	—	—
交通运输、仓储和邮政业	青岛	—	—
教育	青岛	—	—
科学研究和技术服务业	青岛	—	—
农、林、牧、渔业	青岛	—	—
批发和零售业	青岛	—	—
水利、环境和公共设施管理业	青岛	—	—
文化、体育和娱乐业	青岛	0.0856	0.0019
信息传输、软件和信息技术服务业	青岛	0.0071	0.0393
制造业	青岛	0.2877	0.0161
住宿和餐饮业	青岛	—	—
综合	青岛	—	—
租赁和商务服务业	青岛	—	—
采矿业	大连	—	—
电力、热力、燃气及水生产和供应业	大连	0.0320	0.0479
房地产业	大连	0.0316	0.0276
建筑业	大连	—	—
交通运输、仓储和邮政业	大连	0.1080	0.0770
教育	大连	—	—

续表

行业	地区	2008年	2015年
科学研究和技术服务业	大连	−0.0722	0.1577
农、林、牧、渔业	大连	—	—
批发和零售业	大连	0.1533	0.0597
水利、环境和公共设施管理业	大连	0.0801	0.3925
文化、体育和娱乐业	大连	—	—
信息传输、软件和信息技术服务业	大连	0.1311	−0.1265
制造业	大连	0.0671	0.0460
住宿和餐饮业	大连	—	—
综合	大连	0.1376	0.0316
租赁和商务服务业	大连	—	—

五、政策建议

国有企业以较低的成本获得融资，不仅影响到资源的公平有效配置，还总体上造成企业创新投入不足和创新能力低下，因此厦门要实现中央提出的大众创业、万众创新和"三去一降一补"总目标。不仅要鼓励全民投身创业创新活动，还要在体制机制上进行配套改革，推进国有企业改革和清理"僵尸企业"或效率低下企业，给予民营企业公平的市场环境，加快金融"脱虚向实"，真正使金融成为实体经济的"造血机"而非"吸血者"，着力降低民营企业融资成本，加强金融对实体经济的支持。

（1）优化融资环境。探索建立多元融资体系，为企业外部融资提供更多的选择路径。一方面不能忽视传统的间接融资体系，比如向银行、非银行类金融机构贷款，鼓励银行通过提高金融服务专业化水平和完善产业链金融发展安排，覆盖到产业链不同环节企业资金需求。建立上市专项基金，鼓励企业进入资本市场获得资金支持。另一方面对如众筹、互联网融资等新兴融资方式给予政策支持，推动天使投资、创业投资、产业基金等各类投资人、金融机构更多地参与厦门产业升级和企业转型，对厦门中小微企业给予有针对性的股权融资支持。

（2）制定分类政策。政府应出台差别化政策措施，融资政策应向创新意愿较强的企业倾斜，消除创新资本顺利流向创新企业的体制性障碍，让资本流向创新效率更高的企业。国有企业应深化股权多元化改革，重塑创新绩效激励机制；对民营企业应加大资金支持力度，发挥创新资助对企业提高创新研发支出的激励效应和杠杆作用，为企业创新提供风险社会化的分担机制以及长期性的资金支持，最终促进厦门企业实现系统化、规模化自主创新。

（3）拓宽融资渠道。一方面，应建立完备的信用担保体系，为民营企业创新融资提供信用担保，接受科技企业无形资产多、有形资产少、成长空间大的特点，克服重有形资产、轻无形资产，重企业以往业绩、轻未来成长的惯性思维，科学地评估科技企业，积极支持成长中的中小型科技企业；另一方面，建立统一入口或共享平台，健全民营企业非涉密信息资源共享机制，可以加速信息交流，有助于资金供给者获得资金需求方信息，缓解信息不对称所产生的政策获取和融资困难问题。

（4）引入竞争机制。应让市场配置创新资源，强化市场公平竞争机制。完善优化"有保有压"的金融政策，优化金融资源配置，坚决抑制对过剩产能行业进行"输血"的行为，对产能过剩行业进行并购重组给予必要政策支持，减少很多国有"僵尸企业"依靠体制优势获得的廉价优质资源。

后 记

习近平总书记在党的十九大报告中指出:"我国经济已由高速增长阶段转向高质量发展阶段,正处在转变发展方式、优化经济结构、转换增长动力的攻关期,建设现代化经济体系是跨越关口的迫切要求和我国发展的战略目标。"显然,坚持供给侧结构性改革是建设现代化经济体系的重要保证,是推动我国经济发展质量变革、效率变革、动力变革的重要途径。供给侧结构性改革涉及去产能、去库存、去杠杆、降成本和补短板等不同方面,本书不仅从上述五个方面对中国供给侧结构性改革进行了系统理论分析、实证研究,更结合中国经济发展实践对未来经济发展提出了比较系统的预判、政策建议。

本书共包含十一章内容:第一章为中国经济二次转型的理论分析,执笔人为中国社会科学院经济研究所袁富华研究员和张平研究员;第二章为生产率增长——实体经济与非实体经济均衡机制的逻辑与政策,执笔人为中国社会科学院经济研究所张平研究员;第三章为储蓄耗散、资产多样化与风险控制,执笔人为中国社会科学院经济研究所袁富华研究员;第四章为经济结构服务化、知识过程和效率模式重塑,执笔人为袁富华、张平和刘霞辉研究员;第五章为中国经济增长跨越与迈向高质量发展新阶段,执笔人为中国社会科学院经济研究所博士后楠玉;第六章为人民币汇率体制改革40多年历程和基本经验,执笔人为中国社会科学院经济研究所赵志君研究员;第七章为区域差距、收敛与增长动力,执笔人为中国社会科学院经济研究所张自然研究员;第八章为中国式分权下的偏向性投资,执笔人为中国社会科学院经济研究所吴延兵研究员;第九章为面向高质量发展的财政和货币政策转型,执笔人为中国社会科学院经济研究所付敏杰副研究员;第十章为"一带一路"倡议下的中国对外投资新模式,执笔人为中国社会科学院经济研究所张小溪副研究员;第十一章为供给侧结构性改革与创新升级:厦门案例,讨论了厦门市推进供给侧结构性改革对创新的影响,执笔人为中国社会科学院经济研究所张鹏助理研究员。

当前,我国经济增长转型正处于爬坡过坎阶段,传统增长驱动力已经式微,未来实现高质量发展和建设现代化经济体系必须依靠创新驱动,供给侧结构性改革正是释放创新动力、加快新旧动能转换的主要手段。本书对供给侧结构性改革作了比较系统全面的理论和经验分析,但仍然需要深入分析供给侧结构性改革的主要方面、背景、机制创新等,欢迎学界同仁批评指正!